Hermann Cardauns

Konrad von Hostaden, Erzbischof von Köln

1238-1261

Hermann Cardauns

Konrad von Hostaden, Erzbischof von Köln
1238-1261

ISBN/EAN: 9783743335516

Hergestellt in Europa, USA, Kanada, Australien, Japan

Cover: Foto ©ninafisch / pixelio.de

Hermann Cardauns

Konrad von Hostaden, Erzbischof von Köln

Konrad von Hostaden

Erzbischof von Köln
(1238—61).

Von

Dr. HERMANN CARDAUNS.

KÖLN, 1880.

Druck und Commissions-Verlag von J. P. Bachem.

Sr. Erzbischöflichen Gnaden

dem

Hochwürdigsten Herrn Erzbischof von Köln

Dr. Paulus Melchers,

des heiligen Apostolischen Stuhles zu Rom geborener Legat,
Hausprälat und Thronassistent Sr. Päpstlichen Heiligkeit,

zur Vollendung seiner Kathedrale

die

Görres-Gesellschaft.

Konrad von Hostaden

Erzbischof von Köln

(1238—61).

Von

Dr. Hermann Cardauns.

Inhalt.

Seite.

Vorbericht I

Erster Theil.
Die Reichspolitik Konrad's.

1. Die ersten Kämpfe gegen die kaiserliche Partei 1
2. Die Gegenkönige Heinrich von Thüringen und Wilhelm von Holland 18
3. Die Doppelwahl 42

Zweiter Theil.
Konrad als Landesfürst.

1. Territorium, Herzogsgewalt und Lehnsverband 51
2. Die Hostaden'sche Erbschaft 57
3. Die Sayn'schen Erwerbungen 65
4. Wilhelm von Jülich 69
5. Simon von Paderborn 75
6. Hof und Verwaltung 80

Dritter Theil.
Konrad und die Stadt Köln.

1. Die Stadt und ihre Verfassung 87
2. Der Erzbischof und die Stadt bis zur Sühne von 1258 92
3. Der Sturz der Geschlechterherrschaft 104

Vierter Theil.
Die Kirche, das geistige Leben und die Kunst.

Seite.
1. Klöster und Stifter 112
2. Disciplin und Cultus 124
3. Literarische Denkmäler 132
4. Rheinische Kirchenbauten 139
Anlagen 154
Nachträge und Berichtigungen 163

Vorbericht.

Die Geschichte des gewaltigen Mannes, welcher vor 632 Jahren den Grundstein zu dem nunmehr fast vollendeten schönsten Denkmal deutscher Baukunst legte, ist schon häufig eingehend behandelt worden. Bereits 1771 erschien eine kleine Monographie des Kölner Juristen Hamm (de Conrado ab Hochstaden), bei dem dürftigen Material und der schroffen Parteistellung des Verfassers wenig befriedigend. Ein Aufsatz v. Sybel's (Erzbischof Konrad von Hochstaden und die Bürgerschaft von Köln, in Lersch's Niederrheinischem Jahrbuch 1, 120) beschränkte sich auf Behandlung einzelner Punkte in aphoristischer Form. Das bekannte Buch Burckhardt's (Konrad von Hochstaden, Erzbischof von Köln, 1843) konnte seine Aufgabe nur unvollkommen lösen, da ein sehr beträchtlicher Theil der chronikalischen und urkundlichen Quellen noch ungedruckt war, ein Umstand, den Burckhardt selbst sich durchaus nicht verhehlte. Bei Seibertz (Landes- und Rechts-Geschichte des Herzogthums Westfalen, 3, 80—137; erschien 1864) waltete der westfälische, bei Ennen (Geschichte der Stadt Köln 2, 77—157; erschien 1865) der städtische Gesichtspunkt vor, und die kleine Dissertation Decker's (Konrad von Hochstaden, Erzbischof von Köln. Freiburger Diss. 1870, gedruckt in Bonn) konnte bei ihrer Kürze den Gegenstand unmöglich erschöpfen, zumal sie nur naheliegende Urkundenwerke benutzte und Quellen wie die Annalen von St. Pantaleon und das Regestum Innocentii übersehen hatte.

Eine neue Monographie war unter diesen Umständen eine lockende Aufgabe. Die ersten Vorarbeiten entstanden bereits vor mehr als einem Jahrzehnt; dass andere Publicationen und später persönliche Verhältnisse den Verfasser an der Ausführung eines Lieblingsgedankens lange verhindert

X

haben, ist, so hoffe ich wenigstens, dem Buche zu Gute gekommen. Die siebenziger Jahre brachten zahlreiche Erscheinungen, aus welchen sich weitere Ausbeute gewinnen liess. Als die hauptsächlichsten seien genannt die neuesten Bände der Monumenta, Potthast's Regesta pontificum, der dritte Band des Mittelrheinischen Urkundenbuches (1875), Hegel's Verfassungsgeschichte von Köln im Mittelalter (1877)[1]), Schirrmacher's Schrift über Albert von Possemünster (1871), die Arbeiten Busson's [2]) und Weizsäcker's [3]) über den Rheinischen Bund u. s. w. Der Verfasser selbst konnte mittlerweile die beiden wichtigsten chronikalischen Quellen neu herausgeben und commentiren [4]), einzelne Controversen in kleinen Aufsätzen erledigen, und Konrad's Regesten als die eigentliche Grundlage des Ganzen vervollständigen [5]). So ergab sich die willkommene Möglichkeit, den Apparat dieses Buches auf ein bescheidenes Maass zurückzuführen und die leidige Nothwendigkeit polemischer Auseinandersetzungen auf verhältnissmässig seltene Fälle zu beschränken. An ungedrucktem Material stand mir, abgesehen von wenigen, aber wichtigen Briefen der Päpste Gregor und Innocenz, die ich der gütigen Mittheilung des Hrn. Prof. Ficker verdanke, fast nur eine allerdings nicht unerhebliche Zahl kölnischer Urkunden zu Gebote, die meistens bereits in den Regesten Erwähnung gefunden haben[6]). Die wichtigsten sind im Anhang zum Abdruck gebracht.

Aussichtslos schien der Versuch, dieses in den verschiedensten Richtungen so ereignissvolle und mächtig eingreifende Pontificat nach der zeitlichen Reihenfolge darzustellen. Statt dessen ergab sich als, wie mir scheint,

---

[1]) Separat-Abdruck aus den Chroniken der Stadt Köln Bd. 1 u. 3 (Chroniken der deutschen Städte 12 u. 14).
[2]) Zur Geschichte des grossen Landfriedensbundes deutscher Städte. 1874.
[3]) Der Rheinische Bund. 1879.
[4]) Annales Monasterii S. Pantaleonis Mon. Germ. SS. 22. Dazu die Erläuterungsschrift im Archiv für die Geschichte des Niederrheins 7, 197. Hagen's Reimchronik in den Chroniken der Stadt Köln 1.
[5]) Annalen des hist. Vereins für den Niederrhein Heft 35. Auch in Separat-Abdruck erschienen (Köln. 1880). Im Folgenden citirt R mit Ordnungsnummer. Gewöhnlich in abgekürzter Form sind citirt: Annalen des hist. Vereins für den Niederrhein (Annalen); Archiv für die Geschichte des Niederrheins (Archiv); Lacomblet, Urkundenbuch für die Geschichte des Niederrheins (Lacomblet); Quellen zur Geschichte der Stadt Köln (Quellen); Seibertz, Urkundenbuch zur Landes- und Rechtsgeschichte des Herzogthums Westfalen (Seibertz); Urkundenbuch zur Geschichte der mittelrheinischen Territorien (Mittelrhein. Urk.). Für Kaiser-Urkunden und Papstbriefe citire ich meistens nur Böhmer bezw. Potthast mit Ordnungsnummer; natürlich beruht die Darstellung, abgesehen von wenigen Fällen, auf den Urkunden selbst.
[6]) Vgl. die Vorbemerkung zu den Regesten. Die dort angedeuteten Citat-Abkürzungen sind gewöhnlich auch im Folgenden beibehalten.

selbstverständlicher Eintheilungsgrund: Konrad zu schildern als Fürsten des Reiches, als Landesfürsten, als Fürsten der Stadt Köln und als Fürsten der Kirche. Sein Wirken von weitern Gesichtspunkten aus zu betrachten, ihn zu schildern im Rahmen seiner Zeit, fühlte ich mich nicht berufen. Manchem mag es scheinen, ich sei den weltbewegenden Fragen des 13. Jahrhunderts zu sehr aus dem Wege gegangen. Aber die Erörterung derselben war in einer provincial-historischen Arbeit nicht unumgänglich geboten, und dem Reichs- und Kirchenhistoriker der Zukunft Bausteine geliefert zu haben, schien mir wünschenswerther, als die Aufstellung vielleicht irriger und bei dem gegenwärtigen Stande der Forschung jedenfalls bestrittener Ansichten über den verhängnissvollsten Zusammenstoss zwischen Sacerdotium und Imperium, den das Mittelalter gesehen hat.

Lücken und Fehler wird der aufmerksame Leser ohne Zweifel zahlreich entdecken, und ich fühle das Bedürfniss, hier ein persönliches Moment zu berühren, welches wohl freundliche Berücksichtigung beanspruchen darf. Die folgenden Blätter sind die oft mühsam erkämpfte Frucht der wenigen freien Stunden, welche eine zerstreuende, die Ruhe der Forschung immer wieder störende Berufsthätigkeit dem Verfasser übrig liess; schwerlich hätte er sie der Oeffentlichkeit schon jetzt übergeben, hätte nicht eine bestimmte Veranlassung ihr Erscheinen gefordert. Sie sollen erscheinen in dem Jahre, welches die Thürme mit der Kreuzblume schmückt, in welchem die Gründung Konrad's, der Stolz meiner Vaterstadt, der herrlichste Gottestempel auf deutscher Erde, im Glanze der Vollendung steht; als ein Zeichen der Verehrung und der Treue für den Nachfolger Konrad's von Hostaden, und dann auch als Zeichen herzlichen Dankes für die Gesellschaft, durch deren Vermittelung es mir gestattet ist, dem für das Recht und die Freiheit der Kirche leidenden Oberhirten diese Gabe zu widmen.

Erster Theil.

Die Reichspolitik Konrad's.

Erstes Capitel.
Die ersten Kämpfe gegen die kaiserliche Partei.

Der Anfang des 13. Jahrhunderts war für das Erzstift Köln eine schwere Zeit. Der Bürgerkrieg, den Erzbischof Adolf von Altena durch die unselige Wahl Otto's von Poitou heraufbeschworen, machte besonders die gesegneten Fluren am untern Rhein zum Schauplatz arger Grenel, und der Jammer wuchs, als Adolf die welfische Partei verliess und diese Bruno von Sayn zum Gegenbischof erkor. Der unerwartete Triumph Otto's durch die Ermordung Philipp's von Schwaben brachte eine kurze Zeit der Ruhe; nur wenige Jahre, und wieder hat das Stift zwei Prätendenten wie das Reich: dort Dietrich von Hengebach[1]) und Adolf von Altena, hier Otto und Friedrich II. Verschleuderung der Stiftseinkünfte, Verwüstung des Landes, allgemeine Verwilderung waren die Früchte; während des welfisch-staufischen Thronstreites ist am Niederrhein jenes Geschlecht adeliger Tyrannen herangezogen worden, welches in den Erzählungen des Cäsarius von Heisterbach eine so unerfreuliche Rolle spielt. Dann kamen bessere Tage unter Engelbert's von Berg kraftvoller Herrschaft. Den Besitz der väterlichen Grafschaft mit den kölnischen Besitzungen am Rhein und in Westfalen vereinigend, Doppelherzog vom Rhein bis zur Maas und Weser, Lehnsoberhaupt zahl-

---

[1]) Seine Abstammung aus dem Heimbach'schen Hause (Hengebach nach der Schreibung des 13. Jahrh.) ist jedenfalls wahrscheinlicher als die gewöhnliche Bezeichnung Dietrich von Heinsberg. Vgl. Ficker, Engelbert der Heilige 216. 1190 erscheint er (Lacomblet 1, 367) als Vormund des Knaben Th. von Hengebach.

reicher Fürsten, Grafen und Herren, hat er im nordwestlichen Deutschland eine kaum bestrittene Machtstellung eingenommen. Mag auch sein Charakter nicht fleckenlos gewesen sein, wie dies sein Biograph bei aller Liebe und Bewunderung durchblicken lässt, mag ihn sein hoher Geist und das Gefühl seiner Kraft zu einem Eingreifen veranlasst haben, dessen Strenge nicht immer unbedingt geboten war, mochte auch in seinen letzten Jahren die traditionelle Hinneigung der Erzbischöfe von Köln zu England ihn zu einer mit den Interessen des Reiches oder wenigstens mit den Plänen des Kaisers nicht immer vereinbaren Politik verleiten: trotzdem bleiben die neun Jahre, während welcher er als Schirmer des Friedens, als Wiederhersteller kirchlicher Zucht, als treuer Pfleger des jungen Königs Heinrich und Verweser des Reichs, ein echter Fürst und ein wahrer Priester, Mitra und Herzogshut getragen hat, eines der besten Blätter unserer Geschichte, und ein Schrei der Entrüstung und des Schmerzes erscholl durch ganz Deutschland, als am 7. November 1225 die Hand Friedrich's von Isenburg diesem edeln Leben ein allzufrühes Ende bereitete.

Nur zu bald sollte sich zeigen, wie viel Kirche und Vaterland, wie viel vor allem das Erzstift an dem „edeln Fürsten von Köln" verloren hatten. Wohl war Manchem sein jäher Tod ein willkommenes Ereigniss. An Neid und Anfeindung, den steten Begleitern wahrer Grösse, hatte es ihm wahrlich nicht gefehlt; mancher der wilden Herren am Niederrhein mochte jubeln, dass endlich der strenge Zuchtmeister, der starke Beschützer der Klöster und Stifter gegen die Uebergriffe der Laienvögte, hinweggenommen sei; aufathmete die Stadt Köln, deren Selbständigkeitsgelüste sich widerwillig hatten beugen müssen unter seiner eisernen Faust. Aber in den Wirren der nächsten Jahre musste die Erinnerung an vereinzelte Härten schwinden, und nichts blieb, als das Andenken an seine Grösse, seine Tugenden, seinen um der Gerechtigkeit willen erlittenen Tod.

So recht geeignet, Engelbert den Heiligen in glänzendem Licht erscheinen zu lassen, ist das schwächliche Regiment seines Nachfolgers Heinrich von Molenark (1225—38). Kaum jemals hat eine weniger bedeutende Figur auf dem Kölner Stuhle gesessen. „Viel Bemerkenswerthes ist unter ihm geschehen," fügt ein Zeitgenosse dem kurzen Bericht über sein Pontificat hinzu, „aber wegen seiner allzu grossen Einfalt wurde es nicht auf Rechnung seiner Tüchtigkeit gesetzt" [1]). „Er war die reine Null, deshalb nannte man ihn Leinehose," heisst es anderswo [2]), und auf die Lobreden eines vereinzelten Panegyrikers [3]) wird man kein Gewicht zu legen haben, wenn unsere allerdings sparsamen Nachrichten seine Regierung als eine selten unterbrochene Kette von Niederlagen und Verlegenheiten erscheinen lassen. Selten begegnet er uns in den Angelegenheiten des Reiches, und wenig galt sein Name in Stift

---

[1]) Zusatz zum Bischofs-Katalog des (Cäsarius Monum. Germ. SS. 24, 347).
[2]) Ebend. 344. — [3]) Ebend. 366.

und Hauptstadt, wo sein Vorgänger als wahrer Herrscher gewaltet. Bei seiner Wahl hatte er die feierliche Verpflichtung übernommen, Engelbert's Tod zu rächen: er hat dieses Ziel eifrig aber unglücklich verfolgt. Friedrich von Isenburg und seine Spiessgesellen ereilte zwar die verdiente Strafe, aber gegen die grossen Herren, als deren Handlanger der Graf galt, richtete Heinrich wenig aus. Er scheint seiner Sache ziemlich gewiss gewesen zu sein, als er sich mit dem Bischof von Osnabrück über die Theilung der Grafschaft Tecklenburg einigte; aber Graf Otto sorgte dafür, dass der Vertrag nicht zur Ausführung gelangte, und was von den Isenburgischen Spolien nicht der Sohn des Mörders behauptete, kam der Grafschaft Mark zu Gute, die sich seitdem gefährlich zwischen dem rheinischen und westfälischen Stiftstheil ausdehnt. Zudem war durch den Tod Engelbert's die Grafschaft Berg an das feindliche Herzogshaus von Limburg gefallen, und mehr als einmal hat sich in den nächsten Jahren gezeigt, wie ernst diese Vereinigung das schmale Band des rheinischen Stiftsgebietes bedrohte ¹).

Aus dem Knäuel der rheinisch-westfälischen Fehden Vortheil zu ziehen, war Heinrich wohl schon durch seine stete Geldnoth verhindert. Mehrmals liessen sich die Kölner Bürger durch König Heinrich und Kaiser Friedrich ²) verbriefen, Niemand solle sich wegen erzbischöflicher Schulden oder Versprechungen an sie halten dürfen, und ebenso schützte sich das Domcapitel durch eine päpstliche Verfügung gegen die Gefahr, wegen der von Heinrich aufgenommenen Anleihen in Mitleidenschaft gezogen zu werden ³). Ueberhaupt war sein Verhältniss zum Capitel ein schlechtes; 1231 brach offener Zwiespalt aus, „der vieler Uebel Same war" ⁴); das Capitel klagte beim Papst, mehrfach seien seine Mitglieder von Heinrich ohne vorhergehende Mahnung und Ladung gebannt worden, worauf Gregor IX. ein solches Verfahren verbot ⁵). Um dieselbe Zeit schwebte gegen ihn die Untersuchung wegen eines schweren sittlichen Vergehens ⁶). Heinrich führte seine Sache in Rom persönlich und erwirkte seine vollständige Freisprechung ⁷), stürzte sich aber in neue Geldverlegenheiten. Noch nach Jahren war die Forderung des römischen Bürgers Juvenal Mannetti unbefriedigt, so dass Gregor IX. den

---

¹) Ueber diese Folgen der Ermordung Engelbert's vgl. Ficker, Eng. d. Heilige 187 ff.
²) Lacomblet 2, 87. 107.
³) Lacomblet 2, 92.
⁴) Annal. Col. max. Mon. Germ. SS. 17, 842.
⁵) Am 3. Febr. 1232. Copiar des Domstifts (Stadtarchiv). Anlagen 2.
⁶) Annal Col. max a. a. O. 843 Schreiben Gregor's IX. 1232 Juli 16, Potthast 8971. Schon früher war Heinrich den Censuren päpstlicher Bevollmächtigter verfallen, 1229 Febr. 5 aber erkennt Gregor an, seine Delegirten hätten ihre Gewalt missbraucht, und ähnliche Sentenzen solle nur ein legatus a latere verhängen dürfen. Potthast 8333.
⁷) Vgl. das Fragment Mon. Germ. SS. 24, 366 nebst den Anmerkungen, ausserdem das merkwürdige Gedicht auf den Erzbischof, welches Winkelmann in Pick's Monatsschr. für die Gesch. West-Deutschlands 4, 340 herausgegeben und ebend. 337 erklärt hat.

Erzbischof von Mainz auffordern konnte, zur Deckung der Schuld nöthigenfalls die erzbischöflichen Tafeleinkünfte anzugreifen ¹).

Die reichsfürstliche Thätigkeit Heinrich's ist wenig bedeutend. Ziemlich oft finden wir ihn in der Umgebung König Heinrich's VII., aber immer nur auf ganz kurze Zeit. Mehrfach gebrauchte ihn Kaiser Friedrich zu Verhandlungen mit England; an den freilich erfolglosen Bündnissverhandlungen von 1227 scheint er einen erheblichen Antheil gehabt zu haben ²), und dass er der Heirath Kaiser Friedrich's mit der englischen Isabella nahe stand, beweist schon der Umstand, dass ihm die Einholung der kaiserlichen Braut übertragen wurde. Um so mehr mochte er sich der Gunst seines Herrn freuen, als er bei der kopflosen Empörung des jungen Heinrich vielleicht betheiligt gewesen ist ³). Noch auf der Bopparder Versammlung im September 1234 finden wir den Erzbischof bei ihm, der also erst im letzten Augenblick das sinkende Schiff verlassen zu haben scheint. Jetzt war die Gefahr vorüber, und als Isabella unter glänzenden Festlichkeiten in Köln verweilte, als er mit ihr rheinaufwärts zog zum Kaiser und Theil nahm am Mainzer Hoftag, wo der alte Zwist zwischen Staufern und Welfen begraben ward, wo zum letzten Mal für lange, lange Zeit ganz Deutschland zusammenströmte, äusserlich geeinigt und kraftvoll, wie man es seit des Rothbarts Tagen nicht mehr gesehen, da hat vielleicht auch Erzbischof Heinrich freudig in die Zukunft geblickt, hoffend auf eine Zeit der Ruhe und des Friedens. Es sollte anders kommen. Gerade rechtzeitig ist er gestorben, um nicht mehr den Anfang einer Periode zu erleben, in der es nur galt, Hammer zu sein oder Amboss.

Denn in verhängnissvoller Weise hatte sich seit dem Mainzer Fest die Lage verändert. Zunächst freilich hatte der Kaiser noch weitere grosse Erfolge erzielt. Als er mit Unterstützung des Papstes Gregor, mit dem er einmal in offener Feindschaft und nie in sicherm Frieden gelebt, die Rebellion seines Sohnes niederwarf, war als sein einziger Gegner in Deutschland noch Herzog Friedrich der Streitbare von Oesterreich übrig; aber mit leichter Mühe brachte er gegen den leidenschaftlichen Jüngling eine Coalition der Nachbarfürsten in die Waffen, und als er Ende 1236 nach glücklichen Kämpfen in der Lombardei Oesterreich besuchte, fand er den Herzog fast seines ganzen Landes beraubt. Elf bei ihm in Wien anwesende Fürsten wählten seinen erst elfjährigen Sohn Konrad zum König, andere traten auf einem Speierer Hoftage bei. Dann zog der Kaiser — es war das letzte Mal, dass er Deutschland betrat ⁴) — zum Entscheidungskampf über den Brenner, und

¹) Potthast 10146.
²) Schreiben Heinrich's v. England 1227 April 13. Böhmer, Regesten Reichssachen.
³) Vgl. hierüber Winkelmann, Kaiser Friedrich 1, 457 Anm. 2.
⁴) Wenigstens steht die Annahme eines heimlichen Besuches in Deutschland 1241 auf schwachen Füssen. Anknüpfend an die von mir (Forschungen 12, 452) veröffentlichte Urk. Friedrich's hat Ficker die Frage nochmals untersucht im Decemberheft 1871 der Wiener Akad. der Wissensch.

im November 1237 erlag ihm die vereinigte Macht des Lombardenbundes bei Cortenuova. Das uralte Ziel der Staufer, die Vernichtung der oberitalienischen Städtefreiheit, schien erreicht; nur wenige Städte verharrten noch im Widerstande und auch sie boten Unterwerfung an auf harte Bedingungen. Friedrich wies sie ab, der Rumpf des Bundes setzte den Krieg fort mit der ganzen wilden Energie italienischer Republiken, und nun erstand ihm ein starker Bundesgenosse: Papst Gregor trat in den Kampf ein.

Die Spannung zwischen den beiden höchsten Gewalten der Christenheit war auch durch den Frieden von San Germano nicht beseitigt worden, und namentlich durch die päpstliche Vermittlerrolle in der lombardischen Frage erhielt sie stets neue Nahrung. Als in der Schlacht von Cortenuova die beste Schutzwehr des Papstes gegen die Uebermacht des Kaisers zusammenbrach, werden sich beide nur noch schwache Hoffnungen gemacht haben, den Zusammenstoss zu vermeiden. Lag auch der Hauptschauplatz desselben südlich der Alpen, so musste doch die Stellung der deutschen Fürsten von grösster Bedeutung sein. Grosse Hoffnungen hat Gregor IX. wahrscheinlich auf die Wendung in Süddeutschland gesetzt, wo Herzog Friedrich der Streitbare seine Länder wiedergewann und, unter Vermittelung des Herzogs von Baiern und der baierischen Bischöfe, sich mit dem König von Böhmen vertrug (März 1238). Allem Anschein nach war der Papst, vielleicht auch sein delegirter Richter, der Passauer Archidiakon Albert, gewöhnlich der Böhme [1]) genannt, an diesem Friedenswerk betheiligt, und gewiss hat dann der Gedanke an die Bildung einer süddeutschen Fürsten-Opposition mitgespielt. Bitter sind nachmals diese Erwartungen getäuscht worden; um so werthvoller aber hat sich ein Ereigniss erwiesen, welches sich gerade um dieselbe Zeit im Nordwesten des Reiches zutrug: am 26. März starb Erzbischof Heinrich von Köln, im folgenden Monat — Niemand hat näher über Zeit und Umstände berichtet — wurde der Kölner Propst Konrad von Hostaden zu seinem Nachfolger gewählt (R 16).

Die Grafen von Hostaden — über Familie und Grafschaft wird an anderer Stelle gehandelt werden — waren ein staufisch gesinntes Geschlecht. Mehrere Glieder ihres Hauses hatten sich der besondern Gunst des Kaisers Heinrich VI. erfreut. Nach dem Tode des grossen Erzbischofs Philipp von Köln war der Bonner Propst Lothar von Hostaden gewählt worden, hatte aber, vermuthlich durch die Drohungen der bergischen Partei eingeschüchtert, auf Annahme der Wahl verzichtet. Bald darauf drängte ihn Heinrich VI. in rücksichtslosester Form den Lüttichern als Bischof auf, ein Gewaltact, der freilich von Rom cassirt wurde und für den Kaiser sehr ernste Folgen hatte. [2]) Beim Ausbruch des Thronstreites stand Graf Lothar, Konrad's

---

[1]) Ich halte mich an die herkömmliche Bezeichnung. Auf die grosse Controverse zwischen Schirrmacher und Ratzinger (vgl. besonders die Aufsätze des Letztern Hist.-polit. Bl. 84, 565 ff.) hier einzugehen, liegt kein Grund vor.

[2]) Vgl. hierüber Toeche, Kaiser Heinrich 217. 223.

Vater, allerdings auf Seiten Otto's, trat aber Ende 1204 mit den meisten niederrheinischen Herren zu Philipp über. Im folgenden Jahre belagerte Otto die an der Erft gelegene Burg Hostaden und erzwang Stellung von Geisseln; trotzdem zog der Graf im August mit dem ebenfalls zu Philipp übergetretenen Erzbischof Adolf von Köln, dem Grafen von Jülich und andern Herren gegen den Herzog von Limburg, Otto's Verbündeten, zu Felde, worauf der Gegenbischof Bruno von Sayn schon im nächsten Monat mit einem verwüstenden Zuge durch's Ahrthal und einer Belagerung des Hostaden'schen Schlosses Hart antwortete [1]. Jedoch blieb Lothar der staufischen Partei treu, und nahm hervorragenden Antheil an der Schlacht bei Wassenberg [2], welche König Otto's Macht gebrochen hat. Auch bei der Erneuerung des Thronstreites scheint er sich sehr früh Friedrich II. angeschlossen zu haben [3]. Bald darauf ist er gestorben [4]), überlebt von seiner Gattin Mathilde von Vianden, die später mit Heinrich von Loos eine zweite Ehe schloss, und zahlreichen Kindern. Sein gleichnamiger Sohn erbte die Grafschaft.

Der Mann, dessen stürmischem Leben diese Blätter gewidmet sind, erscheint zuerst in Urkunden von 1210 und 1213 (R 1. 2). Vermuthlich war er damals noch ein Kind [5]); wann der grösste Staatsmann des Interregnums geboren wurde, hat Niemand uns überliefert. 1216 übertrug ihm sein Bruder Graf Lothar die Pfarrei Wevelinghoven, und als sein Collaturrecht auf Widerspruch stiess, bestätigte Erzbischof Engelbert die Verleihung (R 3). Zehn Jahre darauf finden wir ihn als Domcanonicus zu Köln [6]). Wenig später kam er mit der vom Hostaden'schen Hause vielfach begünstigten Benedictiner-Abtei Knechtsteden in Streit wegen des Patronatsrechtes über einige Pfarrkirchen, fügte sich jedoch, als der Spruch päpstlicher Commissarien zu seinen Ungunsten ausfiel (R 6. 7).

In Händel der schlimmsten Art verwickelte ihn seine Erhebung zum Kölner Dompropst. Nach den bezüglichen Schreiben des Papstes Gregor [7]), unserer einzigen Quelle über diese scandalösen Vorgänge, stritten sich der Propst Konrad von St. Maria ad gradus zu Köln und ein anderer Konrad um die Dompropstei. Schon Ende 1234 weist Papst Gregor den Erzbischof

---

[1]) Annal. Col. max., Mon. Germ. SS. 17, 820. Chronica regia ebend. 24, 9 (Auszug aus letzterer in den sogen. Annal. minimi ebend. 17, 851).
[2]) Chron. regia a. a. O. 11.
[3]) Vgl. zu der betr. Stelle des Reiner von Lüttich die Bemerkungen Winkelmann's Kaiser Friedrich 1, 36 Note 3.
[4]) Anfang 1214 (wahrscheinlich 1215 neuen Stils) lebt er noch, Lac. 2, 24. Dagegen erscheint 1216 (R 3) bereits sein Sohn als Graf.
[5]) Darauf weist wohl der Ausdruck cum prole nostra in der Urk. seines Vaters von 1213 (R 2) hin.
[6]) Ob er auch ein Canonicat zu Lüttich besass, ist mindestens zweifelhaft. Vgl. meine Bemerkungen zu R 4.
[7]) Potthast 9800. 10439.

von Mainz an, den Letztern während der Dauer des Processes mit Mitteln aus den Propsteigütern zu versehen. Jahrelang schleppte sich seitdem der Streit fort. Der Propst von St. Marien erwirkte ein günstiges Schreiben des Papstes und liess seinen Gegner sogar excommuniciren; als aber dieser persönlich nach Rom ging, wurde der Bann für ungültig erklärt und der Process wieder aufgenommen. Durch tolle Hitze machte sich der Propst von St. Marien vollends unmöglich. Als er den päpstlichen Mandaten offenen Widerstand entgegensetzte, wurde er nach Rom geladen, liess den Termin verstreichen, und päpstliche Bevollmächtigte führten den Canonicus Konrad von Büren als Procurator des andern Bewerbers in die Propstei ein; nun aber griff der Propst von St. Marien zur Gewalt, zog den Procurator an den Haaren aus der Kirche, plünderte, desshalb mit dem Banne belegt, sein Haus und setzte ihn gefangen. Da beauftragte Gregor drei Mainzer Dechanten, ihn feierlich zu excommuniciren — über den weitern Verlauf ist nichts überliefert, und es lässt sich nicht einmal mit Sicherheit feststellen, ob Konrad in diesem wüsten Handel der Verfolger oder der Verfolgte gewesen ist [1].

„Von unserer Jugend an hat es uns gepflegt wie sein Reis, und pflanzend liess es uns gleichwie zu einem Baume emporwachsen zu dem, was wir sind, und überdies nahm es uns trotz unserer Unwürdigkeit durch Gottes Güte an zum Amt der Hirtensorge, zum Erzbischof und Lenker seiner Seelen." In diesen schwungvollen Wendungen hat Konrad einige Jahre später (R 86) dem Domcapitel den Dank für seine Wahl ausgesprochen. Welche Einflüsse und Erwägungen dieselbe zu Stande gebracht haben, ist gänzlich unbekannt. Dass sie dem Kaiser in hohem Grade erwünscht kam, ist wahrscheinlich; gerade angesichts des Conflictes mit dem h. Stuhl musste es ihm lieb sein, auf dem Kölner Erzstuhl den Sprossen eines in früheren Wirren seinem Hause treu ergebenen Geschlechtes zu wissen, den er im Mai 1236 (R 11) zu Coblenz in seiner Umgebung gesehen, dessen hervorragende Fähigkeiten ihm schwerlich entgangen waren.

Die nächsten Monate — allerdings auch nur diese — haben seine Erwartungen nicht getäuscht [2]. Am 2. Mai 1238 starb der Kölner Suffragan-

---

[1] Hegel (Chroniken der Stadt Köln 1, 443 und 3, Einl. 247) nimmt Ersteres an. Auffallend ist allerdings, dass Konrad v. Hostaden zwei Mal in Kölner Bischofs-Katalogen (Mon. Germ. SS. 24, 354. 356) als Propst von St. Marien bezeichnet wird, während erst spätere Chroniken ihn als Dompropst bezeichnen; wenn er sich selbst in Urkunden von 1236 und 1237 (R 11. 13. 14) Dompropst nennt, so ist daraus kein sicherer Schluss zu ziehen, weil um diese Zeit der Streit (das letzte Schreiben des Papstes ist von 1237 Aug. 31) noch schwebte. Wichtiger ist, dass schon eine Urkunde der Elisa von Heimbach von 1234 Apr. 25 (R 5) von C. prepositus Coloniensis (ohne Zusatz, also doch wohl Dompropst) besiegelt ist; Elisa aber ist Schwester Konrad's v. Hostaden. Zu voller Sicherheit freilich ist nicht zu gelangen.

[2] Hauptquelle der Darstellung bis 1249 sind die Annalen von St Pantaleon (Mon. Germ. SS. 22, 530). Ich verweise hier im Allgemeinen auf die dort beigefügten Noten und auf meine Abhandlung im Archiv f. d. Gesch. d. Niederrheins 7, 197 ff.

bischof Johann von Lüttich, und das Ergebniss wiederholter Capitelversammlungen war eine zwiespältige Wahl. Der eine Candidat, Wilhelm von Savoyen, erwählter Bischof von Valence, Oheim der Königin von Frankreich, Bruder des Grafen Thomas von Maurienne und Flandern, ein Günstling des Papstes, befand sich damals in Italien, wo er dem Kaiser im Lombardenkrieg gute Dienste leistete. Trotzdem neigte Friedrich II. dem Gegencandidaten, dem Propst Otto von Aachen, zu, und hierbei wurde er von Konrad unterstützt. Von Mainz aus, wo auch der ebenfalls für Otto gesinnte Herzog Heinrich von Brabant und der Graf von Geldern sich einfanden [1], reisten die beiden Erwählten über die Alpen. Im August (R 21) finden wir sie im kaiserlichen Lager vor Brescia. Hier wurden sie mit den Regalien belehnt und kehrten dann sofort nach Deutschland zurück, ohne den päpstlichen Hof zu besuchen. Schon am 20. September (R 22) war Konrad wieder in Köln.

Ohne wichtige Ereignisse — es war die Ruhe vor dem Sturm — verlief am Niederrhein der Rest des Jahres. Differenzen mit dem rheinischen Pfalzgrafen glich Konrad unter Vermittelung des Herzogs von Brabant durch einen Vertrag vom 15. Oct. (R 23) aus. Scharf ging er (R 24) gegen den Grafen von Arnsberg vor, dessen Leute zu Berwick blutige Händel angefangen hatten. Mit 300 Rittern, versprach der Graf, werde er in Köln einreiten und einen Fussfall thun, um den Erzbischof zur Annahme der Sühnebedingungen zu bewegen; auch werde er ihm auf sein Ansuchen Hülfe leisten mit 200 gepanzerten Rossen. Trefflich benutzte Konrad die unsichere Friedenszeit, um sich der Treue seiner Hauptstadt zu versichern; ein Privileg drängte das andere, und gleich zu Anfang des nächsten Jahres zeigten sich die Früchte: als der Graf von Sayn mit ihm in Fehde lag und bei Bonn den Rheinübergang wehrte, erschien eine starke städtische Flotte und zwang den Grafen zum Frieden.

Mittlerweile war der Bruch zwischen Kaiser und Papst unheilbar geworden, und am 20. März 1239 verhängte Gregor über Friedrich den Bann. Um dieselbe Zeit (R 32) hat Konrad sich entschlossen, auf die Seite des Papstes zu treten. In tiefem Geheimniss verliess er Köln und eilte nach Rom, wo er mit Wilhelm von Valence zusammentraf. Erst als er sich herbeiliess, dessen Ansprüche auf den Lütticher Stuhl anzuerkennen, erhielt er selbst die Bestätigung des Papstes; im Juni trat er die Rückreise an. Es war der entscheidendste Schritt seines Lebens. In einem Augenblick, wo der jähe Sturz des staufischen Hauses gewiss nicht zu den wahrscheinlichen Dingen gehörte, hatte er sich von der kaiserlichen Sache, wenn auch noch nicht öffentlich, getrennt; an der Niederlage des Papstthums hat er Theil genommen wie kein zweiter deutscher Fürst, aber je mehr dann die kaiserlichen Sterne erblichen, desto glänzender stieg sein Stern empor.

---

[1] Reimchronik des Philippo Mouskés (Collect. des chron. Belges inéd.) v. 29828.

Noch allerdings lag die Erhebung der deutschen Fürstenopposition, welche Gregor erwartete, in weiter Ferne, und Konrad durfte an eine thätige Unterstützung des Papstes um so weniger denken, als er selbst daheim übergenug zu thun fand. Kaum war er wieder in Köln, als ihm — über die Veranlassung besitzen wir keinerlei Nachricht — zunächst in dem Luxemburger Heinrich Herzog von Limburg, durch seine Heirath mit der Erbtochter Irmgardis auch Graf von Berg, ein unverächtlicher Gegner erwuchs. Auch diesmal standen die Bürger zu ihm, und rasch wurde mit ihrer Hülfe der erste Erfolg errungen: es gelang dem Erzbischof, vermittels zweier mit Thürmen und Sturmbrücken versehener Schiffe das bergische Castell Deutz, gegenüber Köln, zu erobern, und schleunigst wurde die halb verfallene Burg durch neue Werke gesichert. Zwar rückte der Herzog heran, aber als Konrad vor Deutz ihm entgegentrat, wagte er keinen Angriff und verstand sich nach einem Zuge des Erzbischofs durch die Grafschaften Berg und Sayn zu einem Frieden, welchen der Herzog von Brabant vermittelte.

Die Waffenruhe war von kurzer Dauer. Der Brabanter, der sich mit Konrad wegen dessen veränderter Stellung in der Lütticher Bisthumsfrage überworfen hatte, gab vor, der Erzbischof habe den Frieden gebrochen, und trat nun selbst in den Kampf ein. Ihm schlossen sich der Herzog von Limburg und dessen Bruder Walram von Montjoie an, Graf Arnold von Loos und Chiny versprach seinen Beistand, im weitern Verlauf des Krieges traten noch der Herzog von Oberlothringen, die Grafen von Jülich und Geldern, sowie Friedrich Herr von Bedburg und Reifferscheid auf seine Seite [1]). Konrad's Hauptstütze war sein Neffe Dietrich Graf von Hostaden, auch von dem Erzbischof Sifrit von Mainz [2]), von den Bischöfen von Münster und Osnabrück durfte er Zuzug erwarten: so war ein grosser Theil des nördlichen und mittlern Deutschland in die Fehde verwickelt.

Mit einem Heere von angeblich 80,000 Mann fiel der Brabanter in das Erzstift ein und zog an Neuss vorbei vor Köln [3]), ohne jedoch einen Angriff gegen die feste Stadt zu unternehmen. Unter argen Verwüstungen marschirte er nach Bonn, der Platz wurde in Brand gesteckt, auch die schöne Münsterkirche ging in Flammen auf, dann schritt er zur Belagerung von Lechenich. Unterdessen hatte aber auch Konrad ein starkes Heer auf die Beine gebracht, und ohne weiteren Kampf kehrte der durch Hunger bedrängte Herzog heim. Jetzt übte sein Gegner Vergeltung. Mit

---

[1]) Ausser den Annalen von St. Pantaleon sind für die Grafen v. Loos und Geldern noch die Urk. bei Luenig, Cod. Germ. dipl. 2, 1099 und Butkens, Trophées de Brabant 1, preuves 82 zu vergleichen.

[2]) 1239 Mai 17 verspricht dieser dem Herzog v. Braunschweig Hülfe, nimmt aber das Reich und den Erzbischof von Köln aus. Gudenus, Cod. dipl. 1, 550.

[3]) Die Belege Archiv 7, 208 ff. Für die ebend. 210 erwähnte verwirrte Erzählung bei Butkens ist noch der Zusatz zum Katalog des Cäsarius von Heisterbach (Mon. Germ. SS. 24, 347) zu vergleichen.

zahlreichen Hülfsmannschaften, namentlich der drei genannten Bischöfe, legte er sich vor Jülich: der Ort wurde verbrannt, während die Burg sich hielt. Weiter ging der Rachezug nach Westen. Schloss Bergo wurde zerstört, das limburgische Herzogenrath in Brand gesteckt, auf dem Rückzug die Jülicher Burg Bergheim genommen. Dann entliess Konrad sein Heer, und nun begann wieder das alte Spiel. Zum zweiten Mal überschritt Heinrich von Brabant im Herbst die Maas, zerstörte die Burg Randerath, deren Besitzer den Sohn seines Verbündeten, des Grafen von Loos, gefangen hielt, brach Heerlen, nordwestlich von Aachen, und zwang nach zehnwöchentlicher Belagerung die Hostaden'sche Veste Dalhem zwischen Lüttich und Mastricht zur Uebergabe. Ein Streifzug, welchen Konrad, mittlerweile vom Bischof von Münster zum Priester und Bischof geweiht (Oct. 28, R 38), gegen Walram von Montjoie unternahm, hatte kein Resultat, als neue Verheerung des unglücklichen Landes.

So kam das zweite Jahr des Krieges. Unverzagt setzte Konrad den Kampf fort. Mit städtischen Hülfstruppen bestürmte er Zülpich, der Graf von Jülich rückte mit andern Herren zum Entsatz herbei, ein Waffenstillstand wurde gleich gebrochen. Schon lag Konrad wieder vor Schloss Broich bei Mülheim an der Ruhr¹), als der junge König Konrad am Niederrhein erschien und den Parteien Ruhe gebot. Von Lüttich her, wo er das Ansehen des kaiserlichen Bischofs Otto festigte — sein Gegner Wilhelm war bereits im vorhergehenden Jahre in Italien gestorben —, kam er am 8. April nach Köln und vermittelte einen Stillstand bis Pfingsten; dann wolle er, falls er keine gütliche Einigung erziele, Rechtstag zu Frankfurt halten. Als der Erzbischof nicht dort erschien und sich nur durch Bevollmächtigte zu verantworten suchte, stellte der König sich offen auf Seite seiner Gegner, und wieder begann das Ringen. Vom Herzog von Oberlothringen, von Aachener Bürgern und kaiserlichen Völkern unterstützt, warf der Brabanter sich zum dritten Mal auf das Erzstift und berannte Lechenich. Gleichzeitig wurde Mettmann östlich von Düsseldorf, welches der Erzbischof kurz vorher als Zwingburg für die Grafschaft Berg befestigt hatte, durch einen Handstreich der Bergischen gewonnen. Bald gegen diesen, bald gegen den andern Gegner musste Konrad sich wenden. Mit geringer Begleitung ging er auf die bergische Veste Bensberg los; die umliegenden Dörfer wurden angezündet, da brach die Besatzung hervor: mit einer Handvoll Leute wurde der Erzbischof umringt und am Kinn verwundet; aber er wehrte sich, bis die Seinigen ihn nicht ohne Verlust heraushieben. Rasch eilte er über den Rhein zurück und lieferte beim Schlosse Bedburg ein glückliches Treffen; tödtlich verwundet fiel der Schlossherr Friedrich von Reifferscheid in die Hände des Siegers. Im Sommer hat er sich endlich zum Frieden entschlossen,

---

¹) Nicht Imgenbroich an der Roer, wie Mon. Germ. SS. 22, 534 das castrum Bruch super Ruram fluvium erklärt wird.

ohne die Ankunft der zum Entsatz von Lechenich herbeieilenden westfälischen Hülfstruppen abzuwarten [1]). Adolf, der Sohn des Herzogs von Limburg, bekam des Erzbischofs Schwester Margaretha zur Ehe und erhielt die Hälfte von Deutz als kölnisches Lehen; sein Oheim Walram von Montjoie bekam 700 Mark, wofür er Allod in Lehen verwandelte; Dalhem, über welches eine Einigung nicht erzielt wurde [2]), blieb vorläufig in den Händen des Herzogs von Brabant.

Wahrscheinlich hat sich Konrad zur Nachgiebigkeit bequemt, weil die veränderte Stellung der Stadt Köln ihm keine Wahl mehr liess, welche ihm wiederholt ihre Unterstützung versagte und im Sommer 1240 beim Kaiser und seinem Sohne in grosser Gunst stand. Der Abfall der mächtigen Stadt hat vielleicht zum grossen Theil den schlimmen Ausgang des Krieges verschuldet, und sie sollte dem Erzbischof dafür büssen. Aber die Bürger sahen sich vor, und Konrad liess es nicht zum Aeussersten kommen. Bedurfte doch auch er nach den furchtbaren Anstrengungen und Verlusten der letzten Jahre der Ruhe, um seine Kräfte zu sammeln für neue, bereits drohende Kämpfe.

Wir sahen bereits, wie in die vermuthlich aus localen Ursachen erwachsenen niederrheinischen Händel auch der grosse Kampf zwischen Kaiser und Papst hineinspielte; aber hier wie anderswo in Deutschland hat man es lange sorgfältig vermieden, offen Farbe zu bekennen. Noch immer versuchte die Mehrzahl der Fürsten eine Mittelstellung zu wahren: Weder gelang Gregor die Bildung einer geschlossenen Partei, die sich zu einer Erhebung gegen den Kaiser hätte bereit finden lassen, noch vermochte Letzterer eine grosse allgemeine Kundgebung zu seinen Gunsten herbeizuführen, und deutlich zeigt der grosse Vermittelungsversuch vom Frühjahr 1240 die Zerfahrenheit des Fürstenstandes. Gemeinsam ist den zum Theil identischen Schreiben, welche eine grosse Zahl von Reichsfürsten im April und Mai theils einzeln, theils mehrere zusammen an den Papst richteten [3]), die dringende Bitte um Versöhnung mit dem Kaiser und die Bezeichnung des Deutschmeisters Konrad als Unterhändler. Aber darauf beschränkt sich auch die Uebereinstimmung, und im Uebrigen sondern sich die Briefe in drei scharf geschiedene Gruppen. Vollkommen neutral halten sich der Erzbischof von Mainz, der Bischof von Augsburg, die Herzoge von Braunschweig und Sachsen und die beiden Markgrafen von Brandenburg; der Landgraf von Thüringen dagegen, die Herzoge von Oberlothringen, Brabant, Limburg und des Letzteren Bruder Walram von Montjoie, die Grafen von Geldern,

---

[1]) Das Aufgebot der westfälischen Ministerialen (R 57) ist offenbar eine blosse Stilübung.

[2]) Quod castrum de Daelem est exclusum a forma pacis factae inter Conrardum archiepiscopum et Henricum ducem. Urk. Otto's v. Geldern 1240 Aug. 31 bei Butkens, Trophées 1, preuves 82; Sloet, Oorkondenb. der graafsch. Gelre en Zutfen 624.

[3]) Mon. Germ. Legg. 2, 334 ff.

Loos, Jülich, Sayn und Luxemburg lassen bei allen Ergebenheitsversicherungen doch deutlich durchblicken, wie wenig sie sich auf die Seite des Papstes stellen: man sieht, die ganze Coalition, mit welcher Konrad es damals zu thun hatte, ist kaiserlich gesinnt. Umgekehrt gelobt Letzterer mit den Bischöfen von Münster, Osnabrück und Worms in einem Schreiben vom 8. April (R 44) — an demselben Tage weilte König Konrad in Köln — dem Papst seinen Beistand, falls der Kaiser nicht zur Einigung bewogen werden könne, und der Erzbischof von Trier mit sechs weitern Prälaten äusserte sich in gleichem Sinne. Es war nicht gelungen, wie 1230 vor dem Frieden von San Germano, eine geschlossene Partei der Vermittelung zu bilden; viele Fürsten haben sich, so weit unsere Kenntniss reicht, überhaupt nicht betheiligt. So blieb das Friedenswerk ohne Erfolg, der Deutschmeister starb bald nach seiner Ankunft in Italien, und von weitern Versuchen hören wir nichts. Mehr und mehr sah sich Gregor IX., in Italien hart durch die kaiserlichen Waffen bedrängt, in Deutschland auch auf diplomatischem Gebiete überflügelt. Die Versuche, einen Gegenkönig aufzustellen, waren kläglich gescheitert; schon Ende 1239 hatte der Herzog von Oesterreich seinen Frieden mit den Kaiserlichen gemacht, jetzt schickte sich auch der König von Böhmen an, in das gleiche Lager überzugehen, selbst Herzog Otto von Baiern wurde schwankend, da der süddeutsche Episkopat fast ausnahmslos kaiserlich gesinnt war. Die zahlreichen Bannsprüche, welche Albert der Böhme, der eifrige Bevollmächtigte des Papstes, gegen die Widerstrebenden schleuderte, blieben ohne nachhaltigen Eindruck; im August 1240 drang er auf Entsendung eines Cardinallegaten als letztes Mittel der Rettung, im folgenden Jahre wurde er aus Baiern vertrieben und entging kaum den Nachstellungen seiner erbitterten Feinde. Die päpstliche Partei in Süddeutschland war vernichtet.

Furchtbare Ereignisse haben dann noch einmal jeden Gedanken an den Bürgerkrieg auf kurze Zeit zurückgedrängt. Unheilvolle Kunde kam von der Ostmark des Reiches: wie das wilde Mongolenvolk im März 1241 über die ungarische Grenze gebrochen und der König von Ungarn ihnen erlegen sei, wie Herzog Heinrich von Schlesien bei Liegnitz den Heldentod gefunden. Als unwiderstehlich der Zug der tartarischen Horden weiterging, Polen, Schlesien und Mähren graunhaft verwüstend, liess die gemeinsame Noth noch einmal Deutschland die Eintracht finden. Boten gingen von Hof zu Hof, mächtig erscholl die Kreuzpredigt gegen die Feinde der Christenheit, ein Fürstentag zu Merseburg beschloss allgemeine Bewaffnung, König Konrad und zahlreiche Fürsten — auch der Kölner war unter ihnen — nahmen das Kreuz. Aber als das Wetter vorüberzog, als die Mongolen eben so rasch und unerwartet, wie sie gekommen, zurückfluteten, da erlosch das Strohfeuer einer kurzen Begeisterung, die Kreuzzugsgelder wanderten in die Taschen der Fürsten, und wiederum regte sich der kaum vergessene Hader.

Während man in Deutschland noch rüstete gegen die Tartarennoth, marschirte Kaiser Friedrich auf Rom. Gregor schien verloren. Die nächste Umgegend Rom's wurde verheert; in der Stadt selbst hatte sich ein kaiserlich gesinnter Cardinal verschanzt. Es war ein ähnlicher Augenblick, wie 1167, wo der Grossvater des Kaisers seines Triumphes über Alexander III. schon sicher zu sein glaubte. Diesmal hatte kein jäher Glückswechsel, wie einst der Ausbruch der Pest im deutschen Heere, stattgefunden. Gregor war schon lange leidend. Unglück über Unglück war in den letzten Monaten über den unbeugsamen Greis hereingebrochen: der Fall des heldenmüthig vertheidigten Faenza, der Mongolensturm, die Verhinderung des römischen Concils durch die Niederlage der genuesischen Flotte bei Meloria, das siegreiche Vordringen des Kaisers im Kirchenstaat. Die Fieberluft des römischen Hochsommers gab dem fast Hundertjährigen den letzten Stoss: am 21. August 1241 ist er gestorben. Der grösste Gegner des Kaisers, der gewaltige Mann, dem er so oft die Schuld des Kampfes aufgebürdet, war dahin — wer wollte länger am Siege der kaiserlichen Sache zweifeln?

Und gerade jetzt griff die deutsche Opposition zu den Waffen. Wie es dazu gekommen, wie es vor allem möglich war, dass Sifrit von Mainz, noch vor wenigen Jahren Verweser des Reichs, noch beim Friedensversuch von 1240 der Führer der Neutralen, jetzt als päpstlicher Legat die Führung der Kriegspartei übernahm, ist ein Räthsel; keine Feder hat über die Wandlungen der Politik am Rheine berichtet, während über die süddeutschen Parteischwankungen zuweilen die Correspondenz Albert's des Böhmen scharfe Schlaglichter wirft. Nur das Resultat ist uns bekannt: am 10. September traf Sifrit mit Konrad in Westfalen zusammen und versprach (R 66), in der Streitsache zwischen Kaiser und Papst dasselbe Verfahren zu beobachten wie der Erzbischof von Köln, der ohne Zweifel die gleiche Zusicherung zurückgab [1]). Es war ein tollkühnes Unternehmen, und nur der Unthätigkeit der Gegner hatten die beiden Prälaten es zu verdanken, dass der Verlauf nicht noch schlimmer wurde, als er geworden ist. Zwar richteten auf kaiserlichen Befehl mehrere niederrheinische Herren ein Schreiben an die Bürger von Köln, worin sie dieselben zu ausdauerndem Widerstand gegen die Umtriebe des Erzbischofs aufforderten, ihnen Schutz versprachen und sie der gleichen Gesinnung des Herzogs von Brabant versicherten. Es waren Worte ohne Thaten; nur der Graf von Jülich verband sich mit der Stadt Aachen zur Aufrechterhaltung des kaiserlichen Ansehens, welches am Mittelrhein hauptsächlich Gerhard von Sinzig, der Burggraf von Landskron, vertrat [2]). So nahm die Empörung, an der auch die Grafen von Nassau und Isenburg sich betheiligten, anfangs einen glücklichen Fortgang. Offen verkündeten die

---

[1]) Am 16. Sept. finden wir die beiden Erzbischöfe zusammen in Soest. R 67. Bereits August 9 stellt Sifrit zu Paderborn eine Urk. aus. Schaten, Annal. Paderb. zu 1241.
[2]) Die Aufforderungen König Konrad's 1241 Sept. 11 und 15 sind neuerdings wieder Mittelrhein. Urk. 3, 544 gedruckt.

Erzbischöfe den gegen Friedrich ausgesprochenen Bann; ihr Manifest schilderte die Bedrückungen, welche die Kirche durch den Kaiser erduldc, wie die Papstwahl verhindert werde und sie als getreue Söhne der römischen Kirche deren Vertheidigung übernommen hätten. Dann rückten sie in die Wetterau ein und verwüsteten die dortigen Reichsgüter.

Bald aber änderte sich das Glück. Anfang 1242 drang Wilhelm von Jülich in das Erzstift und rückte, von Aachener Truppen begleitet, bis nach Bonn vor. Auf dem Rückzug stiess er bei Brühl, zwischen Bonn und Köln, auf einen rasch zusammengerafften Heerhaufen des Erzbischofs. Um Zeit zu gewinnen legte er sich auf's Unterhandeln, suchte aber bei Einbruch der Nacht das Weite, die Aachener hinter ihm her; das Gepäck und einige Gefangene fielen in die Hände Konrad's. Diesen kleinen Vortheil auszunutzen, zog der Erzbischof dem Jülicher nach. Wiederum fand der Graf eifrige Unterstützung durch kaiserliche Leute; bei Lechenich kam es gegen Anfang Februar 1242 zu einem hitzigen Treffen, nach langem Widerstande wurde der Erzbischof mit einigen Rittern gefangen und nach der Burg Nideggen an der Roer gebracht.

Jetzt zeigte sich, wie festen Fuss Konrad in den wenigen Jahren seines Pontificates bereits gefasst hatte. Der Krieg gegen Jülich wurde fortgesetzt, unerschütterlich hielten die Prälaten und die Ritterschaft des Stiftes zu ihrem Herrn, und als König Konrad, oder wie ein Chronist jener Zeit ihn geringschätzig nennt, der „Knabe Konrad, den einige für den König hielten" [1], wenige Tage nach dem Lechenicher Treffen nach Trier kam, wurde er dringend angegangen, die Freilassung des Erzbischofs zu verfügen. Natürlich weigerte er sich, suchte vielmehr aus dem Erfolg seiner Parteigänger möglichst grossen Vortheil zu ziehen und seinen gefährlichen Gegner auf die Dauer unschädlich zu machen. Aber vergeblich forderte er zu Aachen den Grafen Wilhelm auf, ihm den Erzbischof zu übergeben [2]; der Graf machte Ansprüche, für welche seine kleinen Mittel nicht ausreichten. Ebenso scheiterte sein Versuch, die erzbischöflichen Einkünfte mit Beschlag zu belegen, an dem Widerstande der geistlichen und weltlichen Herren; soll man doch sogar den verwegenen Plan gefasst haben, als Pfand für die Freilassung des Erzbischofs den König selbst gefangen zu setzen [3]. Unfähig, sich zum Herrn der Lage zu machen, ging dieser nach dem Süden zurück [4].

---

[1] Gesta Treverorum, Mon. Germ. SS. 24, 403.

[2] Den Ort der Verhandlung kennen wir erst aus der ursprünglichen Fassung des betr. Theils der Gesta Trev. a. a. O. 405. „Obgleich er," heisst es dort sehr euphemistisch, „dem Grafen Vieles anbot, so bekam er doch seinen Willen nicht; denn der Graf folgte besserm Rathe und wollte seinen Herrn, dessen Getreuer er war, nicht so grausam für Gold überantworten". Am Schluss freilich kommt das eigentliche Motiv zur Geltung: „Später entliess er (der Graf) ihn (den Erzbischof) zu seinem grössern Nutzen."

[3] So die Kölner Reim-Chronik bei Waitz, Chronica regia Colon. 307.

[4] Urk. des Königs Frankfurt 1242 April, Anlagen 4.

Und dieser ersten Enttäuschung sollte bald eine zweite noch schlimmere folgen. Der Graf hatte durch seine Weigerung deutlich gezeigt, wie gering sein Eifer für die kaiserliche Sache sei; in seinen Augen war der gefangene Kirchenfürst in erster Linie ein Unterpfand für reellere Dinge, als die Gunst König Konrad's ihm zu bieten vermochte. Das haben die Freunde des Gefangenen, „die Getreuen der Kirche", sich wohl zu Nutze gemacht. Verhandlungen sehr eigenthümlicher Natur müssen damals auf Schloss Nideggen gespielt haben; wir hören, dass Johanna Gräfin von Flandern und ihre Schwester und Nachfolgerin Margaretha sich für Konrad verwendeten; auch der Edelherr Arnold von Diest scheint bei dem Loskaufgeschäft betheiligt gewesen zu sein, und schliesslich gelang es dem Erzbischof nicht nur, sich mit seinem Kerkermeister abzufinden, sondern ihn auch der staufischen Sache zu entfremden. Denn das ist doch der Sinn des Vertrages, durch welchen er am 2. Nov. 1242 (R 77) nach neunmonatlicher Haft seine Freiheit erwirkte. Allerdings sind die Bedingungen, welche sich auf das Verhältniss des Grafen zum Erzstift beziehen — wir werden in anderm Zusammenhang darauf zurückkommen —, in hohem Grade drückend, desto auffallender aber sind die soustigen Klauseln. Der Erzbischof verpflichtete sich, den Grafen und sein Land von Bann und Interdict zu lösen und nach Wiederbesetzung des heiligen Stuhles durch eigene Boten die Bestätigung der Absolution in Rom zu veranlassen; auf Ersuchen des Grafen werde er nach dessen Rathe mit Kaiser, König und Reich Frieden machen, aber vorbehaltlich seines Lebens, der Würde seines Erzbisthums, des Gehorsams gegen die römische Kirche und der Integrität seines Stiftes, womit natürlich der ganze Artikel hinfällig wurde; falls dem Jülicher aus der Gefangennahme oder Freilassung Konrad's Ungelegenheiten erwachsen, hat dieser ihm auf Ersuchen treulich beizustehen, „und nicht wird der Graf ohne uns Frieden machen dürfen mit dem Reich oder dem König, bevor wir mit ihm und für ihn Gnade gefunden haben gegenüber dem Reich und dem König, und nicht werden wir und der Graf uns von einander trennen, sondern jeder von uns soll dem anderen mit Rath und allen Kräften beistehen;" ja Konrad entband den Grafen von dem „unerlaubten Eide, den er dem König und dem Reichsrath geleistet" — vermuthlich war der Graf eine eidliche Verpflichtung bezüglich der Freilassung des Erzbischofs eingegangen — und versprach, eine Erklärung des römischen Stuhles zu erwirken, dass jener Eid von vornherein nichtig gewesen sei. Wohl sind diese Bestimmungen auf Schrauben gestellt, aber der, wenn auch verdeckte Abfall des Grafen von seinen bisherigen Freunden ist doch klar genug ausgeprägt. Mit gebundenen Händen hatte der Erzbischof der kaiserlichen Partei eine schwere Wunde geschlagen. König Konrad hatte einen klugen Feind und einen unzuverlässigen Anhänger hinter sich gelassen; jetzt erntete er die Früchte.

Ungebeugt ging der Erzbischof aus der schweren Krisis hervor. Seine grossen Geld-Verluste wusste er bald zu ersetzen, theils durch eine umfassende Besteuerung der Diöcesangeistlichkeit, theils durch eine Summe, welche die Stadt ihm für Schleifung der sie stets bedrohenden Deutzer Festungswerke bezahlte. Es fehlte nicht an gewichtigen Stimmen, welche ihn vor dem Handel warnten, und später hat er schwerlich ohne Reue daran zurückgedacht, aber der Mitbesitz des Herzogs von Limburg war für ihn zu lästig. Auch ein glücklicher Zug gegen den Grafen von Cleve war vielleicht zum Theil im Interesse des städtischen Handels unternommen, da der Graf sich zur Abstellung der neu errichteten Zollstätte bei Orsoy bequemen musste. Mit Sifrit von Mainz, seinem alten Bundesgenossen, blieb er in enger, für die Zukunft sehr bedeutsamer Verbindung. Am 27. März 1243 (R 92) brachte er eine Einigung zwischen Sifrit einer-, dem Rheingrafen, dem Raugrafen und Graf Simon von Sponheim anderseits zu Stande. Es wird um dieselbe Zeit gewesen sein, dass die beiden Prälaten einen Feldzug gegen die Kaiserlichen am Oberrhein unternahmen; besonders die Stadt Worms, König Konrad's getreueste Stütze, hatte viel von ihnen zu leiden [1]). Am 16. Mai (R 93) finden wir die Erzbischöfe zusammen in Lüttich.

Am Niederrhein herrschte im ersten Jahr nach Konrad's Befreiung verhältnissmässige Ruhe; kleine Fehden wie die clevische, in der gesetzlosen Zeit allerwärts an der Tagesordnung, scheinen wenigstens rasche Erledigung gefunden zu haben. Die Freundschaft mit Heinrich von Limburg-Berg war von kurzer Dauer. Wodurch die Streitigkeiten veranlasst wurden und wie sie verliefen, ist unbekannt; wir wissen nur, dass am 2. November 1243 der Herzog, anscheinend ohne Bedingungen, zu Gnaden angenommen wurde, während seine Helfer, die Grafen von Mark und Arnsberg, Genugthuung leisten mussten (R 99). Einen Monat später kam auch der alte Zwist mit dem rheinischen Pfalzgrafen zu Ende. Der auf kurze Zeit abgeschlossene Waffenstillstand vom 15. October 1238 war zwar vermuthlich verlängert worden, aber zur Einigung über die streitigen Burgen und Güter an Rhein und Mosel kam es erst jetzt. Der Erzbischof verzichtete auf den Mitbesitz an Thurant, dagegen erkannte der Pfalzgraf den Lehnsverband der Schlösser Stahlberg, Stahleck und Fürstenberg an und gab die unter Erzbischof Heinrich verpfändeten Stiftsgüter zu Bacharach, Rheindiebach und Heimbach heraus (R 101).

Bald darauf sah sich Konrad in neue, räthselhafte Händel verwickelt. Wie vorhin erwähnt, war 1240 das Hostaden'sche Schloss Dalhem im Besitz des Lehnsherrn, des Herzogs von Brabant, geblieben, ohne dass eine förmliche Abmachung stattgefunden hätte; ausdrücklich hatte der Graf von Geldern erklärt, Dalhem sei vom Frieden ausgeschlossen, und die Wirren der folgenden Jahre waren nicht geeignet, den Herzog für die Herausgabe günstiger zu stimmen. Vermuthlich zur Regelung dieser nun schon über drei Jahre schwebenden Angelegenheit kam der Herzog Ende 1243 oder Anfang des folgenden Jahres an den Rhein. Als er in Begleitung des Grafen von

---

[1]) Wormser Annalen, Mon. Germ. SS. 17, 48.

Geldern an der Abtei Gladbach vorbeiritt, wurde er von Wilhelm von Jülich überfallen und entging nur durch einen glücklichen Zufall der Gefangenschaft. Die Veranlassung zu dieser Gewaltthat, welche dem Erzbischof, in dessen Geleitsbezirk sie verübt wurde, zu grossem Nachtheile gereichte [1]), liegt völlig im Dunkeln; dass der Herzog den Erzbischof in Verdacht gehabt haben sollte [2]), er stehe dem Streich nicht fern, ist nicht unmöglich, aber bestimmte Anhaltspunkte dafür liegen nicht vor, und wegen der Dalhemer Sache haben die Herren sich bald vertragen. Auf einem Fürstentag zu Roermonde, wo auch der Herzog von Limburg und die Grafen von Sayn und Geldern sich einfanden, verzichtete am 24. Febr. 1244 Graf Dietrich von Hostaden unter Zustimmung seiner Oheime Konrad und Friedrich auf Dalhem nebst allem Zubehör, wofür der Brabanter ihm 2000 Mark zahlte und ausserdem 100 Mark jährlicher Einkünfte zu Lehen gab (R 105). Am gleichen Tage hielt Konrad als Herzog von Ripuarien Fürstengericht über den Grafen von Jülich. Der Spruch desselben fiel zu Ungunsten des Geleitsbrechers aus, und der Herzog von Brabant versprach, den Erzbischof bei Execution des Urtheils nach Kräften zu unterstützen, nicht ohne ihn mit Wilhelm Frieden zu schliessen und ihm beizustehen gegen diejenigen, welche Rechte und Güter der Kölner Kirche widerrechtlich zurückhielten. (R 106). Der Graf von Jülich widersetzte sich und fand Beistand seitens der Grafen von Mark und Arnsberg, sowie von Dietrich von Isenburg. Ueber den Verlauf der Fehde sind wir nur so weit sie Westfalen berührt, einigermassen unterrichtet. Dort sah es mit dem Landfrieden wieder übel aus. Als der Erzbischof Anfang 1244 nach Westfalen kam und als Herzog scharf gegen das Unwesen einschritt, kam es in Herford zu wilden Auftritten. Die Bürger kamen mit seinen Begleitern in Streit und drangen wüthend auf Konrad ein; mit Mühe gelang es, sie zu besänftigen. Durch die Jülicher Fehde erhielt die Verwirrung in Westfalen neue Nahrung. Des Erzbischofs Stadt Werl wurde von seinen Gegnern erobert, aber im Juni kehrte er zurück und gewann das neu erbaute Schloss Isenburg bei Essen. Bald darauf bequemte sich Wilhelm von Jülich zu einem Stillstand auf sechs Monate (R 114), gab seine westfälischen Bundesgenossen preis und versprach Schadenersatz. Auf erzbischöflichen Schiedsspruch hat er dem Herzog von Brabant Genugthuung geleistet und sich mit Konrad wegen sonstiger Streitpunkte im April 1245 vertragen (R 124).

---

[1]) In ipsius archiepiscopi non modicum detrimentum. Urk. des Herzogs bei Lacomblet 2, 147.

[2]) An anderer Stelle (Archiv 7, 219) habe ich diese Vermuthung bestimmt ausgesprochen, halte aber die Begründung jetzt selbst für nicht vollkommen zutreffend. Die Worte der Annalen von St. Pantaleon: qui tandem ad ducis gratiam est admissus, scheinen mir doch auf den Grafen von Jülich, nicht auf den Erzbischof bezogen werden zu müssen; für Letztern wäre der Ausdruck sehr unpassend, da er Lehnsherr des Herzogs von Brabant war.

Zweites Capitel.

Die Gegenkönige Heinrich von Thüringen und Wilhelm von Holland.

Schon seit mehrern Jahren war die Politik des Erzbischofs auf engere Kreise beschränkt geblieben. Die kleinen Fehden mit den benachbarten Fürsten hatte er gewöhnlich mit Glück zu Ende geführt, der schwere Schlag von 1242 war wieder gut gemacht, und die Stellung eines Schiedsrichters, welche er wiederholt einnahm, sowie zahlreiche Lehnsauftragungen zeigen zur Genüge, dass seine Macht gewachsen, sein Ansehen gekräftigt war. Aber von einer über das Rheinland hinausgehenden Thätigkeit wird uns nur selten berichtet. Wie hätte es bei der damaligen Lage der Dinge in Deutschland auch anders sein können? Selten ja — die schlimmsten Zeiten des Interregnums etwa abgerechnet — tritt die völlige Zerfahrenheit, der gänzliche Mangel an politischen Gedanken, welche über die nächstliegenden Interessen hinausreichen, so erschreckend zu Tage, wie in der ersten Hälfte der vierziger Jahre. Während der Kampf gegen die Curie den Kaiser unter blutigen Kämpfen jenseits der Alpen festhielt, besass der Jüngling, der in Deutschland seine Stelle vertrat, vom König wenig mehr als den Namen; einige Reichsstädte waren fast seine einzige feste Stütze, von den Fürsten kümmerten selbst die staufisch gesinnten sich um ihn nicht mehr, als ihnen gerade passte. Es war ein Zustand trostloser Gleichgültigkeit; in engherziger Neutralität wartete man den Lauf der Dinge ab, nicht einmal wurde, wie noch 1240, der Versuch gemacht, durch eine Fürsten-Intervention die Beilegung des Kirchenstreites herbeizuführen. Kaum ein deutscher Fürst ist in jenen Jahren über die Alpen gezogen, um persönlich durch Rath oder That zur Entscheidung der Fragen mitzuwirken, an denen gleicherweise das Wohl der Kirche wie des Reiches hing.

Allerdings wurde der Kampf in Italien nicht mehr mit der frühern Erbitterung geführt; er ermattete, als Gregor IX. die Augen geschlossen hatte und man von einem neuen Papst den Frieden erhoffte. Aber Cölestin IV. starb nach wenigen Tagen, es folgte eine zwanzigmonatliche Sedisvacanz, und so lange die Zeit der Erwartung, der Ungewissheit über die nächste Zukunft dauerte, musste Friedensliebe oder Berechnung Viele von entscheidenden Schritten zurückhalten. Als dann Friedrich II. die bei Meloria gefangenen Cardinäle freigab und so eines der Hindernisse für die Wiederbesetzung des päpstlichen Stuhles wegräumte, als Sinibald Fieschi unter dem Namen Innocenz IV. zum Papst gewählt wurde (1243 Juni 25), da schien es einen Augenblick, als habe die Vorsicht der Neutralen sich nicht getäuscht. Der Gewählte galt als Freund des Kaisers oder wenigstens als ein Mann von versöhnlicher Gesinnung; er trat sofort mit Friedrich in Unterhandlungen ein, das Friedensgeschäft nahm erwünschten Fortgang, und am 31. März 1244 beschworen kaiserliche Bevollmächtigte die Präliminar-Artikel. Aber zu lange schon hatte der Hader gedauert, zu breit war der Riss geworden, und der wirkliche Hauptstreitpunkt, jene Frage, die seit vielen Jahren das Verhältniss zwischen Kaiser und Papst so recht eigentlich vergiftet hatte, war in den Präliminarien nicht einmal berührt: von dem Verhältniss des Lombardenbundes zum Reich sagten sie kein Wort. Kaum sind vier Wochen vorbei, und schon beschuldigt Innocenz den Kaiser, er verweigere die Ausführung des Vertrages. Noch vergingen zwei Monate in nutzlosen Verhandlungen, dann entwich der Papst heimlich aus Italien, erreichte auf dem Seewege seine Vaterstadt Genua und traf, durch schwere Krankheit aufgehalten, Anfang December 1244 in Lyon ein.

„Unsere Seele ist entronnen, wie ein Vogel dem Stricke eines Voglers; der Strick ist zerrissen und wir sind frei." Diese Worte des Psalmisten, die beim Einzuge des Papstes in Genua gefallen sein sollen, bezeichnen treffend das von jetzt ab eingeschlagene Verfahren. Die Brücke war abgebrochen, beseitigt jede Rücksicht, welche dem Papst bisher der Aufenthalt in dem unruhigen Italien, in der Nähe seines Gegners, welche ihm der allgemeine sehnsüchtige Wunsch nach Frieden und auch — nur der Hass kann das Gegentheil mit Sicherheit behaupten — die eigene Friedenshoffnung auferlegten. Festen Schrittes geht er jetzt vorwärts auf seiner gefährlichen Bahn, in Kühnheit, Willensstärke und Consequenz so recht der Nachfolger des gewaltigen Mannes, dessen Namen er sich beigelegt hatte. Zwei grosse Ziele hatte Gregor IX. in seiner letzten Lebenszeit verfolgt: Ein allgemeines Concil sollte das moralische Ansehen des h. Stuhles befestigen, eine Empörung in Deutschland oder gar die Erhebung eines Gegenkönigs der materiellen Macht Friedrich's den Todesstoss geben. So unglücklich sein Beginnen ausschlug, so glücklich hat Innocenz IV. den Doppelplan zur Ausführung gebracht. Vergeblich hatte Gregor die deutschen Fürsten zu den Waffen gerufen; als sein Wunsch endlich in Erfüllung ging, war er schon nicht mehr unter den Lebenden, und den einen der beiden Empörer brachte sein Wagniss in den Kerker. Innocenz fand die Verhältnisse günstiger. Zwar dauerte es noch lange, ehe eine grössere Zahl von Fürsten sich zu einer päpstlichen Partei zusammenschaarte, aber einen festen Kern fand er vor; die beiden Prälaten, die schon einmal den Waffengang mit den Kaiserlichen gewagt, boten bereitwillig ihre Dienste an. Kaum hatte Innocenz am 27. December 1244 ein allgemeines Concil auf St. Johannistag des folgenden Jahres nach Lyon berufen, als Konrad von Köln und Sifrit von Mainz zu ihm eilten. Sie verpflichteten sich, falls Innocenz zur förmlichen Absetzung des Kaisers schreite, für schleunige Wahl eines Gegenkönigs zu sorgen; ja, auf ihr Drängen soll der Papst am Gründonnerstag den Bann gegen Friedrich erneuert haben. Ohne die Eröffnung des Concils abzuwarten, kehrten sie gegen Ostern in ihre Diöcesen zurück.

Der Bildung einer ergebenen Partei in Deutschland sicher, ging Innocenz jetzt rasch auf sein Ziel los. Am 26. Juni eröffnete er die Kirchenversammlung von Lyon, schnell wurden die übrigen Berathungsgegenstände erledigt; am 17. Juli sprach er die Absetzung des Kaisers aus, löste die ihm geleisteten Eide und forderte diejenigen, welchen die Königswahl zustehe, zur Neuwahl auf. Unmittelbar danach schickte er den Bischof Philipp von Ferrara nach Deutschland. In Köln traf derselbe mit Konrad zusammen, dann ging er über Würzburg, wo wir ihn am 1. September finden, zum Landgrafen Heinrich von Thüringen, den der Papst zum Gegenkönig ausersehen hatte.

Der Schwager der h. Elisabeth hatte bisher dem h. Stuhl wenig Beweise vertrauenerweckender Gesinnung gegeben. Als sein Bruder, der Deutschmeister Konrad, 1240 als Friedensbote der Fürsten nach Italien ging, stand er in den Reihen jener, die zwar Ergebenheit gegen den Papst zur Schau trugen, aber auch ihre Hingebung für die kaiserlichen Rechte betheuerten. Seine weitere Stellung ist dunkel; eine wenig glaubwürdige Nachricht lässt ihn vorübergehend auf die päpstliche Seite neigen, aber durch eine persönliche Zusammenkunft mit dem Kaiser wieder abgezogen werden [1]; sicher stand er 1242, wo wir ihn als Procurator der deutschen Lande finden, bei Friedrich in Gunst. Als am 30. April 1244 Innocenz ihm in einem freundlichen Schreiben [2] berichtete, der Kaiser zögere, die kurz vorher übernommenen Verpflichtungen auszuführen, war er vermuthlich schon schwankend geworden, und als Philipp von Ferrara mit directen Anerbietungen zu ihm kam, empfing er ihn ehrenvoll und zeigte sich bereit, eine auf ihn fallende Wahl anzunehmen.

Ehe es dazu kam, haben natürlich Berathungen unter den Fürsten stattgefunden, und eine Zusammenkunft der drei rheinischen Erzbischöfe zu Trier am 28. Juni 1245 (R 127) hatte jedenfalls diesen Zweck. Wie sehr Konrad, wenn nicht die Seele, so doch neben seinem Mainzer Collegen der Führer der Bewegung war, beweisen ausser seiner Reise nach Lyon und dem Besuch des Legaten die zahlreichen Gunstbezeugungen, mit welchen um diese Zeit Innocenz ihn und seine Kirche überschüttete. Schon bald nach seiner Wahl hatte der Papst ihm das Pallium geschickt, mit welchem er am Pfingsttage (Mai 31) 1244 zum ersten Mal in feierlicher Procession erschien. Noch früher, am 28. Januar, erging eine Weisung des Papstes an den Erzbischof von Mainz, er solle Konrad, der mannhaft für die Kirche eintrete, von dem Banne lösen, welchen delegirte päpstliche Richter wegen

---

[1] Vgl. Schirrmacher in den Forschungen z. d. Gesch. 11, 337. Vgl. oben S. 4.
[2] Potthast 11359.

nicht bezahlter Schulden seines Vorgängers über ihn verhängt, und bis zur gänzlichen Abtragung sollten die Gläubiger mit einer jährlichen Abschlagszahlung von 1000 Mark zufrieden sein [1]). Am 14. Juli 1245 ergingen scharfe Mandate gegen die Barone und Edeln der Kölner Diöcese, die sich als Kirchenvögte den Rottzehnten anmassten oder ihre Untergebenen hinderten, vor dem geistlichen Gericht des Erzbischofs Recht zu nehmen [2]). Am 31. Juli verlieh er Ablass denjenigen, welche den Dom zu Köln am Einweihungstage besuchten [3]); am gleichen Tage befreite er Erzbischof und Capitel unter dankbarer Anerkennung ihrer Treue von der Verpflichtung, Canonicate oder sonstige Pfründen auf päpstliche Empfehlung zu verleihen, falls nicht ein specielles Mandat des apostolischen Stuhles vorliege [4]). An den Erzbischof erging ein päpstlicher Befehl zum Vorgehen gegen dessen widerspenstigen Suffragan, den Bischof von Osnabrück [5]), und an Innocenz wendet sich 1246 Febr. 15 (R 137) der Erzbischof mit der Bitte, er möge die Ansprüche seines Suffragans, des Bischofs von Lüttich, auf die unmittelbare Herrschaft über Hennegau unterstützen, da dieses nach dem kinderlosen Tode der Gräfin von Flandern gemäss Reichsrecht an den Bischof zurückfallen müsse. Zur Bestreitung der Bedürfnisse des Kampfes gegen die Kaiserlichen wurden Konrad und der Erzbischof von Mainz zu Erhebung einer Kirchensteuer ermächtigt. Dagegen jedoch erhob sich heftiger Widerspruch; nur die Bischöfe von Lüttich und Osnabrück, so hören wir, zeigten sich willfährig, während der Erzbischof von Bremen, die Bischöfe von Utrecht und Münster und andere Kirchenfürsten sich entschieden weigerten und beim Papst beschwerten. Dieser vermied es, direct einzugreifen, und schliesslich gaben sich Konrad und Sifrit mit einer freiwilligen Beisteuer zufrieden [6]).

Bis zum Frühjahr 1246 dauerte es, bevor Innocenz mit dem Candidaten für das Gegenkönigthum offen hervortrat. Ein Schreiben vom 21. April 1246 theilte den deutschen Wahlfürsten mit, der Landgraf habe sich zur Annahme der Krone bereit erklärt; in besondern Schreiben wurden, freilich mit geringem Erfolg, die wichtigsten weltlichen Fürsten um schleunige

---

[1]) Sammlung der Mon. Germ. aus den päpstlichen Regesten. Mittheilung von Ficker.
[2]) Potthast 11723. — [3]) Ebend. 11762, vgl. Annalen des hist. Ver. Doppelheft 21 u. 22, 286.
[4]) Annalen a. a. O. 284. Einige Monate nach der Wahl Heinrich's ertheilte der Papst Konrad und dem Kölner Capitel wichtige Privilegien bezüglich entfremdeter Güter. Ebend. 285. — [5]) Vgl. unten 2. Theil 5. Cap.
[6]) Ich finde diese wichtigen Vorgänge nur bei Menco (Mon. Germ. SS. 23, 537), der sie nach der Verlegung des päpstlichen Hofes nach Lyon erzählt. Hier ist von einem Fünftel sämmtlicher kirchlichen Einkünfte die Rede, jedoch wird eher an den Zehnten zu denken sein. 1245 Aug. 1 fordert Innocenz die beiden Erzbischöfe auf, nöthigenfalls den Erzbischof von Bremen und dessen Suffragane zur Zahlung des Zehnten an den demnächst zu wählenden König anzuhalten (Potthast 26328). Vielleicht beziehen beide Nachrichten sich auf dieselbe Steuer.

Vornahme der Wahl ersucht; andere Briefe beauftragten den Legaten sowie Minoriten und Dominicaner, Geistliche wie Weltliche unter Androhung des Bannes zu Anerkennung des Gewählten zu zwingen [1]). So war der Wahlact selbst eine Form. Im folgenden Monat predigte Konrad — der Erzbischof von Mainz und andere Bischöfe waren ihm darin bereits zuvorgekommen — gegen Kaiser Friedrich das Kreuz; dann zog er nach Würzburg, und am 22. Mai wurde in dem nahe gelegenen Veitshöchheim von bescheidener Versammlung Landgraf Heinrich als König erwählt. Mit Sicherheit lassen sich als anwesend nur die Erzbischöfe von Mainz und Köln, der Erwählte von Speier und eine Anzahl Grafen nachweisen, obwohl der Anhang Heinrich's ohne Zweifel von vorn herein weit grösser war [2]).

Von der Wahlversammlung, wo ein Reichstag nach Frankfurt auf den 25. Juli angesagt wurde, ging der neue König nach Thüringen, Konrad nach dem Rhein. Am 20. Juli (R 153) noch weilte er in Köln und verband sich mit seinem Schwager Adolf, dem ältesten Sohne des Herzogs von Limburg-Berg, gegen Kaiser Friedrich und dessen Sohn Konrad. Ob es mit den Kaiserlichen am Niederrhein, als deren Führer bald wieder Wilhelm von Jülich erscheint [3]), zu Kämpfen gekommen ist, wissen wir nicht; keinesfalls waren sie erheblich genug, um den Erzbischof vom Zuge nach Frankfurt abzuhalten, wo auch Sifrit von Mainz und Arnold von Trier nebst vielen andern Bischöfen im Lager Heinrich's von Thüringen sich einstellten. Einige Tage standen die beiden Könige sich kampfbereit gegenüber; am 5. August kam es zum Treffen, in welchem Heinrich, durch Verrath begünstigt, glänzend siegte; über 400 Ritter König Konrad's wurden gefangen, viele derselben führte der Kölner mit sich fort. Daran schloss sich der Frankfurter Reichstag, auf welchem König Konrad des Herzogthums Schwaben

---

[1]) Potthast 12071 ff.
[2]) Die gänzliche Werthlosigkeit des oft citirten Zeugenverzeichnisses in der Urk. Heinrich's bei Falke, cod. tradit. Corbei. 404 ist überzeugend nachgewiesen bei Reuss, die Wahl Heinrich Raspe's (Progr. der höhern Bürgerschule zu Lüdenscheid 1878) 5 ff. Schirrmacher hat bereits früher, allerdings ohne die Echtheit der Urk. zu bestreiten, sich gegen die Anwesenheit der Herzoge von Brabant und Sachsen ausgesprochen. Neuerdings (Entstehung des Kurfürsten-Collegiums 63) wiederholt er diesen Einspruch, führt aber sonderbarer Weise unter den Wählern zahlreiche Bischöfe an, deren Anwesenheit nur durch dasselbe gefälschte Zeugenverzeichniss bezeugt ist, in welchem auch die beiden Herzoge figuriren. Die Anwesenheit des Erzbischofs von Trier ist mir sehr zweifelhaft. Die Gesta Trev., auf welche Schirrmacher sich beruft, schreiben ihm nur einen Antheil an der Wahl zu. Den Herzog von Brabant wird man (gegen Reuss 6) zu Heinrich's Anhängern rechnen dürfen. Er war dessen Schwager, vielleicht schon damals in einer Eheangelegenheit auf den Papst angewiesen, und spielte im nächsten Jahre bei der Wahl Wilhelm's eine Hauptrolle (vgl. unten 23. 24). Dasselbe gilt, trotz des von Schirrmacher angeführten Schreibens des Legaten vom 13. August 1246, von Erzbischof Gerold von Bremen, einem alten Anhänger des Papstes.
[3]) 1246 Dec. 12 erhält er Düren vom Reich verpfändet. Böhmer Reg. Conrads 86.

und seiner deutschen Güter entsetzt und bestimmt wurde, Kirchenlehen, deren Inhaber kinderlos sterben, sollten der betr. Kirche anheimfallen: eine Gefälligkeit für die geistlichen Fürsten, welche vermuthlich durch die schon früher von Erzbischof Konrad unterstützten Lütticher Ansprüche auf den Hennegau veranlasst war ¹).

Der unglückliche Tag von Frankfurt war für die kaiserliche Partei gewiss ein harter Schlag, aber eigentlich entschieden hat er nichts. Wenige Wochen später wurde König Konrad der Schwiegersohn des ehemals der päpstlichen Sache so wohlgeneigten Herzogs Otto von Baiern, und wenn er wenig opferwillige Anhänger fand, so ging es seinem Gegner nicht besser. Im Januar 1247 war er nach Schwaben gezogen, um den jungen Staufer in seinem Stammlande zu vernichten. Ein Theil der Schwaben fiel ihm zu, mit ihrer Hülfe belagerte er Ulm ohne Erfolg. Krank kehrte er in die Heimath zurück; in der Nähe der Wartburg that er einen Sturz vom Pferde und starb am 17. Februar. Nach noch nicht siebenmonatlicher Dauer hatte das erste Gegenkönigthum sein Ende gefunden.

Wahrscheinlich unmittelbar nachdem die Kunde dieser Ereignisse nach Köln gedrungen war, hat Konrad sich zum zweiten Mal nach Lyon zum Papste begeben (R 163). Als Zweck der Reise wird genannt die Besetzung des (seit 1246 Oct. 16) durch den Tod des Franzosen Robert von Torote erledigten Bisthums Lüttich, fast sicher aber war auch die Wahl eines neuen Gegenkönigs Gegenstand der Besprechung. Der spätere Verlauf der Wahlangelegenheit lässt ja kaum einen Zweifel, dass Konrad die Seele derselben war, mehr als der Cardinal Peter Capocci ²), welchen Innocenz schon am 15. März als Legaten für Deutschland und die Nachbarländer bestimmte ³). Am 23. des gleichen Monats war Konrad wieder in Köln und konnte dem einflussreichsten unter den niederrheinischen Fürsten, Heinrich von Brabant, durch den Tod seines Schwagers auch Landgraf von Thüringen ⁴), die Mittheilung machen: nach einer in Folge päpstlichen Auftrages angestellten Untersuchung erkläre er die Ehe zwischen des Herzogs Schwester Elisabeth und Gerhard von Wassenberg für ungültig (R 164). Auch dieser Punkt mag in Lyon zur Sprache gekommen sein, und eine weitere Folge der Anwesenheit Konrad's daselbst war ein Gnadenbrief des Papstes vom 27. März, welcher für die Dauer der Verfolgung der Kirche dem Erzbischof und dem Capitel von Köln das Privileg ertheilt: nur dann sollten sie durch

---

¹) Vgl. oben S. 21.

²) Notizen über ihn hat neuerdings zusammengestellt v. Reumont in der Zeitschrift des Aachener Geschichts-Vereins 1, 206.

³) Potthast 12452. 26377. Eine Urk. des Legaten Koblenz 1247 Aug. 25 Mittelrhein. Urk. 3, 680.

⁴) Mit beiden Titeln erscheint er in der Lehnsurk. des Grafen Adolf von Berg 1247 Mai 13. Butkens, Trophées 1, preuves 89.

päpstliche Briefe ausserhalb der Diöcese vorgeladen werden dürfen, wenn in ihnen dieses Privileg ausdrücklich erwähnt werde [1]).

Ueber die folgenden Wahlverhandlungen wissen wir nichts, man müsste denn der aus etwas späterer Zeit stammenden Notiz Glauben schenken, die Krone sei vergeblich dem Herzog von Brabant, dem Grafen von Geldern und Richard von Cornwallis angeboten worden. Jedenfalls war die Entscheidung über die Candidatenfrage bereits getroffen, als der Legat und der Erzbischof von Mainz eine Versammlung nach Köln ausschrieben [2]). In der Stadt selbst konnte dieselbe nicht gehalten werden, da die Bürger noch auf staufischer Seite standen und ihre Thore geschlossen hielten; so sammelten sich die Theilnehmer bei Worringen [3]), in der Mitte der weiten Rheinebene zwischen Köln und Neuss. Sehr stark war der Episkopat vertreten: die drei rheinischen Metropoliten und Erzbischof Gerold von Bremen, die sämmtlichen Kölner Suffragane mit Ausnahme Otto's von Utrecht, also Johann von Minden, der früher so widerspenstige Engelbert von Osnabrück, Otto der Erwählte von Münster und Heinrich, Bruder des Grafen von Geldern, der unmittelbar vorher auf Betreiben des Legaten zum Bischof von Lüttich erhoben worden war, ferner Hermann von Hildesheim, Simon von Paderborn, Rutger von Toul, Albert von Regensburg und endlich Arnold von Semgallen [4]), einer der vielen Titularbischöfe von der Ostsee, welche im 13. Jahrhundert in der Rheingegend bischöfliche Functionen ausüben. Von Weltlichen waren ausser Heinrich von Brabant viele Grafen anwesend, einzeln genannt aber werden nur Otto von Geldern und Johann von Holstein [5]), der von dem neuen Könige den Ritterschlag empfing; wahrscheinlich ist noch der Graf von Loos beizufügen, da er neben den Bischöfen von Strassburg, Würzburg und Speier unter jenen erscheint, an welche Innocenz Belobigungsschreiben [6]) schickte. So war es wieder eine, wenn auch stattliche Versammlung von überwiegend geistlichem Charakter, welche am 3. Oct. den jungen Grafen Wilhelm von Holland, einen Neffen des Herzogs von Brabant und Vetter der geldrischen Brüder, zum König wählte.

Selbst im nordwestlichen Deutschland war die Anerkennung Wilhelm's noch lange nicht allgemein, aber bis zum Schluss des nächsten Jahres hat er dort überall den Widerstand gebrochen. Schon wenige Tage nach der Wahl hielt er seinen Einzug in Köln, dessen Bürger er unter wenig könig-

---

[1]) Annalen Doppelheft 21 u. 22, 283. Vom gleichen Tage ist die Ablassurk. des Papstes für Besuch des Kölner Domes am Dreikönigentag. Quellen 2, 258, Berichtigung des Datums Annalen a. a. O. 287.

[2]) Schreiben des Bischofs Simon von Paderborn 1247 Sept. 25. Schaten, Annal. Paderborn (Ausg. von 1775) 2, 41.

[3]) Die Belege für Worringen als Wahlort Archiv 7, 230. Schirrmacher, Kurfürsten-Collegium 64 nennt zwar im Text noch Neuss, entscheidet sich aber 65 Note ebenfalls für Worringen.

[4]) Quellen 2, 267. — [5]) Albert v. Stade Mon. Germ. SS. 16, 371.

[6]) 1247 Nov. 19. Zuletzt bei Sloet 685.

lichen Bedingungen zum Treueid bewogen hatte: versprach er ihnen doch, abgesehen von Bestätigung sämmtlicher Privilegien und Zollfreiheit zu Boppard und Kaiserswerth, nur mit einer Leibwache werde er bei ihnen einreiten, weder ein Heer in die Stadt führen noch Hoftag dort abhalten, keine Unterstützung von ihnen erzwingen, keine Evocation der Bürger gestatten und beim heiligen Stuhle ein Nonevocationsprivileg erwirken, in der Kölner Diöcese weder eine ihnen nachtheilige Befestigung bauen, noch die Errichtung einer solchen gestatten [1]). Theuer genug ist der ehrenvolle Empfang Wilhelm's erkauft worden, für welchen am 19. Nov. [2]) Papst Innocenz der „so berühmten Stadt Köln" seinen Dank ausspricht. Wahrscheinlich gleich bei seinem ersten Besuch in Köln hat König Wilhelm jene Thätigkeit begonnen, welche wohl die achtungswertheste Seite seiner Regierung bildet: in feierlicher Versammlung liess er die Fürsten den Landfrieden beschwören und Abstellung der neu errichteten Zölle versprechen [3]).

Zunächst ging es freilich am Niederrhein nicht friedlich her: eine nach der andern mussten die staufischen Festungen genommen werden. Nymwegen wurde durch den Grafen von Geldern erobert, und am 13. Dec. begann Wilhelm selbst die Belagerung von Kaiserswerth [4]), dessen Burggraf Gernand sich erst nach langer Vertheidigung ergab. Die Hauptburg der Staufischen aber war die Reichsstadt Aachen. Schon im Januar 1248 predigte der Legat, der mit dem König nach Holland reiste [5]), das Kreuz, um zur Belagerung ein grosses Heer zusammenzubringen. In Utrecht kam es aus nicht näher bekannten Gründen zu einem Tumult, welcher Beide zu rascher Entfernung nöthigte. Dann wendete Peter Capocci sich nach Köln, wo er in nachdrücklichster Form zur Theilnahme am Kampf gegen Aachen aufforderte und sogar Geistliche, welche sich nicht mit dem Kreuze bezeichnen wollten, mit dem Bann belegte. Auf Zureden des Erzbischofs jedoch entschloss er sich, die Sentenz aufzuheben und „Jeden seinem Gewissen zu überlassen, mit Ausnahme derer, welche durch die Gnade des Papstes Beneficien erhalten hätten oder zu erhalten wünschten" [6]). Uebrigens hatte die Kreuzpredigt, welcher sich besonders die Minoriten unterzogen, guten Erfolg in der Rhein- und Maas-Gegend, und gegen Ende April konnte die Belagerung beginnen [7]). Der König lag damals noch vor Kaiserswerth, wo auch Konrad, anscheinend auf der Rückkehr von einem Aufenthalte in

---

[1]) Zwei Urk. vom 9. Oct. Lacomblet 2, 166.
[2]) Potthast 12757.
[3]) Regis principio Wilhelmi. Fragment der Kölner Reim-Chronik bei Waitz, Chronica regia Colon. 312. Auch in dem Privileg für Köln vom 9. Oct. ist schon von sofortiger Abschaffung der ungerechten Zölle die Rede.
[4]) Annalen v. St. Pantaleon 542.
[5]) Jan. 21 ist der Legat in Lüttich. Lacomblet 2, 264 Note. Uebrigens vgl. für das Itinerar Archiv 7, 231.
[6]) Annal. v. St. Pantal. 542. — [7]) Quellen-Citate Archiv 7, 231.

Westfalen, mit ihm zusammentraf (R 195). Erst am 7. Mai finden wir Wilhelm vor Aachen, welches jetzt auf's engste eingeschlossen und fast ein halbes Jahr hindurch heftig berannt wurde. Konrad hatte an der Belagerung bedeutenden Antheil; er war es auch, auf dessen Vermittelung die Stadt sich dem Könige unterwarf. Wahrscheinlich am 18. Oct. erfolgte die Uebergabe; am folgenden Tage zog Wilhelm ein, am 1. Nov. empfing er im Dome Karl's des Grossen die Krone. Der eigentliche Krönungsact wurde wahrscheinlich von den beiden anwesenden Cardinälen, Peter Capocci und Wilhelm von Sabina, vollzogen, während Konrad die Weihe vornahm.

Kurze Zeit vorher fällt eine Waffenthat des Erzbischofs, welche auch für die Stellung Wilhelm's von Bedeutung war. Schon seit zwei Jahren belagerte Erzbischof Arnold von Trier das feste Schloss Thurant an der Mosel [1]). Auf diesem „Räubernest" hauste als gefürchteter Pfleger des den Staufern ergebenen Pfalzgrafen Otto von Baiern der Marschall Zorno. Endlich war die Besatzung durch Hunger der Uebergabe nahe gebracht, als ein beträchtliches Entsatzheer aus dem Oberlande heranrückte. Da eilte auch Konrad zur Mosel, bewog einen Theil der Führer zu Aufgebung der Fehde, der Rest zog nach Hause, und am 30. Sept. übergab Zorno die Burg den beiden Erzbischöfen, welche sie durch eine Zwischenmauer theilten. Trotz einer Clausel, welche die Rückgabe an den Pfalzgrafen in Aussicht nahm, ist sie lange Zeit im gemeinsamen Besitz von Köln und Trier geblieben. Im folgenden Jahre wurde der Marschall, der eine wahre Landplage gewesen sein muss, von dem Sohne des Pfalzgrafen durch List gefangen und in den Kerker geworfen [2]).

Der Schluss des Jahres 1248 fand Wilhelm in fast unbestrittenem Besitz der Länder nördlich der Mosel und westlich des Rheines, und auch auf dem rechten Rheinufer war er vielfach anerkannt. Sein Oheim Heinrich von Brabant war am 22. Januar gestorben, ohne dass dies jedoch die Stellung des Herzogthums wesentlich veränderte; im April machte auch der Herzog von Oberlothringen mit dem Papst und Wilhelm seinen Frieden. Wenn der Graf von Jülich überhaupt Widerstand versuchte, so hat er denselben bald aufgegeben, vermuthlich schon im Nov. 1247, wo der Papst dem Legaten schreibt; er solle zwischen Walram, des Grafen Bruder, und Erzbischof Konrad nach dem Rathe des Königs vermitteln [3]), jedenfalls im März des folgenden Jahres, wo er mit Konrad in Westfalen weilt (R 191). Bei unbekannter Gelegenheit brachte Konrad auch einen der zähesten staufischen Anhänger am Mittelrhein in seine Gewalt, Gerhard von Sinzig und Lands-

---

[1]) Belegstellen Archiv 7, 223. Von den Gesta Trever. ist seitdem die ursprüngliche (an dieser Stelle ausführlichere) Fassung bekannt geworden. Monum. Germ. SS. 24, 408. Eine Urk. des Erzb. Arnold in obsidione Thurun 1247 Apr. 13 Mittelrhein. Urk. 3, 674. — 1248 Juli 29 verspricht Emich der Jüngere v. Leiningen dem Pfalzgrafen, Thurant mit Lebensmitteln zu versehen Ebend. 718.

[2]) Archiv 7, 234. — [3]) Potthast 12754.

kron. Selbst als der Erzbischof ihn 1248 Juni 13 (R 201) aus der Gefangenschaft entliess, behielt Gerhard nebst seinen Brüdern Dietrich und Luffried sich vor, dem Kaiser Friedrich und dessen Sohne Hülfe leisten zu dürfen, wenn dieselben persönlich erschienen. Gegen Mitte December ergab sich endlich nach etwa einjähriger Belagerung Kaiserswerth [1]), und am 15. des gleichen Monats erklärte sich das mächtige Dortmund in einem Schreiben an den Erzbischof bereit, König Wilhelm den Eid der Treue zu leisten [2]). Konrad hatte die Unterwerfung vermittelt, ihm wurde auch einige Tage später die wichtige Stadt mit den benachbarten Reichshöfen von Wilhelm für 1200 Mark verpfändet.

Anfang 1249 zog der König nach dem Oberrhein, vor Boppard, welches Stillstand erhielt, nach Mainz, dann vor Ingelheim. In die Zeit der Belagerung — die Burg ergab sich am 28. März — fällt ein Ereigniss, in Folge dessen Konrad's Einfluss seinen Höhepunkt erreichte: am 9. März starb Erzbischof Sifrit von Mainz. Kurz vor seinem Ende war Sifrit, mit Konrad seit einer Reihe von Jahren die Hauptsäule der päpstlichen Partei, von Innocenz zum apostolischen Legaten [3]) für Deutschland, jedoch mit Ausschluss der Kölner Kirchenprovinz [4]), ernannt worden: schon fünf Tage nach dem Tode des Mainzers übertrug Innocenz das Amt auf Konrad (R 226), von dessen Jurisdiction jedoch später die Trierer Kirchenprovinz ausgenommen wurde [5]). Und vorübergehend bot sich die Aussicht, die hierdurch gewonnene Machtfülle noch gewaltig zu steigern. „Ihres Hirten beraubt in stürmischer Zeit," berichtet eine gleichzeitige Chronik [6]), deren Erzählung auch von anderer Seite im Wesentlichen bestätigt wird [7]), „wandten Geistlichkeit und Volk von Mainz schnellen und klugen Entschlusses ihre Augen auf den Erzbischof von Köln und forderten denselben einstimmig und einträchtig zu ihrem Erzbischof. Dieser, trauernd über den Tod des Erzbischofs von Mainz, reiste zum König und wurde von Geistlichkeit und Volk zu Mainz mit unglaublicher Freude und Ehrerbietung wie der ersehnte Vertheidiger des Vaterlandes aufgenommen. Freundlich dankte er Allen und Jeden; jedoch neigte sich der standhafte und vorsichtige Mann weder

---

[1]) Archiv 7, 233. — [2]) Kindlinger, Beiträge 3, 178. Lacomblet 2, 176 Note.
[3]) Der Bericht der Erfurter Annalen (Böhmer Fontes 2, 269; Mon. Germ. SS. 16, 36) lässt vermuthen, dass Sifrit nur ganz kurze Zeit im Besitz dieser Würde war. Die Datirungen des Regestum Innocentii (Bibl. des lit. Vereins 16, 161 ff, wiederholt bei Potthast) sind leider offenbar in Unordnung. Alle in demselben aufgeführten päpstlichen Schreiben sollen zwischen 1248 Juni 28 und 1249 Juni 28 erlassen, und die Ernennung Sifrit's Febr. 25 erfolgt sein (Nr. 411). Nun aber enthält das Regestum mehrere Nummern, deren Datum vor Febr. 25 fällt, die aber trotzdem an Sifrit als Legaten gerichtet sind (Nr. 324. 352. 367. 413), so dass es gerathen erscheint, ein früheres Datum der Ernennung anzunehmen. In Nr. 399 ist statt 6. Kal. Maii wohl einfach Martii zu setzen, da sonst das Schreiben lange nach Sifrit's Tod und Konrad's Ernennung fallen würde.
[4]) Regestum Innoc. Nr. 413. — [5]) Gesta Trev. Mon. Germ. SS. 24, 410.
[6]) Annal. v. St. Pantal. 545. — [7]) Christian v. Mainz bei Böhmer, Fontes 2, 269.

nach der einen noch nach der andern Seite, sondern die angebotene Ehre weder annehmend noch ablehnend urtheilte er, darüber sei die Ansicht des Papstes einzuholen." Die Vorsicht war wohl begründet. Man kann schon annehmen, dass der Wunsch der Mainzer ein aufrichtiger war; das Erzstift hatte in den Kriegsstürmen der vierziger Jahre genug gelitten, um über der Hoffnung, es werde unter der starken Hand des mächtigsten deutschen Fürsten zur Ruhe kommen, andere Rücksichten zu vergessen. Aber der Papst? Selbst wenn er — was man seinem oft bewährten Scharfblick kaum zutrauen darf — die bedenklichen Seiten in Konrad's Charakter noch nicht wenigstens geahnt haben sollte, konnte er unmöglich einer in Deutschland beispiellosen kirchenrechtlichen Ungeheuerlichkeit zustimmen, welche die Länder von der unteren Elbe bis zum St. Gotthard und von der Scheldemündung bis nahe zur böhmischen Grenze einem einzigen, zudem bereits mit der Legatengewalt bekleideten Metropoliten unterstellte. Am 4. Mai erging die Antwort [1]) an Dechant und Capitel zu Mainz, freundlich und nicht ohne eine verbindliche Wendung für Konrad, den „rastlosen Vorkämpfer der Kirche", aber ablehnend in bestimmtester Form: „Gänzlich ungewohnt sei es, dass zwei so hervorragende und ehrwürdige Metropolitankirchen der Leitung eines Einzigen übergeben würden, und wenn es vielleicht geschähe, so würde es ganz unpassend erscheinen." Binnen Monatsfrist, nachdem der Bischof von Strassburg sie dazu aufgefordert, sollten sie mit dessen Rath und Zustimmung zur canonischen Besetzung des erledigten Stuhles schreiten, widrigenfalls der Bischof selbst kraft päpstlicher Vollmacht die Ernennung vornehmen werde. Die kurz vorher [2]) ergangene Bestimmung, welche für alle deutschen Kathedralkirchen die freie Bischofswahl ohne besondere päpstliche Genehmigung aufhob, war hier in ihrer schroffen Form nicht erwähnt; aber indem Innocenz den Wahlkörper an Rath und Zustimmung des Bischofs von Strassburg band, war thatsächlich die freie Wahl ausgeschlossen: hat er doch gleichzeitig den Strassburger angewiesen, entweder die Wahl des Speierer Bischofs Heinrich von Leiningen durchzusetzen, oder aber, falls das Capitel sich weigere, denselben zu ernennen. Dazu jedoch kam es nicht. Am 29. Juni wählte das Capitel den Mainzer Dompropst Christian, und noch an demselben Tage soll derselbe von Konrad in seiner Eigenschaft als Legat bestätigt und von König Wilhelm investirt worden sein. Ob der Papst bereits vorher die Candidatur des Bischofs von Speyer aufgegeben hatte, ob er sich erst später der Thatsache fügte, ist nicht bekannt. So viel

---

[1]) Regestum Innoc. Nr. 491, vgl. 490. Bei Matthaeus Paris Hist. Maior ed. Wats 664 findet sich eine confuse Erzählung, der Papst habe Konrad Mainz und die reichste Abtei Deutschlands, „Wolsa", übergeben; Konrad habe beide Kirchen schändlich geplündert und für seine Kriege von den armen Leuten seines Erzbisthums unermessliches Geld erpresst. Aehnliche Fabeleien, zum Theil wörtlich übereinstimmend, in der Hist. minor ed. Maddens 3, 53.

[2]) Reg. Innoc. Nr. 367 vom 11. Febr.

ist sicher, eine weniger geeignete Persönlichkeit, um den kraftvollen Sifrit zu ersetzen, hätte man kaum finden können. Christian war ein friedliebender Mann, im Herzen vielleicht sogar staufisch gesinnt, und schon 1251 musste er den Mainzer Stuhl verlassen.

Trotz dieses Ausganges der Mainzer Wahlangelegenheit war und blieb Konrad unbedingt der erste Fürst Deutschlands, mehr neben als unter dem Jüngling stehend, welchem er die Krone verschafft hatte. Durch die Legation erhielt er eine Reihe der wichtigsten Vollmachten. Am 20. April schärfte ihm der Papst ein, in seinem Namen allen Kathedralkirchen die Wahl, Postulation und Benennung bei eintretenden Vacanzen ohne päpstliche Erlaubniss zu untersagen und die Beobachtung dieses Verbotes zu überwachen [1]). Wie ein auf einer Legation befindlicher römischer Cardinal konnte er Beneficien verleihen [2]), und eine mächtige Waffe bot ihm die Befugniss, besondere Vergünstigungen des apostolischen Stuhles zurückzunehmen, falls er die Träger derselben als undankbar erfinde [3]). Einmal [4]) erhält er Auftrag, dem päpstlichen Caplan Gebhard Grafen von Freiburg ein deutsches Bisthum zu übertragen. Eine Reihe von Ehedispensen für hochstehende Personen ging durch seine Hand, so für eine Verwandte des Grafen von Hoya, für den Ritter Balduin von Visé in der Lütticher Gegend, für Siboto und Ulrich von Minzenberg und für Balduin de Dei custodia(?) [5]). Und er hat sein Legatenamt nicht nur als Würde aufgefasst. Noch sind fast 40 Urkunden vorhanden [6]), in welchen er den Legatentitel führt, die meisten für Klöster, Stifter und Kirchen der Kölner Diöcese oder der Suffragan-Bisthümer, so mehrere Gnadenbriefe für St. Trond (Bisthum Lüttich, R 249—253) [7]), eine Erlaubniss für den Grafen von Geldern, die Pfarrkirche zu Nymwegen (Utrecht) abzubrechen und eine neue zu errichten (R 256), ein Auftrag an den Propst von Varlar (Münster R 243), der Behinderung der Oblationen in der Domkirche zu Osnabrück ein Ende zu machen; weiter ein Vidimus für das Kloster Flechtdorf (Paderborn R 244), ein Schutzbrief für das Hospital zu Andernach (Trier R 264), eine Güterbestätigung für St. Georgenberg bei Frankenberg (Mainz R 245. 246), eine Incorporationsurkunde für das Stift zu Heiligenstadt (Mainz R 258), Ablassbriefe für Otterberg (Mainz R. 263), für die Dominicaner zu Würzburg (R 260) und Frankfurt (Mainz R 262), endlich sogar die Bestätigung einer Schenkung an den Bischof von Seckau (R 270). Der Inhalt ist allerdings wenig bedeutend; zuweilen begegnet der Titel in Urkunden, deren Bestimmungen mit der Legatengewalt nichts zu schaffen haben, sogar in Urkunden rein weltlichen

---

[1]) Reg. Innoc. Nr. 466. — [2]) Ebend. 489, vgl. 399. — [3]) Ebend. 487, vgl. 412.
[4]) Potthast 13284. 13285. — [5]) Reg. Innoc. 511. 477. 521. 523. 522.
[6]) Einen Theil derselben habe ich bereits Forschungen 14,379 zusammengestellt.
[7]) Schon vorher fallen mehrere päpstliche Gunstbriefe für St. Trond. Potthast 13314. 13316. 13318. 13358. 13374.

Charakters; nur einmal kommt es vor, dass er für einen Kölner Canonicus eine Pfründe fordert (R 234). Aber ganz abgesehen von seinen Urkunden und von den zahlreichen Aufträgen des Papstes besitzen wir merkwürdige Belege, einen wie ernsthaften Gebrauch er von seiner Legation machte. An drei weit von einander entlegenen Punkten Deutschlands stossen wir auf Stellvertreter Konrad's, welche gleichzeitig eine Legationssteuer (procuratio) einzusammeln hatten. Für die ostrheinischen Suffragan-Bisthümer war der Franziscaner Dietrich Bischof von Wirland bestimmt, sehr gegen seinen Willen, wie er selbst versichert, und keinesfalls ein Vertreter, wie Konrad ihn wünschte. Im Frühjahr 1249 ladet er die Geistlichkeit von Osnabrück in einem kläglichen Schreiben ein, Vertreter entweder am 17. Mai nach Dortmund oder am 27. Mai nach Soest zu schicken [1]: „Dort wollen wir es mit deren Rathe fügen, dass der Herr Legat zufriedengestellt und die arme Geistlichkeit, die schon vielfältig schwere Schatzungen und Provisionen erduldet hat, nicht allzu sehr beschwert werde. Gott ist mein Zeuge: dem Papst selbst habe ich es von Mund zu Mund gesagt, dass ich an den Procurationen und Zwanzigsten nie Gefallen hatte." Ob die Besprechung zu Stande gekommen ist und die Osnabrücker sich zur Zahlung eines Zwanzigsten verstanden haben, wie ihre Kölner Amtsbrüder, wissen wir nicht.

Die schlechteste Aufnahme fand ein Agent Konrad's in Baiern. „Von den baierischen Bischöfen," schreibt er [2], „zu welchen ihr mich behufs Ueberreichung der apostolischen Mandate geschickt hattet, haben die von Salzburg und Regensburg die Mandate nicht angenommen, ja sie wollten dieselben nicht einmal sehen. Der Freisinger hörte sie zwar an, aber er spottete darüber. Und was noch schlimmer und unschicklicher ist, sie haben, zur Schmähung euerer Gerichtsbarkeit und eueres Namens, gegen mich thörichte Worte geschleudert, welche sie ihre Sentenzen nennen, sogar die Sentenz der Excommunication. Der Regensburger hatte seine Geistlichkeit zum Capitel berufen; auf demselben sprach er nur von euch und behauptete, ihr seiet ein Blutmensch, nicht nur kein Legat, sondern baldigst auch der bischöflichen Würde zu entsetzen. Ich aber habe gegen sie den Bann ausgesprochen und den Regensburger, welcher schlimmer ist als die andern, von seiner Pfründe suspendirt und sein Land mit dem Interdict belegt;

---

[1] Mittheilungen aus dem Gebiete der Geschichte Liv-, Esth- u. Kurlands 9, 30.

[2] Den Versuch Schirrmacher's (Albert v. Possemünster 120), dieses Schreiben Ende 1241 oder Anfang 1242 zu setzen, habe ich Forschungen 14, 377 besprochen. Gegen Schirrmacher, zum Theil mit denselben Gründen, auch Ratzinger in den Hist.-polit. Bl. 84, 739. Der Briefsteller nennt sich magister H. dictus portarius Spirensis, nuncius et clericus vester, wobei Schirrmacher auf einen Herimannus portarius in einer Speierer Urk. von 1239 hinweist. Wegen der Wendung dominus meus bezüglich des Bischofs von Passau braucht er nicht zu diesem in einem besondern Verhältniss gestanden zu haben: es ist die übliche Bezeichnung von Standespersonen.

seinen Bruder, den Vicedominus von Regensburg, welcher Quelle und
Ursprung aller euerer Unbill in Baiern ist, habe ich gemäss euerer Weisung
seiner Würde beraubt. Ich bitte euch, ihr wollet nicht meinetwillen, sondern
euer selbst willen diese Sentenzen bestätigen und dem Bischof von Eichstädt
auftragen, sie als bestätigt zu verkünden. Ihr könnt versichert sein: hätten
die genannten Bischöfe es zugelassen, leicht und ohne Aergerniss hätte ich
in ihren Diöcesen 1300 Mark Silber als Procuration für euch gesammelt.
Angelegentlich empfehle ich euch die Sache des Bischofs von Passau, welcher
allein mich sehr gut behandelt hat zur Ehre eueres Namens, und alle seine
Hoffnung auf euere Güte setzt". Fast meint man einen leisen Hohn aus
diesem Jammerbrief herausklingen zu hören. Später hat sich die Lage in
Baiern noch verschlimmert, denn Konrad's einziger bischöflicher Freund,
Rüdiger von Passau, wurde abgesetzt und eben jener Vicedominus Berthold
von Sigmaringen, welchen der Agent als den eigentlichen Führer der
baierischen Opposition bezeichnet, trat an seine Stelle [1]).

Auf heftigen Widerstand stiess auch ein dritter Bevollmächtigter des
Legaten, Konrad von Steinach, Propst von St. Guido zu Speier und Canonicus
zu Mainz, ein damals vielgenannter Mann, welchem Papst Innocenz Anfang
1249 unter grossen Lobsprüchen ein Bisthum zuwenden wollte [2]). Am 1.
November des gleichen Jahres verliess er Speier, um in Konrad's Auftrag
nach Oesterreich zu gehen [3]). Im März 1250 weilte er zu Wien, wo er als
apostolischer Legat einen Gunstbrief für die Dominicaner zu Pettau ausstellt [4]),
am 19. April verbietet er von Neustadt aus die Cumulation von Pfründen [5]).
Dann aber schritt Albert der Böhme gegen ihn ein. Am 25. Juli schickte
er von Donaustauf durch den Abt Gerhoh von Wormbach Weisungen an
den Abt des Wiener Schottenklosters, er solle die Legation des Konrad von
Steinach für ungültig erklären, ihm die gesammelten Gelder abnehmen und
ihn im Falle der Widersetzlichkeit durch die weltliche Obrigkeit einsperren
lassen [6]). Nochmals begegnet er uns am 2. August im steierischen Marburg,
von wo er den Dominicanern zu Pettau wegen Absetzung eines staufisch
gesinnten Pfarrers schreibt [7]), dann ist er aus Oesterreich verschwunden.

---

[1]) Vgl. Forschungen 14, 378.

[2]) Regestum Innoc. Nr. 352. Im März 1252 finden wir ihn in der Umgebung des
Königs Wilhelm. Böhmer Wilh. 123.

[3]) Speierer Annalen Mon. Germ. SS. 17, 84. Nochmals nennen ihn dieselben 1257
und erwähnen 1258 seinen Tod.

[4]) Böhmer Reg. 2. Ergänzungsheft Reichssachen. In einer Urk. von März 23
(R 270) erwähnt ihn Erzbischof Konrad; in ihr liegt der Beweis gegen Ratzinger's
Annahme (Hist.-polit. Bl. 84, 747), Konrad von Steinach sei nicht Bevollmächtigter,
sondern Nachfolger des Erzbischofs von Köln im Legatenamte gewesen. Später (a. a. O.
85, 214) hat Ratzinger diese Ansicht zurückgenommen.

[5]) Schirrmacher, Albert v. Possemünster 160. — [6]) Conceptbuch Albert's, Bibl. d.
liter. Ver. 16. 137. — [7]) Böhmer 2. Ergänz. Reichss.

Die Legation des Erzbischofs — zuletzt bedient er sich im April 1250 des Legatentitels (R 274) [1]) — hatte schon Monate vorher ihr Ende erreicht; weshalb, ist in Dunkel gehüllt, und vermuthen könnte man allenfalls, die Unzufriedenheit des Papstes mit seiner Haltung in der Passauer Bisthumsfrage habe dazu den Anlass geboten [2]). 1250 März 11 bestätigte Innocenz die Absetzung Rüdiger's durch den neuen für Deutschland ernannten Legaten Petrus Bischof von Albano [3]), und im Frühjahr traf dieser mit König Wilhelm in Lüttich zusammen [4]), wo auch Konrad sich einfand [5]).

Wie selbstbewusst Konrad 1249 seine Stellung auffasste, zeigt der Vertrag, den er am 18. April (R 230), also bald nach seiner Ernennung zum Legaten, mit dem Burggrafen Gernand von Kaiserswerth abschloss. „Da die göttliche Güte," heisst es zu Eingang dieser merkwürdigen Urkunde, „uns auf eine solche Höhe der Würde gestellt hat, dass wir als eines der wichtigern Glieder des Reiches erachtet werden, so sind wir gehalten, solches anzustreben, was dem Reiche zum Vortheil ist, und solchen beizustehen mit Rath und That, welche wir dem Reiche treu und hold erfinden." Derselbe staufische Parteigänger, der erst wenige Monate vorher das hartnäckig vertheidigte Kaiserswerth überliefert hatte, er hat nach dem Ausdruck der Urkunde „bisher solch' reine Treue für Bewahrung der Ehre des Reichs bewiesen, dass er dankbare Vergeltung davon tragen muss für seine Verdienste"; er stellt sich selbst und sein Eigenthum und die Burg — das Eigenthum des Reiches — unter den Schirm des Erzbischofs, und Beide versprechen einander Hülfe zu leisten gegen Jedermann mit Ausnahme des Königs Wilhelm — „mit dem Beifügen." heisst es weiter, „dass, falls Herr Wilhelm sterben oder freiwillig abdanken sollte, der Burggraf nebst der Burg derselben Person sich zuwende, welcher wir (der Erzbischof) uns zuwenden werden. Und falls Herr Friedrich (II.), was wir nicht glauben, sich mit der Kirche vertragen sollte, so werden wir nicht mit ihm Frieden noch Vertrag machen, wenn nicht der Burggraf mit uns in demselben Vertrage eingeschlossen ist, derart, dass er die Burg Kaiserswerth in demselben Recht

---

[1]) Abgesehen von zwei vereinzelten Urk. (R 295. 296).
[2]) Seine Verwickelung in diese Angelegenheit ist durch das Schreiben des II. portarius bezeugt. Auch sonst führen manche Fäden von Köln nach Baiern. Wir hören von einem Besuch Albert's des Böhmen in Köln, von einer Candidatur des zum Utrechter Bischof gewählten Kölner Propstes Heinrich von Vianden für das Bisthum Passau (vgl. Schirrmacher 155. 159). Ein einigermassen klares Bild aber lässt sich auf Grund der trümmerhaften Ueberlieferung nicht herstellen.
[3]) Potthast 13930. Im Juni fordert der Legat zum Gehorsam gegen Berthold von Sigmaringen auf. Böhmer Reg. Reichss. 1. Erg.-Heft.
[4]) Potthast 26452. Böhmer Reg. Wilh. zu 1250 Mai 1.
[5]) R 276. 277. Die bezügl. Nachricht bei Hocsemius ist keinesfalls in allen Einzelheiten richtig. Vgl. Böhmer a. a. O. Das früher Urban III. zugeschriebene Einladungsschreiben bei Hartzheim Concil. Germ. 3, 435 rührt von Innocenz her und ist an Konrad gerichtet. Vgl. Winkelmann in den Forschungen 15, 382.

und Besitz behält, wie er und sein Vater sie besessen haben." Tod und
Abdankung Wilhelm's, Wiederanerkennung Friedrich's II.! Das sind die
Möglichkeiten, die Konrad schon im Frühjahr 1249, wenn auch in vorsichtiger
Verclausulirung, in Rechnung bringt. Das ist der erste Vorbote jener Zeit,
wo Wilhelm gegen den offenen Verrath des Erzbischofs anzukämpfen hatte.
Für die nächsten Jahre allerdings fehlt jedes Anzeichen, dass die
Eintracht getrübt worden wäre. Anfang Juli [1]) zog Konrad mit stattlichem
Heer zum König nach Mainz und begleitete ihn auf seinem verwüstenden
Zuge gegen das staufisch gesinnte Frankfurt. Sachsenhausen wurde genommen
und niedergebrannt, aber der Brückenkopf hielt sich, und der König zog ab.
Schon vor Ende des Monats (R 238) war Konrad wieder in Köln, wo er
sich, abgesehen von einer kurzen Reise nach Westfalen im August (R 241),
bis tief in das nächste Jahr hinein fast ununterbrochen aufgehalten zu haben
scheint (R 241—275). Am 1. October begann Wilhelm die Belagerung von
Boppard, gab sie aber wieder auf, als Philipp von Hohenfels mit andern
Anhängern Friedrich's zum Entsatz heranrückte. Ob Konrad sich persönlich
oder nur durch Hülfstruppen betheiligte, steht nicht fest [2]). Im Sommer
1250 begleitete er den König, mit welchem er Anfang Mai (R 276. 277) in
Lüttich zusammentraf, auf seinem dritten Zuge nach dem Oberrhein. Am
25. Juli kam Wilhelm, bei ihm die Erzbischöfe von Mainz, Trier und Köln,
die Bischöfe von Speyer und Worms nebst zahlreichen mittelrheinischen
Grafen nach Bechtolsheim (zwischen Odernheim und Worms) und verheerte
die Besitzungen Philipp's von Hohenfels, des Retters von Boppard. König
Konrad wagte nicht, Oppenheim zu verlassen; erst als Wilhelm nach Mainz
zurückgegangen war und die Truppen entlassen hatte, nahm er Rache an
seinem Dränger, bis unter die Mauern von Mainz vordringend. Zum Kampfe
kam es auch diesmal nicht, zwecklose Verwüstung hüben und drüben [3]).
Der Erzbischof hatte sich gleich nach dem Rückzug vom König getrennt;
am 10. August finden wir ihn schon wieder in Köln (R 284), und abgesehen
von einer Reise nach Westfalen im November (R 287) hat er unseres
Wissens fast zwei Jahre hindurch das rheinische Stiftsgebiet oder dessen
allernächste Umgebung nicht verlassen.

Noch vor Schluss des Jahres 1250 fällt ein Ereigniss, welches die
Sache Wilhelm's wirksamer unterstützte, als eine gewonnene Schlacht: der
Tod Kaiser Friedrich's. Sogleich fasste Papst Innocenz die wenig später
auch ausgeführte Rückkehr nach Italien in's Auge, zunächst jedoch lud er
Wilhelm zu einer Zusammenkunft in Lyon ein. Auch an Konrad erging
eine dringende Einladung [4]). Am 18. Februar 1251 dankt ihm der Papst
wegen der bisher bewiesenen vorzüglichen Sorge für das Wohl der Kirche

---

[1]) Annal. v. St. Pantal. 545; vgl. R 235.
[2]) Annal. v. St. Pantal. 546. — [3]) Wormser Annalen Mon. Germ. SS. 17, 51.
[4]) Potthast 14201.

und des Königs. Jetzt gelte es, die durch Friedrich's Tod gebotene Gelegenheit auszunutzen: „Wir wollen und befehlen, dass du mit Hintansetzung aller andern Dinge persönlich zu uns zu kommen sorgest, um mit uns nützlichen Rath zu pflegen". Konrad ist diesem Gebot nicht gefolgt; er überliess es dem Erzbischof Arnold von Trier, den König nach Lyon zu begleiten¹). Es kann kaum ein Zufall sein, dass für lange Zeit jede Spur eines Verkehrs zwischen Konrad und dem Könige verschwindet, dass nicht einmal in den Urkunden, welche Wilhelm während seines Aufenthaltes zu Köln Ende 1251 und Anfang 1252 ausstellte, der Name des Erzbischofs begegnet. Die Zahl der Anhänger des jungen Herrschers oder doch derjenigen, welche ihn äusserlich anerkannten, war erheblich gewachsen, namentlich seit sein Nebenbuhler Ende 1251 Deutschland verliess, um von seinem sicilianischen Erbreich Besitz zu ergreifen. Aber der Mann, welchem er hauptsächlich die Krone verdankte, war ihm bereits damals entfremdet; er fehlte auch, als Wilhelm im Januar 1252 zum ersten Mal das Rheingebiet verliess, um sich in Braunschweig mit der Herzogstochter Elisabeth zu vermählen und die Huldigung norddeutscher Fürsten entgegen zu nehmen. Die Sache ist um so auffallender, als Konrad mit dem päpstlichen Legaten Hugo von Sabina in gutem Vernehmen gestanden zu haben scheint. Mehrere Monate lang weilte Hugo in Köln, und als er von der Braunschweiger Hochzeit zurückkam, hat er die erste kurze Fehde zwischen dem Erzbischof und den Kölner Bürgern geschlichtet ²). Erst im Juni, als auch Wilhelm, aus Sachsen zurückkehrend, nach Köln kam, finden wir den Erzbischof wieder in seiner Umgebung (R 321); möglich, dass der Legat die Annäherung angebahnt hatte.

Längere Zeit wurde seitdem wenigstens äusserlich das Einvernehmen bewahrt. Im Juli erschien Konrad auf dem Hoftage bei Frankfurt ³). Hier urtheilt er im Namen der versammelten Fürsten (R 322): alle Reichslehen,

---

¹) Gesta Trever. Mon. Germ. SS. 24, 412.

²) 1251 Juli 7 und 14 ist der Legat noch in Mainz (Mittelrhein. Urk. 3, 823. Gudenus, cod. dipl. Mogunt. 3, 865), Juli 3) in Koblenz (Mittelrhein. Urk. 3, 825). In Köln ausgestellte Urkunden finde ich folgende: Sept. 17 für Welver mit Intervention Konrad's (Seibertz, Westfäl Urkundenb. 3, 450); Sept. 26 für Marsborg (Schaten, Annal. Paderborn., irrig zu 1252); Oct. 2 für Gross St. Martin zu Köln (Kessel, Monum. eccl. S. Martini 269); Oct 5 für die Kölner Beghinen (Quellen 2, 306); Nov. 10 für St. Cunibert zu Köln (Kreuser, Dombriefe 377); Dec. 6 für die Minoriten zu Andernach (Gelenii Farrag. 11, 531); 1252 Jan. 9 Ablassbrief (Gudenus 3, 958); Jan 13 zwei Urk für St. Georg zu Köln (Alfter'sche Sammlung in der Bibl. der kathol. Gymnasien zu Köln 9, 79 und 22, 79). März 13 ist er in Hildesheim (Spilcker, Beiträge 3, 91 mit irrigem Datum), März 25 in Braunschweig (Schaten Annal. Paderborn. zu 1252). Der von ihm vermittelte Friedensvertrag zwischen Konrad und der Stadt trägt nur das Monats-Datum April (R 318), doch bestimmt sich die Zeit etwas genauer durch den Umstand, dass der Legat bereits April 22 eine Urk. in Lüttich ausstellt (Quix, cod. dipl. Aquensis). Spätere Urkunden des Legaten von 1252 Juli 25 (mehrere Kölner Urk sind im November 1252 ausgestellt) bis 1253 Aug. 6 Mittelrhein. Urk. 3, 861. 870. 871. 883. 885. 886.

³) Erfurter Chronik (Mon. Germ. SS. 16, 39).

deren Träger nicht rechtzeitig die Belehnung von König Wilhelm nachgesucht, seien verwirkt; dem Johann von Avesnes, welchem Wilhelm die bisher von seiner Mutter, der Gräfin Margaretha von Flandern, besessenen Reichslehen übertragen, sollten nunmehr auch die dazu gehörigen Städte, Burgen und sonstigen Besitzungen gehorchen. Im März des folgenden Jahres (1253) tritt Konrad noch zwei Mal (R 332. 335) als Zeuge in Urkunden Wilhelm's auf und erhält von diesem das eidliche Versprechen (R 333), er wolle dem Erzbischof gegen dessen Feinde, insbesondere mit Hülfe von Aachen, Dortmund und Kaiserswerth und andern ihm gehörigen Städten beistehen und jede dem Erzbischof zugefügte Beleidigung als eine ihm selbst zugefügte betrachten. Wahrscheinlich bildete dieses Versprechen nur den Abschluss eines neuen Zerwürfnisses. Seit dieser Zeit haben sich die beiden Männer unseres Wissens nur noch ein einziges Mal, und zwar als Todfeinde wiedergesehen.

Die flandrischen Beziehungen [1]) spielten in dem bittern Streit zwischen König und Erzbischof eine bedeutungsvolle Rolle. Der alte Zwist zwischen Flandern und Holland wegen der Lehnshoheit über die Grafschaft Seeland war durch den Tod des Grafen Wilhelm von Flandern (1251), des ältesten Sohnes der Gräfin Margaretha aus ihrer zweiten Ehe mit Wilhelm von Dampierre, in ein neues Stadium eingetreten. Die Gräfin begünstigte die beiden echten Brüder des Verstorbenen, Guido und Johann von Dampierre; König Wilhelm dagegen stellte sich auf die Seite der ältern Stiefbrüder, seines Schwagers Johann von Avesnes, Grafen von Hennegau, und dessen Bruders Balduin. Mit dem Frankfurter Hoftag waren die Verhandlungen abgebrochen und im nächsten Jahre kam es zum offenen Krieg. Ein flandrisch-französisches Heer landete auf der seeländischen Insel Walcheren, wurde aber 1253 Juli 4 bis zur Vernichtung geschlagen und die beiden Dampierres gefangen. Ihre letzte Hoffnung richtete die Gräfin Margaretha auf Karl von Anjou, den Bruder Ludwig's des Heiligen. Sie übertrug ihm die Grafschaft Hennegau, der Krieg wurde fortgesetzt, und ein Feldzug, den König Wilhelm nach dem Hennegau unternahm, blieb ohne entscheidendes Resultat, so dass er 1254 Juli 26 zu Le Quesnoy mit Margaretha und ihrem Verbündeten einen Waffenstillstand bis Oct. 15 abschloss.

Gerade um dieselbe Zeit tritt Konrad in die flandrischen Wirren ein: im August 1254 (R 367) schloss er mit Karl und Margaretha ein Bündniss, angeblich gegen Johann und Balduin von Avesnes, ohne den König zu nennen, aber auch ohne ihn von der Fehde auszunehmen. Als Motiv gibt er an Dankbarkeit für die Dienste, welche ihm die Gräfin bei seiner Gefangenschaft durch den Grafen von Jülich, also vor zwölf Jahren, geleistet habe: seltsame Worte in dem Munde eines Mannes, der zwei Jahre vorher

---

[1]) Vgl. hierüber Sattler, die flandrisch-holländischen Verwickelungen unter Wilhelm von Holland. Göttingen 1872.

zu Frankfurt der Gräfin ihre Reichslehen aberkannt hatte. Man wird in diesem schroffen Parteiwechsel nicht etwa die Ursache der tödtlichen Feindschaft zwischen Wilhelm und Konrad, sondern umgekehrt die Wirkung eines bereits bestehenden Zerwürfnisses zu finden haben; ältere Spuren eines solchen begegneten uns ja bereits. Wie es entstand, darüber haben wir nur Vermuthungen. Der jugendliche Wilhelm war nicht mehr der kleine Rheinlandskönig, wie in seinen ersten Jahren; er mag, namentlich seitdem er in Norddeutschland Anerkennung gefunden hatte, verrathen haben, dass er sich nicht als das Geschöpf, sondern als den Herrscher seiner rheinischen Anhänger betrachte, wie denn überhaupt sein Königthum durchaus nicht so kläglich war, als man es oft geschildert findet. Dass er bei der Ausbildung eines derartigen Gegensatzes am leichtesten mit dem mächtigen, selbständigen Konrad aneinander gerathen konnte, versteht sich von selbst, und eine unsichere Hypothese [1]), der König habe sich bei der zwischen Köln und Sachsen herrschenden Eifersucht bezüglich Ausübung der herzoglichen Rechte in Westfalen auf die Seite Albert's von Sachsen gestellt, gewinnt einigermassen Halt, wenn wir lesen, dass Wilhelm schon 1252 Nov. 26 die Bürger von Soest, der kölnischen Stadt, „ihre Personen und Güter, aus dem Herzogthum in seinen und des Reiches besondern Schutz und Schirm" nimmt.

Schon im Juli 1254 war Konrad zur Empörung entschlossen. Am 6. Juli (R 362) liess er sich von seinen Verwandten Johann und Kunzo von Nürburg Hülfe versprechen auch gegen König und Reich, im folgenden Monat trat er, wie erwähnt, mit Wilhelm's schlimmster Feindin in Bündniss, und wohl nur der Waffenstillstand verzögerte den Ausbruch der förmlichen Empörung. Das letzte Ziel einer solchen aber musste fast zweifellos etwas ganz anderes sein, als die Behauptung der Lehnshoheit Flanderns über Seeland, die Verdrängung Johann's von Avesnes aus dem Hennegau durch den Franzosen Karl oder die Stärkung der kölnischen Herzogsgewalt in Westfalen: im Hintergrunde lag Wilhelm's Entthronung, lag die Verwirklichung eines Gedankens, der sich schon 1249 in Konrad's Vertrag mit dem Burggrafen von Kaiserswerth schüchtern hervorgewagt hatte. Wir wissen durch eine Sammlung allerdings apokrypher Briefe, dass Margaretha von Flandern den Plan betrieben hat, Ottokar von Böhmen die deutsche Krone zu übertragen [2]). Diese Stilübungen sind durchaus nicht das grundlose Erzeugniss einer müssigen Stunde; der Plan hat bestanden, und sehr ernstlich hat man an die Ausführung gedacht. Im Sommer 1255 ist Alexander IV., Innocenz' Nachfolger, in einem scharfen Schreiben gegen diese Intrigue eingeschritten, und wenn bei dieser Gelegenheit Konrad mit einem besondern, nicht übermässig höflichen Briefe bedacht wurde, in welchem von der

---

[1]) Grauert, die Herzogsgewalt in Westfalen seit dem Sturze Heinrich's des Löwen. (Paderborn 1877) S. 115.
[2]) Vgl. den Aufsatz Busson's im Archiv für Kunde österreich. Geschichtsquellen 40, 12 ff.

Theilnahme „vornehmlich geistlicher Fürsten" die Rede ist [1]), wenn wir seine Stellung zu Wilhelm und sein nachmals hervortretendes Verhältniss zu Ottokar von Böhmen berücksichtigen, so muss seine Betheiligung an einer auf den Sturz Wilhelm's gerichteten Fürstenverschwörung für nahezu erwiesen gelten. Neben ihm wird man an Gerhard von Mainz zu denken haben, welcher 1251 an die Stelle Christian's getreten war und jetzt ebenfalls mit dem König in Unfrieden stand [2]), sowie an Arnold von Trier. Mit Letzterm hatte Wilhelm schon vor längerer Zeit in heftigstem Streit gelegen. Als er im October 1252 [3]) rheinabwärts fuhr und Coblenz passiren wollte, forderte der dortige Trierische Schultheiss — angeblich in Abwesenheit des Erzbischofs und ohne zu wissen, dass er es mit dem König zu thun habe — den üblichen Zoll. Darüber kam es zum Kampf, bei welchem Wilhelm eine schimpfliche Niederlage erlitt. Arnold bedauerte, wie ein ihm wohlwollender Berichterstatter [4]) versichert, schmerzlich diesen Vorfall; der König dagegen nahm denselben sehr ernst, liess Arnold durch den Legaten Hugo nach Köln entbieten und drängte heftig auf seine Absetzung. Auch am päpstlichen Hofe fasste man die Sache von der schlimmsten Seite auf. Angeblich auf Eingebung des Erzbischofs, schrieb 1252 Dec. 12 Papst Innocenz an den Legaten [5]), sei der Schultheiss über den König und seine Begleiter hergefallen. Der Legat solle die Sache untersuchen; sei Arnold schuldig, so solle er vollständige Genugthuung leisten oder binnen zwei Monaten sich bei der Curie zur Verantwortung stellen; weigere er sich, so möge der Legat seine Unterthanen des Eides entbinden. Das Capitel von Trier, schrieb der Papst gleichzeitig an den Legaten, solle Vertreter zur Curie mit der Vollmacht schicken, entweder vor dem Papste eine Neuwahl vorzunehmen oder einen von diesem ernannten Erzbischof anzuerkennen. Als diese Weisungen ankamen, war der Streit wahrscheinlich schon beglichen. Arnold war in Köln erschienen, der Legat, Erzbischof Konrad, die Prioren und Bürger von Köln legten Fürsprache ein, und Wilhelm liess sich zur Versöhnung bereit finden [6]). Im nächsten Jahre finden wir Arnold auch mit dem h. Stuhl wieder auf besserm Fusse [7]), aber ein Stachel mag doch zurück geblieben sein, und unter diesen Umständen darf man vielleicht Gewicht auf den Umstand legen, dass Konrad im Mai 1254 (R 357) als Intervenient einer von Arnold zu Koblenz ausgestellten Urkunde begegnet.

---

[1]) Die Briefe stehen im Baumgartenberger Formelbuch, herausg. von Bärwald in Fontes rer. Austriac. 25, 186 ff. Dem undatirten Brief an den Erzbischof von Köln das Datum des Circulars (Aug. 28) zu geben, scheint mir unbedenklich. Potthast 16003. 16004.
[2]) Vgl. die Schreiben des Papstes Innocenz an Gerhard und König Wilhelm 1254 Juli 23 und 26 bei Gudenus, cod. dipl. Mogunt. 1, 644. Potthast 15466. 15472.
[3]) Die Zeit ergibt sich zweifellos aus dem Itinerar Wilhelm's (1252 Oct. 10 Frankfurt, Oct. 25 Köln) verbunden mit den päpstlichen Schreiben in dieser Angelegenheit.
[4]) Erste Recension der Gesta Trev. Mon. Germ. SS. 24, 412.
[5]) Potthast 14807. 14808. — [6]) Gesta Trev. a. a. O. — [7]) Potthast 15056.

In Norddeutschland jedenfalls gährte es von der Schelde bis zur Weser. Wie Konrad mit Karl von Anjou und der flandrischen Gräfin, so stand mit Johann von Avesnes des Erzbischofs Erbfeind Graf Wilhelm von Jülich im Bunde, und wie Konrad versprach, er werde die Brüder von Avesnes, falls er sie in seine Gewalt bekäme, nicht loslassen ohne Zustimmung seiner Bundesgenossen, so erhielt er von diesen die gleiche Zusage bezüglich des Grafen von Jülich und seines Bruders Walram, mit welchen er besonders wegen der Hostaden'schen Erbschaft in Streit lag. Anderseits aber war der Jülicher auch wieder verbündet mit den westfälischen Gegnern Konrad's, an deren Spitze die Bischöfe Simon von Paderborn und Otto von Münster, sowie der Herr zur Lippe standen [1]). So bilden Konrad auf der einen, Graf Wilhelm auf der andern Seite die Brücke zwischen den niederländischen und den westfälischen Parteien, und in ihrer Verbindung, in der Bedeutung ferner, welche sie für das Verhältniss des Königs zu seinem mächtigsten und gefährlichsten Unterthan besitzen, erheben sich diese Wirren hoch über den Rang der zahlreichen Localfehden jener Zeit.

Kein zeitgenössischer Chronist — so recht bezeichnend für den damaligen Stand der Geschichtschreibung im nordwestlichen Deutschland — hat uns auch nur eine Silbe über die Kämpfe im Sommer 1254 überliefert; nur einige Urkunden ermöglichen es uns, den Gang der Dinge mit leidlicher Deutlichkeit zu erkennen. Konrad selbst wendete sich gegen den nächsten und gefährlichsten seiner Gegner, Wilhelm von Jülich. Dass er im Vortheil blieb, beweisen die Bedingungen des Friedens, welchen er Oct. 15, an demselben Tage, an welchem der flandrische Waffenstillstand ablief, im Lager vor Blatzheim dem Jülicher gewährte (R 371). Der Graf versprach, für die Kriegsschäden denjenigen Ersatz zu leisten, welchen ihm Graf Heinrich von Luxemburg und Dietrich der Erstgeborene von Cleve auferlegen würden. Die Entscheidung seiner Streitigkeiten mit dem Erzbischof blieb einem Schiedsgericht überlassen. Er wie sein Bruder mussten den Erzbischof als Vermittler anerkennen wegen Ersatz des Schadens, den sie Kölner Kirchen und geistlichen Personen zugefügt. Wegen der Hostaden'schen Erbschaft unterwarf sich Walram einfach des Erzbischofs Gnade; für den Fall, dass er sich mit dem freiwillig Gegebenen nicht begnüge, schworen seine Verwandten Herzog Walram von Limburg und dessen Bruder Graf Adolf von Berg, Graf Heinrich von Luxemburg und dessen Bruder Gerhard, der Graf von Kessel, die Herren von Montjoie, Blankenheim und Reifferscheid, sie würden ihm keinen Beistand durch Rath oder That leisten. Wohl war es der Form nach nur ein Separatfrieden in beschränkten Grenzen: ausdrücklich behielt Wilhelm sich vor, sowohl Johann von Avesnes als jenseits des Rheines seine westfälischen Bundesgenossen zu unterstützen, ja der Erzbischof versprach sogar, ihn frei passiren zu lassen, wenn er zu diesem Zweck über den Rhein

---

[1]) Lacomblet 2, 217.

ziehe; aber es war ein leeres Wort, ein Ehrenvorbehalt des Jülichers, denn seine Freunde und Verwandten sagten dem Erzbischof eidlich ihre Hülfe in Westfalen zu.

Sie ist nicht nöthig gewesen, denn in denselben Tagen, in welchen Konrad den Grafen von Jülich zur Ruhe brachte, fiel auch in Westfalen die Entscheidung [1]. Viel wissen spätere Chroniken zu erzählen von einer grossen Schlacht in der Nähe von Dortmund, wo die Bischöfe von Paderborn und Osnabrück [2] nebst dem Herzog Albert von Sachsen geschlagen worden seien und ein König von Schottland den Tod gefunden habe. Fest steht nur, dass im Sommer 1254 in Westfalen, eine schwere Fehde entbrannte und dass in einem grössern Treffen, wahrscheinlich einige Tage nach dem 9. Oct., der Bischof von Paderborn von Konrad's westfälischen Anhängern, unter welchen besonders die Grafen von Arnsberg, Altena und Mark zu nennen sind, gefangen genommen wurde. Die Ueberlieferung, der Kampf habe in der Nähe von Dortmund stattgefunden, zu bezweifeln liegt kein Grund vor [3].

Der Doppelsieg Konrad's war der erste schwere Schlag für König Wilhelm, der Wendepunkt seiner bisher im Aufsteigen begriffenen Regentenlaufbahn. Der Triumph des Kölners hat seinem Ansehen in Norddeutschland den Todesstoss gegeben. Man hat wohl keinen weitern Erklärungsgrund nöthig, weshalb er die flandrische Fehde nicht wieder erneuerte, und der Einladung des Papstes, er möge gegen Weihnachten nach Rom zur Kaiser-

---

[1] Die (sämmtlich aus späterer Zeit stammenden) chronikalischen Berichte über die Schlacht von Dortmund sind gesammelt und gesichtet bei Grauert, die Herzogsgewalt in Westfalen 92 ff. Besondern Werth möchte ich legen auf die Notiz (Grauert 100), die Schlacht habe 12.2 ipso die Dionysii (Oct. 9) stattgefunden. Zwar ist das Jahr zweifellos falsch, der Tag aber, wenn nicht alles täuscht, annähernd richtig. Der im Februar 1255 (Grauert 93) verfasste Bericht der westfälischen Anhänger Konrads an den Papst (Seibertz Urkundenb. 1, 349) setzt den förmlichen Beginn der Fehde (nicht den entscheidenden Kampf) in estate pretorita. Das Treffen, in welchem Simon von Paderborn gefangen genommen wurde, war am 15. Oct. westlich des Rheines schwerlich schon bekannt, sonst könnte in dem von jenem Tage datirten Vertrag zwischen Konrad und dem Grafen von Jülich doch nicht gut von einer dem Bischof von Paderborn zu gewährenden Hülfe die Rede sein. So liegt es nahe, nicht St. Dionys selbst, aber einen der nächstfolgenden Tage als Tag der Schlacht anzunehmen, man müsste sich denn zu der Annahme entschliessen, im Vertrag werde die Gefangennehmung Simon's absichtlich ignorirt. Dann läge wieder die Vermuthung nahe, der Jülicher habe sich gerade in Folge der Niederlage seiner westfälischen Bundesgenossen zum Frieden entschlossen. Bemerkenswerth ist der Umstand, dass Sept. 20, also wenige Wochen vor St. Dionys, der westfälische Marschall Albert von Störmede, welcher an dem Siege über Simon theilnahm, mit andern westfälischen Edeln in Köln anwesend ist (R 370).

[2] Wohl Verwechselung mit dem Bischof von Münster, der ja wirklich zu Konrad's Gegnern gehörte.

[3] Eine der ältesten Erwähnungen des Schlachtfeldes findet sich im Bestand des Schultenamtes zu Soest (1275—1332) bei Seibertz, Urkundenb. 1, 454: a tempore conflictus in Wluerkeskampe.

krönung kommen¹), nicht Folge leistete. Sein Versuch vollends, Konrad zum Einlenken zu bewegen, hat nur zu einer ganz offenen und schimpflichen Niederlage des Königthums geführt. Anfang Januar 1255 traf er, von dem im April 1254 ernannten deutschen Legaten Petrus von Albano²) begleitet, in Neuss mit Konrad zusammen. Der Kölner wurde aufgefordert, Simon von Paderborn freizulassen, weigerte sich aber. Nach heftigem Streit kam es zur Gewalt; das Haus, in dem der König und der Legat sich befanden, wurde in Brand gesteckt, mit genauer Noth entrannen sie dem Flammentode³).

Es lässt sich heute nicht mehr feststellen, ob es sich in Neuss nur um einen nicht beabsichtigten, lediglich in der Hitze des Streites entbrannten Excess, an dem der Erzbischof allenfalls noch unschuldig sein könnte, gehandelt hat, oder um ein förmliches Attentat auf seinen königlichen Herrn und den Vertreter des Papstes, wie ein vereinzelter Zeitgenosse, Albert von Stade, behauptet. Jedenfalls war es eine tiefe Erniedrigung des Königthums, und sie ist nicht gesühnt worden. Wenn Wilhelm überhaupt die Reichsacht verhängte, so blieb sie ohne Wirkung. Wohl belegte der Legat Konrad mit dem Bann, wohl ergriff der kurz vorher zum Papst gewählte Alexander IV.

¹) Potthast 15475. — ²) Potthast 15335.
³) Albert von Stade Mon. Germ. (SS. 16, 373) setzt das Neusser Attentat 1254. Wörtlich wiederholt wird seine kurze Erzählung in den Hamburger Annalen (ebend. 383), welche den Namen des Legaten und die Veranlassung des Streites (Weigerung des Erzbischofs, Simon von Paderborn freizugeben) beifügen. Dazu kommt die wichtige Notiz in der Citation Papst Urban's IV. an König Richard (Rymer Foedera Ausg. von 1739, 1, 2, 77): Praesertim cum Coloniensis archiepiscopus, pro eo quod in Petrum diaconum cardinalem, tunc legatum in Alemanniae partibus, manus iniecerat ac Padobornensem episcopum detineret captivum, propter quod per eundem etiam legatum excommunicatus extitit. Viel bestritten ist die Zeit des Neusser Vorganges, worüber zuletzt Sattler (die flandrisch-holländischen Verwickelungen 93) gehandelt hat. Die Ansetzungen von Meerman (Juni 1254) und Schirrmacher (November 1253) werden hier richtig zurückgewiesen, unzutreffend dagegen ist die Polemik gegen Burckhardt's (Konrad von Hochstaden 99) richtigen Ausgangspunkt: „dass vor dem Spätherbst 1254 der König noch nicht um Simon's Freilassung hätte bitten können". Sattler übersieht, dass der Bericht der westfälischen Edeln über die Schlacht von Dortmund (Seibertz 1, 349) nicht Februar 1254, sondern 1255 neuern Stils abgefasst wurde. Im Uebrigen schlägt Sattler den richtigen Weg ein, indem er untersucht, wann die betheiligten Personen zusammen in Neuss gewesen sein können. Nun stellt aber der Legat wirklich 1255 Jan. 5 in Neuss eine Urkunde aus, und der gleichzeitigen Anwesenheit Wilhelm's steht dessen Itinerar durchaus nicht im Wege. Ich füge bei, dass ein Vertrag des Grafen Otto von Geldern mit Konrad Neuss 1255 Jan. 7 datirt ist (R 375). Gegenüber diesem Zusammentreffen sehe ich keinen Grund, mit Ennen (Gesch. der Stadt Köln 2, 121) als eine Veranlassung des Attentats den Umstand zu betrachten, der König habe März 1255 den Erzbischof bei der Ernennung eines Statthalters übergangen; die daraus sich ergebende spätere Datirung des Attentats stünde freilich schon wieder mit Ennen's Ansicht in Widerspruch, Konrad sei in Folge desselben durch Innocenz IV. mit dem Banne belegt worden, welcher bereits 1254 Dec. 7 stirbt; dies beruht übrigens nur auf einer Verwechslung mit dem Bann des Legaten. Die bezügliche Stelle im Schreiben Urban's IV. ist bereits angeführt. Durch das gleiche Missverständniss lässt sich Decker (Konrad von Hochstaden 47) verleiten, das Attentat vor den Tod des Papstes zu setzen. Die schon von Burckhardt abgewiesene Ansetzung Kremer's (Winter 1253 auf 1254) erledigt sich nach dem Gesagten von selbst.

die Partei Simon's von Paderborn [1]), wohl durchschaute er die Intriguen, die Konrad gegen den König spann [2]), aber wir hören nicht, dass er auch nur die Sentenz des Legaten bestätigt hätte.

Zwischen König und Erzbischof war jetzt Alles aus. Es ist gewiss nicht pure Loyalität, sondern die directe Wirkung der unmittelbar vorausgegangenen Neusser Vorgänge, wenn die Stadt Köln eine besondere 1255 Jan. 14 datirte Urkunde über ihren Beitritt zum Bunde der rheinischen Fürsten und Städte ausfertigen liess, obwohl sie bereits vor Monaten beigetreten war, und darin ausdrücklich sowohl Wilhelm als Konrad ausnimmt [3]). Offenbar wurde ein Zusammenstoss erwartet, und die Aufmerksamkeit, welche der König gerade von jetzt ab dem Bunde widmet, ging vielleicht zum grossen Theile aus der Hoffnung hervor, mit Hülfe des Bundes den trotzigen Erzbischof niederwerfen zu können, welcher demselben wahrscheinlich schon seit seiner Gründung im Juli 1254 angehörte. Direct nach der Gründung hatte man ja die königliche Bestätigung nachgesucht, die Beschlüsse des Wormser Bundestages vom Oct. 1254 waren gefasst „zur Ehre des heiligen Reichs, welchem gegenwärtig unser erlauchtester Herr Wilhelm vorsteht". Im Februar 1255 waren zu Worms zahlreiche Bundesglieder um den König versammelt und beschworen den Bund, den er am 10. März bestätigte. Schritt für Schritt hat er seitdem theils direct, theils durch den wenige Tage später zum Hofrichter ernannten Grafen Adolf von Waldeck grössern Einfluss auf den Bund gewonnen. Auf der Oppenheimer Versammlung (Nov. 10) erscheint diese aus freiem Entschluss der rheinischen Herren und Städte erwachsene, binnen Jahresfrist weit über die Grenzen des eigentlichen Rheinlandes ausgedehnte Einigung in voller Unterordnung unter den König. Wie nahe lag es, diese vielleicht nur vorübergehende Machtstellung gegen den schlimmsten Vertreter des Fürstentrotzes auszunutzen? Aber wir wissen nicht, ob Wilhelm auch nur den Versuch gemacht hat. Zwei Mal hat er im Laufe des Jahres 1255 Köln besucht: der Erzbischof wird ihm aus dem Wege gegangen sein. Zuletzt weilte Wilhelm im December in der Stadt, vor deren Thoren ihn acht Jahre zuvor Konrad zum Könige gewählt, wo er den Friedenseid der rheinischen Erzbischöfe entgegengenommen hatte. Dann zog er gegen die Friesen, wenige Wochen darauf (1256 Jan. 28) war er erschlagen.

---

[1]) Vgl. unten 2. Theil 5. Cap. — [2]) Vgl. oben 36.

[3]) Auf den wahrscheinlichen Zusammenhang dieser Urkunde mit dem Zerwürfniss zwischen Wilhelm und dem Erzbischof hat schon Weizsäcker, der rheinische Bund 61 hingedeutet, auf dessen Darstellung ich auch für die folgenden Daten verweise. Zu dem hier und bei Busson verwendeten Material kann ich noch einen kleinen, meines Wissens ungedruckten Nachtrag geben: die Bundesurkunde Duisburg's für Köln 1255 März 5 (Anlagen 11). Eine gewisse Bedeutung besitzt dieselbe als die erste Beitrittserklärung einer niederrheinischen Stadt (abgesehen von Köln) und durch den Umstand, dass sie nicht nach dem sonst stehenden Formular abgefasst ist.

Drittes Capitel.

Die Doppelwahl.

Anderthalb Monate nach Wilhelm's unglücklichem Ende tagten die Städte des rheinischen Bundes in Mainz und beschlossen [1]: „Da wir des Königs entbehren, so soll jede Stadt nach Kräften rüsten. Auch versprechen wir, das Königsgut, so lange das Reich kein Oberhaupt hat, mit aller Kraft zu schirmen. Eidlich ferner versprechen wir zum Heil des gesammten Volkes und Landes: Sollten die Fürsten, welchen die Königswahl zusteht, etwa mehr als Einen wählen, so werden wir keinem von ihnen beitreten mit Rath oder That, keinen Dienst ihm leisten heimlich oder offenbar, ihm nicht leihen oder ihn einlassen in eine Stadt, oder ihm den Treueid leisten." Die Befürchtung hat sich bestätigt, und dann haben die Städte nicht Wort gehalten. Fast ein Jahr lang ist der Thron erledigt geblieben [2]. Ein erster auf den 23. Juni nach Frankfurt ausgeschriebener Wahltag blieb ohne Erfolg. Am 5. August trat in Wolmirstädt eine Anzahl norddeutscher Fürsten zusammen, Herzog Albert von Sachsen, die Markgrafen Johann und Otto von Brandenburg sowie Herzog Albert von Braunschweig, in dessen Gewalt sich der Erzbischof Gerhard von Mainz als Gefangener befand. Man einigte sich, den Markgrafen Otto zu wählen und sich am 8. September in Frankfurt zur Wahl einzufinden, aber es scheint bei der Absicht geblieben zu sein [3]. Ob ernstlich an den kleinen Konradin gedacht wurde — am 28. Juli hat Papst Alexander in Briefen an die drei rheinischen Erzbischöfe seine Wahl auf's strengste untersagt [4] — oder an König Ottokar von Böhmen, mag dahingestellt bleiben. Schliesslich scheidet sich die kleine Zahl der bei der Wahl bevorrechteten Fürsten [5] in zwei Parteien, deren jede einen Ausländer auf den Schild erhebt: die eine König Alfons den Weisen von Castilien, die andere den Grafen Richard von Cornwallis, den Bruder König Heinrich's III. von England.

---

[1]) Städtetag 1256 März 16, zuletzt bei Weizsäcker, der rhein. Bund 31.

[2]) Für die Wahlverhandlungen verweise ich im Allgemeinen auf Busson, die Doppelwahl des Jahres 1257 und das römische Königthum Alfons' X. von Castilien. Vgl. auch Schröer, de studiis Anglicis in regno Siciliae et Alemanniae adipiscendo collocatis (Bonner Dissert. 1867). Schirrmacher, die Entstehung des Kurfürsten-Collegiums.

[3]) Die Schreiben der Wolmirstädter Fürsten an Mainz, Köln u. s. w. zuletzt wieder bei Weizsäcker 33. — [4]) Potthast 16506.

[5]) Auf die Kurfürstenfrage und die grosse Literatur, welche in letzter Zeit über sie erschienen ist, kann hier nicht eingegangen werden. Die letzte grössere Untersuchung bietet Schirrmacher, Kurfürsten-Collegium.

Die englische Politik nahm damals einen hohen Schwung. Schon war Heinrich mit Papst Alexander übereingekommen, im Königreich Sicilien an Stelle Manfred's seinen Sohn Edmund zu setzen; jetzt winkte ihm die lockende Aussicht, diesen Zukunftsthron durch Richard's römisches Königthum zu stützen. Dass Alexander von vornherein den Plan begünstigte, ist freilich nicht bezeugt, aber auch nicht unwahrscheinlich, da er sich nach der Wahl entschieden auf Richard's Seite stellte [1]). Ueberhaupt steht nicht fest, von welcher Seite eigentlich der Gedanke ausgegangen ist. Wahrscheinlich von König Heinrich, der schon bald nach Wilhelm's Tod [2]) den Papst ersuchen liess, er möge darauf hinwirken, dass ein der Kirche ergebener und dem König nicht feindlicher Mann gewählt werde. Erst im Juni beglaubigte er als Gesandte an die deutschen Fürsten den Grafen von Glocester und Robert Walerand; in nicht officieller Stellung begleitete sie Johann Mansel, der später als Agent Richard's erscheint. Ueber den Verlauf ihrer Sendung verlautet im Einzelnen nichts; der Erfolg aber war günstig, und mit den Vorschlägen der englischen Partei ging Johann von Avesnes, der frühere Gegner Konrad's, über den Canal [3]).

„Du bist gewissermassen die Hauptgrundlage und Säule seiner Erhebung gewesen," schrieb Papst Alexander einige Jahre später in dem Briefe, in welchem er Konrad die eifrige Unterstützung Richard's an's Herz legt [4]), und wir haben keinen Grund, an der Richtigkeit dieser Worte zu zweifeln, wenn auch der förmliche Abschluss der Verhandlungen Konrad's mit dem englischen Grafen ziemlich spät erfolgte. An ihn werden sich zunächst die englischen Gesandten gewendet haben, und mit diesen Besprechungen dürfte die Reise in Verbindung stehen, welche er im Sommer nach Böhmen unternahm. Am 17. Juli traf er in Prag ein, in seiner Begleitung Propst Heinrich von Zyfflich, ferner Philipp von Falkenstein, Werner von Bolanden, Heinrich von Virneburg [5]), Dietrich von Milendonk und sonstige Herren, sowie sein Notar Gotfrid. Mancherlei weiss der Prager Chronist [6]) von seinem bis zum 10. August dauernden Aufenthalt zu melden; er habe seine Wohnung im Kloster auf dem Sionsberge genommen, dort die Bruderschaft gewonnen, Ablass für Besuch der Kirche an bestimmten Tagen ertheilt; er habe sich geweigert, in die Prager Domkirche in feierlicher Procession einzuziehen, demüthig und in weltlicher Kleidung sei er gekommen, um

---

[1]) Schreiben des Papstes an Konrad 1259 April 30. Potthast 17750.
[2]) Ueber die Zeit vgl. Busson 11.
[3]) Die Reihenfolge der Gesandtschaften ist allerdings sehr zweifelhaft. Während Lipkau (de Richardo comite Cornubiae, Königsb. Dissert. 1865) 18 ff. und Busson vgl. besonders 118) die obige Darstellung geben, nimmt Schröer 34 an, die Initiative sei von den deutschen Fürsten ausgegangen und die Sendung Johann's von Avesnes nach England gehe der Sendung der englischen Unterhändler nach Deutschland voraus.
[4]) Potthast 17750. — [5]) An den Burggrafen von Nürnberg ist nicht zu denken. Vgl. Chroniken der Stadt Köln 1, 4 Note 4.
[6]) Forts. des Cosmas von Prag, Mon. Germ. SS. 9, 175. 176.

dort den Martyrern seine Verehrung zu bezeugen; köstlich habe ihn König Ottokar empfangen, die Kosten seines Aufenthalts getragen und ihn mit mancherlei Gastgeschenken entlassen; aber neben all' diesen Aeusserlichkeiten berichtet er über den Zweck des Besuches nur: „Er wollte, wie ich glaube, mit dem Fürsten Böhmen's über das Reich unterhandeln." Ob er dem Böhmen selbst die Krone antrug [1]), der ja schon bei der Verschwörung von 1254 an Stelle Wilhelm's in Aussicht genommen worden war [2]), ob er nur versuchte, ihn für die ·Candidatur Richard's zu gewinnen, wird vielleicht niemals mit Sicherheit ermittelt werden.

Gegen Ende des Jahres schlossen die Gesandten Richard's das Geschäft mit den gewonnenen Wählern ab. Pfalzgraf Ludwig erhielt 12000 Mark Sterling und das Versprechen, er solle eine englische Prinzessin heirathen; die Stimme des Erzbischofs von Mainz wurde mit 8000 Mark erkauft, von denen 5000 als Lösegeld an den Herzog von Braunschweig gekommen sind. Zuletzt hat sich am 15. December Konrad zu Zündorf [3]), am rechten Rheinufer zwischen Köln und Bonn, mit den englischen Unterhändlern, dem Bischof von Cambray und Johann von Avesnes, seinem frühern Gegner, geeinigt. Abgesehen von dem Schutz der Güter seiner Kirche liess sich der Erzbischof zunächst versprechen, Richard werde bis zu Pfingsten den Zwist beilegen, welchen Konrad mit dem Cardinal Pietro Capocci oder mit dem römischen Hofe habe; thut er es nicht, so bezahlt er 2000 Mark, darf aber den Erzbischof nicht verlassen, so lange der Zwist dauert, und wenn Konrad zur Beilegung desselben die 2000 Mark gebraucht, so wird Richard sie ihm ersetzen. Amtleute und Richter zwischen der Mosel, Aachen und Dortmund wird Richard nach Rath und Zustimmung Konrad's einsetzen; will er Edle, Ritter oder Bürger zu seiner Hülfe gewinnen, so wird er es mit Willen und Rath des Erzbischofs und des Johann von Avesnes thun. Für seine vielfachen Mühen und Auslagen erhält der Erzbischof bis zum 13. Januar 8000 Mark Sterling; 1000 werden bis Weihnachten in Köln deponirt und für 2000 weitere Bürgen gestellt; wenn nun Richard bis zum 13. Januar die Annahme der Wahl ablehnt oder mit den Wahlstimmen der Erzbischöfe von Mainz und Köln sowie des Pfalzgrafen nicht zufrieden ist, so sind jene 3000 Mark verfallen; andernfalls gehen sie von den 8000 ab. Eine Menge Sicherheitsclauseln sowie ein Trinkgeld von 400 Mark für den erzbischöflichen Rath bilden den Schluss dieses Actenstücks, welches in seiner nüchtern geschäftlichen Form vortrefflich die Manier darstellt, mit welcher diese Königswahl gemacht worden ist. Am 26. Dec. hat Richard den Vertrag bestätigt, nur für die Aussöhnung Konrad's mit dem Cardinal Capocci behielt er sich einen längern Termin, bis zum 15. August,

---

[1]) Dafür noch Schirrmacher, Kurfürsten-Collegium 73. — [2]) Vgl. oben 36.
[3]) Dass dies die richtige Erklärung des Ortes Zudendorp in der Urk. bei Lacomblet 2, 232 ist, unterliegt keinem Zweifel. Vgl. ebend. 30 und 487. Schon im 10. Jahrh. kommt der Ort in der Form Ciudenthor vor. Annalen d. hist. Ver. Doppelheft 26 u. 27, 341.

vor. Die versprochene Bestätigung mit dem königlichen Siegel ist am 3. Juni erfolgt.

Der Rest war Komödie. Zu Weihnachten erschienen in London Walram, der Bruder des Grafen Wilhelm von Jülich, Friedrich von Schleiden und Meister Dietrich Scholaster von Bonn — es ist nicht schwer, in der Auswahl der Boten die Hand Konrad's zu entdecken —, um Richard die Krone anzutragen. Ein englischer Chronist [1]), welcher seine unwürdig gefärbte Darstellung der Wahl erst mit diesem Punkte beginnt, lässt die von der Gesandtschaft überbrachten Briefe der Wahlfürsten versichern, niemals sei eine Wahl so einstimmig und ohne allen Widerspruch erfolgt: eine Behauptung von so überraschender Kühnheit, dass man sich nur schwer entschliessen kann, zu glauben, sie sei wirklich erhoben worden. Sehr erbaulich weiss dann unser Engländer zu erzählen, wie die Versammlung schwankt, wie zuerst der König in seinen Bruder dringt, „die vom Himmel und von den Menschen ihm angetragene Ehre nicht zurückzuweisen"; von allen Seiten bestürmt, gibt Richard mit einigen schönen Reden nach. Viele brechen in Thränen aus, hocherfreut aber sind die deutschen Gesandten. Mit dem Versprechen, den Fürsten binnen zwanzig Tagen nach Weihnachten den Bescheid zu melden, reisten sie ab; nur neunzehn Tage hat die englische Partei gebraucht, um das Spiel zu Ende zu führen.

Schon der 13. Januar 1257 brachte die trostlose Entscheidung, welche auf lange Jahre jede Hoffnung beseitigte, dem deutschen Reichselend ein Ende zu machen. Erzbischof Arnold von Trier, das Haupt der castilianischen Partei, war seinen Gegnern zuvorgekommen und hatte sich mit dem Herzog Albert von Sachsen in Frankfurt festgesetzt; vor den Thoren lagerten Konrad, der auch die Mainzer Stimme führte, der Pfalzgraf und Herzog Heinrich von Niederbaiern. Von ihnen wurde Richard als römischer König proclamirt, wenige Tage später sind auch die Boten Ottokar's von Böhmen beigetreten. Die Castilianer haben vorläufig gar keine Wahl vorgenommen. Erst am 1. April erschien Arnold von Trier zum zweiten Mal in Frankfurt und wählte Alfons von Castilien mit Vollmacht von Sachsen, Brandenburg und Böhmen! Derselbe Ottokar, dessen Boten einige Monate zuvor für den Engländer gestimmt, gab jetzt, wie versichert wird, seinen Namen für den Spanier her: er hätte dann das Verdienst, den Gedanken der Doppelwahl am reinsten zum Ausdruck gebracht zu haben [2]).

Es war nicht das erste Mal, dass bei der Erhebung eines deutschen Königs unlautere Mittel im Spiele waren, aber in dieser Weise war das Handwerk doch noch nicht getrieben worden, und wenn in spätern Fällen — wir erinnern nur an die Doppelwahl von 1314 — die Sache einen ähnlichen Verlauf nahm, so ist der Schacher um die Krone doch anscheinend nicht so allgemein bekannt geworden. Die Abmachungen dagegen, welche

---

[1]) Matthäus Paris ed. Wats 807.
[2]) Im Einzelnen vgl. Busson 33 ff.

dem 13. Januar vorausgingen, waren ein ganz offenkundiger Scandal, und wie dürftig auch die deutschen Chroniken jener Zeit sein mögen, so wissen sie doch zahlreich zu melden, wie in Frankfurt das Geld den König gemacht. „Den Erzbischöfen von Köln und Mainz," berichtet später eine Strassburger Chronik [1]), „gab Richard viel Geld, und desgleichen den andern Bischöfen Deutschlands und den Edeln des Landes." Unmuthig trug der Hamburger Annalist [2]) in sein Jahrbuch die Worte ein: „Wie Wasser goss Richard das Geld vor den Füssen der Fürsten aus. Unglaubliche Dinge verlauteten von seinem Gelde. Wahrlich, das Salböl, das über sein Haupt gegossen wurde, hätte er in seinem Vaterlande billiger kaufen können. Thörichtes England, welches so vielen Geldes freiwillig sich beraubte! Thörichte Fürsten Deutschlands, welche für Geld ihr edeles Recht verkauften!" „Für unzählbares Geld, nicht aus Eifer für die Gerechtigkeit, hat Erzbischof Konrad von Köln den Engländer zum König gewählt," klagt die Bisthumsgeschichte von Trier [3]), um auf diesem dunkeln Hintergrund die Uneigennützigkeit des Trierischen Kirchenfürsten glänzend hervortreten zu lassen: „Erzbischof Arnold dagegen und der Herzog von Sachsen, welcher im Auftrage des Königs von Böhmen und des Markgrafen von Brandenburg zu ihm geschickt wurde, wollten in heilsamer und weiser Erwägung der schuldigen Treue gegen das Reich keineswegs für Geld einen fremdgeborenen Mann wählen; 15000 Mark Sterling wurden dem Erzbischof angeboten, aber nicht vermochten sie seinen Sinn zu beugen. Ob dieser Standhaftigkeit übertrugen ihm die genannten Kurfürsten ihre Stimme, und er wählte den herrlichen König Alfons von Spanien, den Vetter des Königs von Böhmen und des Herzogs von Brabant. An diesem Wahltage ward die Ehre des Stuhles von Trier in unschätzbarer Weise erhöht." Prächtige Worte, wäre nur nicht — worüber der Chronist mit naiver Unverschämtheit hinweggeschlüpft — der Spanier eben so gut wie sein englischer Nebenbuhler trotz der böhmisch-brabantischen Vetterschaft „ein fremdgeborener Mann" gewesen, stände es nur nicht fest, dass Alfons so gut wie Richard die Wahl sich schweres Geld kosten liess. Mit dürren Worten versichert ein im Allgemeinen gut unterrichteter Engländer [4]), der Erzbischof von Trier habe jedem der drei übrigen Wahlfürsten der castilianischen Partei 20,000 Mark geboten, und erst nach voller Zahlung hätten sie Alfons ihre Stimme gegeben. Dass dem Vetter von Brabant diese Summe zugesichert wurde, steht urkundlich fest, und bei Brandenburg hat allem Anschein nach eine Eheberedung gute Dienste geleistet [5]). Es mag übertrieben sein, die unsaubere Doppelwahl von 1257 lediglich als ein Rechenexempel darzustellen; gewiss spielen politische Momente hinein, die Gegensätze zwischen den Wahlfürsten, die

---

[1]) Mon. Germ. SS. 17, 122. — [2]) Ebend. 16, 384.
[3]) Mon. Germ. SS. 24, 412. — [4]) Thomas Wikes bei Böhmer, Fontes 2, 452.
[5]) Im Einzelnen vgl. wieder Busson 31.

alte Hinneigung Köln's zu England, die Verwandtschaft des Spaniers mit dem staufischen Hause, aber ausnahmslos stellen alle Berichte, welche von den Motiven der Wahl sprechen, die Geldfrage in den Vordergrund; selbst der englische Hofchronist ¹) faselt zuerst zwar von der Verwandtschaft zwischen Engländern und Deutschen und lässt Richard's Tugenden in die Waagschale fallen, nennt aber schliesslich doch als bestimmenden Grund seinen reichen Schatz und fügt einen Spottvers bei.

Konrad, dem eigentlichen Königsmacher der englischen Partei, fiel nach dem Frankfurter Unheilstag auch die Einholung des Gewählten zu. Am 6. Februar stellte er nebst den Unterhändlern des Wahlgeschäfts, dem Grafen von Glocester, Johann Mansel und Johann von Avesnes, eine Urkunde aus, König Richard werde dem Grafen Otto von Geldern die Verpfändung der Reichsburg Nymwegen bestätigen (R 429), was auch geschehen ist. Gegen Mittfasten (März 18) erschien er auf dem grossen Londoner Parlament, bei ihm seine beiden Suffragane Heinrich von Lüttich und Heinrich von Utrecht, Graf Florenz von Holland ²), der Bruder des unglücklichen Königs Wilhelm, und andere deutsche Grossen. Sie leisteten Richard den Lehnseid und erhielten ausser sonstigen reichen Geschenken 500 Mark zum Ersatz für die Reisekosten. Konrad wurde durch Ueberreichung einer kostbaren Mitra ausgezeichnet; er soll sie sofort aufgesetzt und dabei gesagt haben: Graf Richard hat mich mit einer Mitra geschmückt, ich werde ihn mit einer Krone schmücken. Gegen Ostern fuhr er von London die Themse hinunter und dann nach Hause.

Richard verliess die Hauptstadt erst am Osterdinstag (Apr. 10), segelte am 29. April von Yarmouth mit einer Flotte von 48 grossen und zwei kleinen Schiffen ab und betrat am 1. Mai zu Dortrecht den Boden des deutschen Reiches ³). Am 11. Mai erreichte er Aachen, wo er festlich empfangen wurde. Seit zweihundert Jahren, schrieb er freudig in seine Heimath, habe kein König so ohne jeden Widerstand die Kaiserstadt betreten. Sechs Tage darauf, am Tage Christi Himmelfahrt, empfing er die deutsche Krone aus Konrad's Hand. Erzbischof Gerhard von Mainz, durch englisches Geld aus seiner Gefangenschaft befreit, war zwar anwesend, aber im Banne und deshalb von der directen Theilnahme an den Krönungs-Ceremonien ausgeschlossen ⁴). Mit Richard empfing seine Gemahlin Sanzia die Krone, am folgenden Tage ertheilte er seinem Sohne Heinrich den Ritterschlag.

In Aachen hielt das junge Königthum eine glänzende Flitterwoche. Wohlgefällig bezieht sich ein englischer Chronist ⁵) auf das Zeugniss der

---

¹) Matthäus Paris 808.
²) Diese Namen bei Thomas Wikes a. a. O. 452. Im Uebrigen vgl. Matthäus Paris 813, bei dem noch quidam dux erscheint; vielleicht ist Florenz von Holland gemeint.
³) Die Datirungen nach dem Schreiben Richard's vom 18. Mai (Böhmer 3). Wenn bei Thomas Wikes der 5. Mai als Tag der Landung angegeben ist, so liegt wohl nur der Fehler eines Abschreibers vor, wie schon Gebauer, Leben Herrn Richards .124 bemerkt.
⁴) So wenigstens Th. Wikes 453. — ⁵) Thomas Wikes 453.

anwesenden Fürsten, kein Fest jener Zeit könne sich mit Richard's Krönungsmahl vergleichen, und mit Genugthuung schrieb dieser selbst in die Heimath, zwei Erzbischöfe, zehn Bischöfe, 30 Herzoge und Grafen seien zugegen gewesen. Durch die Urkunden wird dies annähernd bestätigt. Als er am 22. Mai die Privilegien von Aachen bestätigte, begegnen als Zeugen die Erzbischöfe von Mainz und Köln, die Bischöfe von Cambray, Utrecht, Lüttich, Münster und Paderborn, der Abt von Cornelimünster, der Herzog Walram von Limburg, die Grafen von Geldern, Holland, Cleve, Avesnes, Loos, Jülich, Berg, Neuenahr, der Wildgraf, die Grafen von Zweibrücken, Sponheim und Bar: wenige Tage später finden wir in seiner Umgebung den Bischof von Osnabrück — mithin sämmtliche Kölner Suffragane mit Ausnahme des Bischofs von Minden —, den Raugrafen, die Grafen von Schauenburg und Sayn, den Abt von Werden und zahlreiche Edele. Auch die Grafen Otto von Eberstein und Burchard von Waldenberg finden wir um diese Zeit am Rheine [1]). Es war eine stattliche Versammlung, aber auch hier fällt wieder die fast vollständige Abwesenheit des weltlichen Fürstenstandes auf, nicht einmal der Pfalzgraf war erschienen. Im Wesentlichen war es wieder das nordwestliche Deutschland, welches auf Richard's Seite stand. Nach Süden ging sein Machtbereich kaum weiter, als der König Wilhelm's zu Ende des Jahres 1248, wenn wir vom Pfalzgrafen absehen, dafür hielten aber der Erzbischof von Trier sowie die Herzoge von Brabant und Oberlothringen zu Alfons, welchem auch der Graf von Flandern gegen ein Jahrgeld huldigte.

Das Pfingstfest (Mai 27) feierte Richard in Köln, wo er mindestens Mai 24 bis Juni 16 verweilte. Am Pfingstsonntag hat er die Privilegien der Stadt bestätigt [2]); es war fast genau die Wiederholung der ausschweifenden Concessionen, welche König Wilhelm nach seiner Wahl den Bürgern gemacht hatte, nur dass hier ihr Nonevocationsrecht in der denkbar schärfsten Weise betont und ihnen zugestanden wird, wegen Schulden oder Versprechungen eines Erzbischofs von Köln oder irgend eines Andern dürften sie in keinerlei Weise belästigt werden. Dann zog er südwärts, „um seine Widersacher zu demüthigen und namentlich die erhobenen Hörner des Erzbischofs von Trier zu brechen" [3]). Bereits am 6. Mai hatte Letzterer bei der Belagerung der Burg von Boppard durch den Erzbischof von Mainz eine Schlappe erlitten; arg muss sie nicht gewesen sein, wenigstens blieb die Stadt in seinen Händen und König Richard liegt im Juli „vor Boppard im Lager". Konrad hat ihn begleitet und erscheint in einer Urkunde vom 15. Juli (R 442) als Zeuge: es ist das letzte Mal, wo die beiden Männer nach-

---

[1]) Sie sind Zeugen einer vigilia Pentecostes (Mai 26) zu Köln im Hause des Domcantors Ulrich ausgestellten Urkunde, in welcher Erzb. Gerhard von Mainz einen Streit zwischen seinen Leuten und dem Kölner St. Ursulastift entscheidet. Acta SS. Oct. 9, 160.
[2]) Lac. 2, 239. Quellen 2, 369. — [3]) Böhmer 3.

weislich beisammen waren, wenn auch anzunehmen ist, dass sie sich bei Richard's Anwesenheit in den untern Rheingegenden (Ende 1257 und Anfang 1258) nochmals getroffen haben. Man könnte versucht sein, an ein Zerwürfniss zu denken und das Schreiben des Papstes Alexander vom 30. April 1259, welches Konrad dringend zur Unterstützung Richard's auffordert [1]), als einen Aussöhnungsversuch aufzufassen, läge nicht ein Beleg vor, dass der Engländer auch noch, als er im Herbst 1260 zum zweiten Male in die Heimath zurückkehrte, dem Erzbischof seine Gunst bewahrte: er hat ihm die Vermittelung der Investitur der Bischöfe übertragen. Nur ein einziger Chronist hat in ein paar Worten dieses Actes gedacht [2]), und nur eine einzige urkundliche Bestätigung der Nachricht liegt uns vor [3]).

So sind wir denn genöthigt, die Schilderung der reichsfürstlichen Thätigkeit Konrad's mehrere Jahre vor seinem Tode abzubrechen. Der Landfriedensbund, welchen er 1259 Nov. 14 (R 489) mit zahlreichen Fürsten und Städten „zu Ehren des Königs Richard" beschwor, wird zum Theil auf Richard zurückzuführen sein, der sich im Verein mit dem h. Stuhle, auf die Dauer freilich ohne Erfolg, für den Schutz des Landfriedens bemüht hat [4]). Ob dagegen Konrad's Antheil an den Streitigkeiten zwischen Cleve und Geldern [5]), ob sein Bündniss mit Erzbischof Gerhard von Mainz von 1258 Febr. 27 (R 450) und der Bund von 1260 Mai 30 (R 504) mit dem Herzog von Sachsen und dem Abt von Corvey zur Reichspolitik in Beziehung stehen, wird sich im günstigsten Falle dann erst ermitteln lassen, wenn die Geschichte des Doppelkönigthums im Zusammenhange, so weit ein solcher sich überhaupt herstellen lässt, geschrieben sein wird. Bis jetzt sind ja die Reichshistoriker ängstlich um jene traurigen Jahre herumgegangen; Niemand hat es gewagt, die Lücke zwischen dem entsetzlichen Untergang des staufischen Hauses und den Anfängen Rudolf's von Habsburg auszufüllen; es schien wohl ein aussichtsloses Unternehmen, die Reichsgeschichte einer Epoche zu schreiben, in welcher von einer Reichspolitik kaum die Rede sein kann. Zwar mag in Richard's Augen die Krone mehr gewesen sein,

---

[1]) Potthast 17550.
[2]) Hamburger Annalen Mon. Germ. SS. 16, 384) zu 1260: Richardus rediit et investituram episcoporum archiepiscopo Coloniensi commisit.
[3]) Bei Wuerdtwein, Nova Subs. dipl. 5, 1 ff. ist eine Reihe von Briefen des Abtes Heinrich von Fulda über den Verkauf von Hameln an den Bischof von Minden gedruckt, vier derselben von 1259 sind aus Köln datirt. Aus Fulda Juni 23 (jedenfalls 1260 oder 1261) schreibt der Abt an Konrad: Supplicamus, quatinus dictum dominum episcopum et ecclesiam Mindensem in hiis que regalia sunt (bei dem Verkauf von Hameln) a domino rege investiri procuretis cum effectu.
[4]) Köln. Reimchronik bei Waitz, Chronica regia Colon. 313.
[5]) Die beiden Dietrich von Cleve schreiben 12·8 Sept. 22 (Sloet, Oorkondenboek 792, vgl. 776) dem Herzog von Brabant, falls Konrad und der Bischof von Utrecht am bestimmten Tage nicht zu Nymwegen erschienen, solle er die Entscheidung zwischen ihnen und Geldern treffen. Erst 1260 Mai 13 (Lac. 2, 272) finden wir einen Schiedsspruch des Herzogs.

als — nach Böhmer's hartem Ausdruck — ein blosser „Luxusbesitz, mit dem er von Zeit zu Zeit Schaugepränge trieb". Er wollte König sein, aber beim Wollen ist es auch geblieben. Der grosse Kampf mit der castilianischen Partei, von dem er wohl träumte, blieb ihm erspart. Wohl ernannte Alfons den Bischof von Speyer zum Reichskanzler, den Herzog von Brabant zum Reichsvicar in den untern Rheinlanden, den Herzog von Oberlothringen zu seinem Grossseneschall, in's Reich ist er niemals gekommen. Kaum wird sein Name noch in deutschen Jahrbüchern genannt, seine Anhänger gaben die hoffnungslose Sache des Fürsten jenseits der Pyrenäen auf, welcher sich römischer König nannte, mancher von ihnen hat seinen Frieden mit Richard gemacht, der da „kam mit ungeheuerm Schatz und mehr durch Gold als durch Gewalt die Fürsten und Landesherren bewog, ihm zu dienen" [1]). Aber noch mehr wie Wilhelm ist er ein Rheinlandskönig geblieben; bald weilt er diesseits, bald jenseits des Canals, und während seines dritten Aufenthaltes in England, wo er die Einmischung in die innern Wirren mit längerer Gefangenschaft büsste, ist der „Mehrer des Reiches" im Reiche fast vergessen worden.

So wurde Deutschland zum Chaos. Die Nation hatte im 13. Jahrhundert den Höhepunkt ihrer mittelalterlichen Entwickelung erreicht. Nicht als ein entnervtes, durch langes Elend gebrochenes Geschlecht trat sie in das Interregnum ein, sondern als ein Volk, reich an Geistescultur und materiellen Mitteln, stolz auf seine Vergangenheit und kriegerische Kraft. Zu politischer Bedeutungslosigkeit verurtheilt, der wohlthätigen Ableitung entbehrend, welche sonst die Römerzüge und die Fahrten nach dem heiligen Lande boten, nicht im Zaume gehalten durch eine Herrscherfaust, kehrte Deutschland seine Waffen gegen sich selbst. Keine einigende Kraft, kein gemeinsames Ziel verbindet die Glieder der Nation. Fast bis auf das letzte Dorf gehen die kümmerlichen Reste des Reichsguts verloren; Fürsten stehen gegen Fürsten, der Adel gegen das Bürgerthum, jahrelang wüthen Erbfolgekriege in den einzelnen Territorien, innerhalb der Städte ringen Geschlechterparteien um das Stadtregiment oder vertheidigen den Alleinbesitz desselben gegen die aufstrebenden Zünfte. Ist auch die Wehrkraft und der Wohlstand unseres Vaterlandes selbst in der kaiserlosen Zeit nicht gebrochen worden, seine staatliche Consistenz ging damals endgültig zu Grunde.. Nicht Einzelnen soll man die Schuld aufbürden, dass es so kam; das ganze Volk hat mitgewirkt an seinem traurigen Geschick, am meisten aber seine fürstlichen Führer, und unter diesen nicht zum wenigsten Konrad von Köln.

---

[1]) Kurze Wormser Annalen Mon. Germ. SS. 17, 76.

Zweiter Theil.

Konrad als Landesfürst.

Erstes Capitel.

Territorium, Herzogsgewalt und Lehnsverband.

Der gewaltige, von keinem der fürstlichen Zeitgenossen erreichte Einfluss, welchen Konrad auf die Geschicke Deutschlands namentlich in der zweiten Hälfte seines Pontificates übte, erklärt sich nur zum Theil aus der allgemeinen politischen Lage, aus seinen persönlichen Eigenschaften und seiner Doppelstellung als Fürst des Reiches und der Kirche. Ein gutes Stück der Erklärung ist vielmehr zu suchen in den Verhältnissen, in welche er als Landesfürst eintrat, und in der Meisterschaft, mit welcher er dieselben verwerthete.

Es würde heute nur schwer möglich sein, eine ganz genaue Specialkarte des Kölner Stiftsgebietes im Jahre 1238 zu entwerfen, insoweit man überhaupt bei der noch nicht abgeschlossenen Entwickelung des Begriffs der Territorialhoheit von einem Gebiete reden darf. Zu einem abgerundeten Fürstenthum, wie beispielsweise die westfälischen Suffragane, haben es die Kölner Erzbischöfe niemals gebracht, und im 13. Jahrhundert fehlte noch manche Erwerbung, welche später die Länderfetzen einigermasen verband. Die Summe kleiner Gebietstheilchen, welche im Laufe der Zeiten auf verschiedene Art, durch Schenkung, Kauf oder Eroberung zum „Erbe des h. Petrus" gekommen waren, zerfällt in zwei Hauptgruppen: die rheinische und die westfälische. Jene ist an Umfang kleiner, durch Lage, Bodenbeschaffenheit, Wehrhaftigkeit und Bevölkerung aber der Haupttheil. Ein langer, nur selten zu mehrstündiger Breite sich ausdehnender Streifen, an der Ahrmündung durch Reichsland, unterhalb Köln durch die Grafschaft Meurs[1]) und die Sayn'sche, dann Heinsbergische Herrschaft Hülchrath[2]) unterbrochen, zieht sich das rheinische Stiftsgebiet von Andernach bis Rees etwa fünfzig Stunden weit den Strom entlang: ein Ländchen von wenigen Dutzend Quadratmeilen, aber üppig fruchtbar, voll Korn und Wein, wimmelnd von festen Städten, Burgen und Klöstern, Dorf an Dorf. Da finden wir Andernach mit seinem prächtigen vierthürmigen Münster, den alten Reichshof, den einst Friedrich I. dem Reichskanzler Rainald geschenkt, Rheineck auf schroffem Berge, das Philipp von Heinsberg gewonnen hatte; auf steilen Felsspitzen des rechten Ufers thronen die Schlösser Drachenfels und Wolkenburg, gegenüber Rolandseck und der kleine Kegel des Godesberg, wo vor einem Menschenalter Erzbischof Dietrich, angeblich aus dem Lösegeld eines gefangenen Juden, eine feste Burg errichtete. Wo die Ebene sich ausbreitet, liegt Bonn, damals noch ein wenig bedeutender Ort, später die zweite Stadt des rheinischen Stifts; zwei Stunden von Köln das starke Lechenich, weiter abwärts noch Neuss, Rheinberg, Xanten und Rees. Endlich eine Enclave im Westen am Fusse der Eifel: Zülpich, die Vormauer gegen die Grafen von Jülich. In weitem, nach Westen geöffnetem Bogen umzieht der westfälische Stiftstheil, zuerst längs des Haarstrang durch die Ebene verlaufend, dann südwärts tief einschneidend in die waldreichen Berge des Sauerlandes, die Grafschaft Arnsberg, die erst nach langen Kämpfen im 14. Jahrhundert mit Köln vereinigt worden ist. Das mächtige Soest, um dessen Besitz zweihundert Jahre später Dietrich II. den schwersten Kampf unglücklich unternahm, den jemals ein Erzbischof von Köln durchgefochten hat, ist hier die einzige grössere Stadt; kleinere Städte begegnen in ziemlicher Zahl, so Werl mit seinen Salzwerken, Brilon, Schmalenberg, Attendorn, Rüthen, Geseke, Medebach[3]), westlich Recklinghausen und Dorsten.

Sehr häufig finden wir in jener Zeit, theils durch Konrad geschaffen, theils von seinen Vorgängern überkommen, gemeinsamen Besitz, oft mit Lehnsgerechtigkeiten verbunden. So erhielt er (R 60) vom Abt von Helmarshausen die Hälfte von Krückeberg; die Hälfte von Vreden überliess er an Münster (R 326); Geseke und Salzkotten besass er seit 1256 (R 412) gemeinsam mit Paderborn; von den Herren von Pyrmont erwarb er (R 396) die Hälfte der Stadt Lütte; von dem Schloss Osen an der Weser besass er (R 491) die eine Hälfte als Eigenthum, während der Graf von Eberstein die andere Hälfte zu Lehen trug, ähnlich wie der Graf von Berg (R 47) für die Hälfte von Deutz kölnischer Lehnsmann war. Die Stadt Siegen erscheint schon 1224[4]) als gemeinsames Eigenthum des Erzbischofs Engelbert und des Grafen von Nassau; Konrad verpfändete 1253

---

[1]) Ueber das erste Vorkommen des Grafen-Namens vgl. Lacomblet 2, Einl. 35.
[2]) Vgl. Mittelrhein. Urk. 3, 725. Lacombl. 2, 199.
[3]) Ueber die kölnischen Städte in Westfalen vgl. Seibertz, Landesgesch. 3, 162 ff.
[4]) Lac. 2, 65.

(R 334. 336) dem Grafen einen Theil seiner dortigen Einkünfte, 1259 (R 487) finden wir ihn in Mitbesitz an Stadt und Schloss. Das pfälzische Schloss Thurant an der Mosel hatte Engelbert der Heilige erworben und durch einen Thurm verstärkt [1]). 1243 verzichtete Konrad auf jedes Recht (R 101), aber fünf Jahre später half er nach langer Belagerung dem Erzbischof von Trier die Burg erobern. Die beiden Prälaten theilten dieselbe durch eine Zwischenmauer, rissen den Thurm Engelbert's nieder und befestigten jeder seinen Theil.[2]). Die Vertragsclausel, welche den Rückfall Thurant's an den Pfalzgrafen vorbehielt, blieb wirkungslos, noch 1275 versprach Erzbischof Heinrich von Trier, ohne Zustimmung seines Kölner Collegen seinen Theil nicht zu veräussern [3]).

Abgesehen von den grossen Erwerbungen aus der Sayn'schen und Hostaden'schen Erbschaft, welche an eigener Stelle behandelt werden sollen, sind noch folgende Vergrösserungen des Erzstifts durch Konrad zu verzeichnen. Zu seinen Gunsten verzichtete Adolf von Waldeck auf die Vogtei des Klosters Flechtdorf (R 241). Die Burg Holten (nördlich von Ruhrort) erwarb er durch Kauf [4]), um daraus einen Vorposten gegen Cleve zu machen. Vielleicht hat er auch die Burg Ringsheim bei Rheinbach erworben, deren Zerstörung durch Konrad 1249 erwähnt wird [5]). Sehr bemerkenswerth sind Konrad's Versuche, sich in niederrheinischen Reichsstädten festzusetzen. Als er die Aussöhnung der Bürger von Dortmund mit König Wilhelm vermittelte, trat die Stadt zu ihm in eine Art von Schutzverhältniss. „Da wir," schreibt die Stadt an ihn, „nicht wünschen, dass irgend ein Fürst oder Landesherr als Ihr bei unsern Besprechungen und Berathungen den Vorsitz führt oder daran theilnimmt, so bitten wir inständig, Ihr wollet uns so beistehen (patrocinari) mit Rath und That, wie wir von Euerer Ehrenhaftigkeit (discretio) allezeit zweifellos es erwarten" [6]). Die Dankesäusserungen dieses Schreibens treten in ein seltsames Licht durch die Thatsache, dass König Wilhelm acht Tage später Dortmund nebst den benachbarten Reichshöfen für 1200 Mark an den Erzbischof verpfändete. Der zu Dortmund geübte Judenschutz (R 271) mag Ausfluss der herzoglichen Rechte Konrad's gewesen sein. An anderer Stelle wurde das enge Verhältniss zu dem Burggrafen von Kaiserswerth erwähnt [7]), und selbst auf das mächtige Aachen hat er wahrscheinlich seinen Blick geworfen, als er sich von Wilhelm eidlich dessen

---

[1]) Annal. Col. max. Mon. Germ. SS. 17, 839. 847. — [2]) Vgl. oben 26.
[3]) Lacomblet 2, 396.
[4]) Annal. v. St. Pantal. 538.
[5]) Annal. v. St. Pantal. 545. Irrig nannte ich die Burg Archiv 7, 225 Reimersheim und verlegte sie nach Westfalen. In Urk. von 1249 und 1251 (Lac. 2, 186. 199; letztere erwähnt die Belagerung) heisst sie Rymezheim oder Rimitzheim, der 1278 (Lac. 2, 420) begegnende Adolf von Rimezheim ist aber offenbar ein rheinischer Edler. In Urk. 1249 Aug. 28 (R 243) heisst sie Reinheim, doch ist dieselbe schlecht überliefert. Vgl. übrigens Lacomblet im Archiv 5, 402.
[6]) Vgl. oben 27. — [7]) Vgl. oben 32.

Beistand, besonders mit Hülfe von Aachen, Dortmund und Kaiserswerth, versprechen liess (R 333). Zwanzig Jahre später übergab König Rudolf dem Erzbischof Engelbert Kaiserswerth auf Lebenszeit und die Stadt Dortmund mit Zubehör zu gleichem Recht, wie Konrad sie besessen [1]). So hat Letzterer den Grund gelegt zu der Erwerbung von Kaiserswerth, während die Absichten auf Dortmund und vollends auf Aachen scheiterten.

Zwischen die weithin gedehnten und zersplitterten Theile des Stiftsterritoriums schieben sich im buntesten Wechsel die Gebiete zahlreicher geistlicher und weltlicher Herren ein, und selbst wenn wir die vielen kleinen Territorien unberücksichtigt lassen, bilden die nächsten Nachbarn des Stifts eine stattliche Zahl. Da finden wir, um nur die wichtigsten zu nennen, linksrheinisch den Erzbischof von Trier sowie den Pfalzgrafen und Herzog von Baiern, die Grafen von Hostaden-Altenahr, Jülich, Geldern, Cleve, drüben den Bischof von Paderborn, den Grafen von Berg, der in den ersten Jahren Konrad's gleichzeitig Herzog von Belgisch-Limburg ist, die Grafen von Sayn, Mark und Arnsberg. Aus diesem Gewirr vielverschlungener Eigenthumsverhältnisse entsteht eine Manchfaltigkeit freundlicher wie feindseliger Beziehungen, welche sich besser in Regestenform verzeichnen als nach bestimmten Gesichtspunkten zu klarer Anschauung bringen lassen. Immerhin aber ist eine Uebersicht des nordwestdeutschen Territorialismus noch verhältnissmäsig am leichtesten zu gewinnen, wenn man den Erzbischof von Köln als Mittelpunkt nimmt, der in seiner Stellung als oberster Kirchenfürst und Doppelherzog die Spitze der Lehnshierarchie jener Länder bildet.

Schon seine Metropolitenwürde bot Gelegenheit zu politischer Beeinflussung der Suffragane, also der über nicht unbedeutende Gebiete als Landesfürsten herrschenden Bischöfe von Utrecht, Lüttich, Münster, Minden und Osnabrück. Mehrmals lässt sich ein erfolgreiches Eingreifen Konrad's bei der Besetzung dieser Bisthümer wenigstens vermuthen. Als Robert von Torote starb, der letzte einer Reihe wälscher Bischöfe zu Lüttich, hat sich Konrad mit dem Papst über seinen Nachfolger besprochen, und ihm wird Heinrich III., früher als Propst von Xanten [2]) Archidiakon der Kölner Kirche, ein Spross des mit Konrad in guten Beziehungen stehenden geldrischen Grafenhauses, zum grossen Theil seine Erhebung verdankt haben. Bei der Erledigung des Utrechter Stuhles (1249) schwankte die Entscheidung zwischen zwei Kölner Prälaten: dem Propst Heinrich von Vianden, einem Verwandten Konrad's von mütterlicher Seite [3]), und dem Domdechanten [4]) Goswin von Randerath, welcher ebenfalls mit dem Erzbischof verwandt war. Ersterer behielt die Oberhand. Bei den westfälischen Suffraganen sind derartige Einflüsse nicht nachzuweisen. Mit Engelbert von Isenburg, dem Bischof

---

[1]) Lac. 2, 373. — [2]) Binterim, Erzdiöcese 1, 121. Vgl. oben 23. — [3]) Lac. 2, 212.
[4]) Als solcher erscheint er 1247 (Lac. 2, 163) und 1260 (R 498. 517), an letzterer Stelle auch als consanguineus Konrad's. Vgl. übrigens zur Utrechter Wahl Archiv 7, 224.

von Osnabrück, lag Konrad 1245 in Fehde[1]), und Otto von der Lippe, der 1248 zum Bischof von Münster erhobene Bruder Simon's von Paderborn, hat sich an dessen Kampf gegen den Erzbischof betheiligt[2]). Sonst hören wir von einer Störung des Einvernehmens mit den Suffraganen nichts, bei den Königswahlen stehen sie gewöhnlich auf Konrad's Seite[3]), und das Bündniss, welches er 1248 mit Engelbert von Osnabrück abschloss, wurde später von Balduin erneuert[4]). Auf eine Empfehlung Konrad's ist es möglicherweise zurückzuführen, wenn Anfang 1253 Innocenz IV. den Legaten Heinrich beauftragt, er möge dem Eberhard von Diest, Propst von St. Georg zu Köln, ein Bisthum verschaffen[5]).

Seit dem Sturze Heinrich's des Löwen besassen die Kölner Erzbischöfe ausser der Herzogsgewalt im Ripuarierlande zwischen Rhein und Maas[6] auch herzogliche Gewalt in Westfalen zwischen Rhein und Weser[7]). Ihnen gehören innerhalb der Grenzen des Herzogthums alle Juden, auch wenn sie unter andern Herren sitzen[8]), ihnen gebührt das Geleit, der Schirm des Landfriedens, das Recht, gegen die Friedensbrecher die westfälischen Gografen aufzubieten und allerwärts ihren Richterstuhl zu setzen[9]). Zufällig besitzen wir Zeugnisse, dass Konrad von seinen herzoglichen Befugnissen gerade an den äussersten Grenzen seines Gerichtsbezirks Gebrauch gemacht hat. Als der Herzog von Brabant durch den Grafen von Jülich bei München-Gladbach, also auf ripuarischem Boden und in des Erzbischofs Geleit, überfallen wird, klagt er beim Erzbischof, und dieser hält Gerichtstag zu Roermonde am rechten Ufer der Maas; der Herzog von Limburg und andere pares curiae weisen das Urtheil, und schliesslich leistet der Graf Genugthuung[10]). Um dieselbe Zeit bricht zu Herford auf dem linken Ufer der Weser gegen Konrad ein Aufstand los, als er „ganz Westfalen von Räubern und Verbrechern reinigt, mit Rechtsspruch vorgehend"[11]). Für die Länder zwischen Rhein und Weser wird das Hülfsbündniss mit Osnabrück abgeschlossen, und dass die Herzogsgewalt in diesen weiten Gebieten mehr war als ein blosser Titel, beweist ausser den bereits angeführten Vorgängen der merk-

---

[1]) Vgl. unten 2. Theil 5. Cap. — [2]) Vgl. oben 38. — [3]) Vgl. oben 24. 48.
[4]) Lac. 2, 169.
[5]) Potthast 14828. An eine Identität mit dem erst 1275—1301 regierenden gleichnamigen Bischof von Münster ist wohl nicht zu denken.
[6]) Belegstellen für den ducatus Ripuariae Archiv 7, 219. Der dort angeführte Katalog des Cäsarius jetzt Mon. Germ. 24, 345.
[7]) Die alte Streitfrage über die Erstreckung des Kölner Herzogthums ist zuletzt untersucht worden durch Grauert, die Herzogsgewalt in Westfalen seit dem Sturze Heinrich's des Löwen (1877). Vgl. noch Hegel in Chroniken der Stadt Köln 3, Einl. 248.
[8]) Für Ripuarien vgl. den Schiedsspruch von 1255 (Lac. 2, 221); für Westfalen lässt sich vielleicht das Schreiben von 1250 (R 271) bezüglich der Juden zu Dortmund anführen, vgl. oben 53.
[9]) Vgl. das interessante Verzeichniss der redditus opidorum et officiorum des Marschallamtes Westfalen bei Seibertz, Urkundenb. 1, 598.
[10]) Vgl. oben 17. — [11]) Annal. v. St. Pantal. 539.

würdige Vertrag Konrad's mit dem Herzog von Braunschweig 1260 (R 504) und der hartnäckige Kampf, in welchem er seine Ansprüche gegen Simon von Paderborn siegreich durchsetzte [1]). Nicht bloss prunkende Worte sind es, wenn Konrad in einer Urk. von 1259 (R 478) sagt: „Da aus der Förderung des zeitlichen Friedens auf Erden uns und allen Eiferern für dieses hohe Gut der Ewigkeit Frieden zu hoffen steht: so erkennen wir uns dieser Pflicht um so mehr schuldig, als wir durch Gottes Zulassung und Gunst mit höherer Macht denn Andere bekleidet sind; denn mit dem Stab der Hirtensorge haben wir auch inne Stärke und Schwert weltlicher Gewalt wegen der beiden Herzogthümer unserer Kirche. Stab und Schwert aber vermeinen wir recht zu gebrauchen, wenn wir sorgen für Nahe und Ferne, Einheimische und Fremdlinge, auf dass sie das Ihre besitzen in Ruhe und Frieden und weder diese noch jene hinausgehen über ihre Grenzen."

Zwischen Maas und Weser sitzen, abgesehen von den nördlichsten Landschaften, nur wenige Laienherren, die dem Kölner Erzbischof nicht als Lehnsmannen verbunden sind. In einer kurz nach Konrad's Tode ausgestellten Urkunde [2]) werden als „edele man" des Erzbischofs bezeichnet der Herzog von Limburg, die Grafen von Luxemburg, Neuenahr, Kessel, Meurs, Cleve, Jülich, Berg, Mark, Sayn und Nassau, sowie die Herren von Montjoie, Heinsberg, Falkenburg und Born. Damit ist aber nur ein Theil der grössern Vasallen genannt, und lediglich aus Konrad's Urkunden lässt sich dass Verzeichniss bedeutend erweitern [3]). Als Getreuer bekennt sich Heinrich Herzog von Lothringen und Brabant [4]). Heinrich Herzog von Belgisch-Limburg und Graf von Berg wurde 1240 (R 47) mit der Hälfte von Deutz belehnt für sich und seine Nachfolger in der bergischen Grafschaft; um dieselbe Zeit (R 48) versprach sein Sohn Walram, Allode in Kölner Lehen zu verwandeln, und als Herzog von Limburg hat er sich ausdrücklich als Lehnsmann bekannt (R 231). In dem Vertrag von 1243 (R 101) erkannte Pfalzgraf Otto die Kölner Lehnshoheit über die Schlösser Stahleck, Stahlberg und Fürstenberg an und gab die ihm verpfändeten Kölner Besitzungen bei Bacharach, Heimbach und Diebach wieder heraus. Bei dieser Gelegenheit erfahren wir, dass der Herzog von Limburg und die Grafen von Sayn, Nassau, Sponheim, Jülich und Hostaden sowohl von Köln als von Pfalz Lehen trugen. 1240 (R 50) belehnte Konrad seine Nichte, die Gemahlin des Grafen Simon von Sponheim, mit den Kölner Lehnsgütern seiner Schwester Elisa von Hengebach. Als Getreue oder „edele man" des Erzbischofs erscheinen ferner die Grafen von Geldern (R 105. 256), Cleve (R 298) und Nassau (R 334), der Markgraf von Luxemburg und Arlon, der 1246 (R 147) seine

---

[1]) Näheres unten 2. Theil 5. Cap. — [2]) Quellen 2, 490.
[3]) Für das Folgende vgl. die Aufsätze Lacomblet's über den kurkölnischen Lehnshof im Archiv 4, 331 (die Dynasten ebend. 379) und 5, 323 (die rheinische Ritterschaft).
[4]) Lac. 2, 147.

Allode Contz und Habscheid von Konrad gegen 1000 Mark zu Lehen nahm, die Grafen von Arnsberg (R 24) und Mark (R 240), auch Kölner Lehen des Grafen von Ravensberg werden in einer allerdings verdächtigen Urkunde (R 72) genannt. Sogar auf dem rechten Ufer der Weser trug der Graf von Eberstein die Hälfte des Schlosses Osen von Köln zu Lehen (R 491), und 1260 (R 504) erkannten der Herzog von Braunschweig und seine Brüder die Lehnshoheit des Erzbischofs über ihre im Herzogthum Westfalen gelegenen Güter an. Von Lehnsträgern aus dem Stande der Edelherren und Ritter seien genannt: Gerhard von Sinzig und Landskron, der staufische Parteigänger (R 201), die Ritter von Waldeck, welche 1243 (R 90) gegen 200 Mark ihre Burg von Köln zu Lehen nahmen, Sueder von Ringenberg, der 1247 sein gleichnamiges Schloss auftrug (R 179), Gottfried von Eppenstein, dem Konrad 1249 (R 236) die Belehnung mit Burg Olbrück an der Brohl nebst einem Burglehen zu Altenahr ertheilt, Mathias von Kalmunt, dem er im gleichen Jahre (R 257. 259) für die Niederlegung seines Schlosses Ecka bei Altenahr 200 Mark verspricht, Johann und Kunzo von Nürburg in der Eifel (R 362), die Edelherren Walbodo und Ernst von Virnenburg, welche 1256 (R 405) für den Burgberg bei Puderbach an der Holzwied und für das auf demselben zu errichtende Schloss (Reichenstein) den Lehnseid leisteten, Hermann Schenk von Altenahr, der 1259 (R 492) sein neu erbautes Schloss Kuchenheim von der Kölner Kirche zu Lehen nahm, die westfälischen Herren von Limburg an der Lenne, Berthold von Büren und Dietrich von Billstein[1] und die Herren von Pyrmont (R 396). Erwähnt sei noch, dass Konrad 1250 (R 287) der Regelind, Tochter des Schultheissen Heinrich von Soest, die Erbfolge in allen Lehen ihres Vaters zusichert, und dass vereinzelt der Tausch einer Ministerialin und die Zuweisung von Personen zu Lehen begegnet (R 473. 481).

Zweites Capitel.

Die Hostaden'sche Erbschaft.

Das lose Band der Lehnsabhängigkeit, trotz dessen offener Krieg zwischen dem Lehnsherrn und seinen „lieben Getreuen" zu den gewöhnlichen Dingen gehört, finden wir unter Konrad's Pontificat vielfach enger geknüpft durch verwandtschaftliche Beziehungen, auf welche hier schon wegen der

---

[1] Seibertz, Urkundenb. 1, 349.

Erwerbung der Grafschaft Hostaden für das Erzstift Köln näher eingegangen werden muss ¹).

Konrad's Mutter, Mathilde, die Schwester Heinrich's ²), des Grafen von Vianden (im heutigen Grossherzogthum Luxemburg), hatte aus zwei Ehen, so viel wir wissen, neun Kinder. Nach dem Tode Lothar's des Aeltern von Hostaden heirathete sie einen Bruder des Grafen von Loos, Heinrich, der früher Propst zu Utrecht gewesen war ³), und schenkte ihm eine Tochter Imagina, welche in verschiedenen Frauenklöstern als Aebtissin waltete und wegen ihrer Weisheit und Frömmigkeit sehr gelobt wird. Die übrigen Kinder stammten wahrscheinlich alle aus erster Ehe. Von den Söhnen ⁴) erbte Lothar die Grafschaft, Konrad und Friedrich widmeten sich dem geistlichen Stande. Letzterer war zu Anfang 1229 Canonicus von St. Andreas zu Köln ⁵), 1238 Propst von St. Maria ad gradus daselbst ⁶), 1250 Propst von Xanten; als solcher erscheint er zuletzt 1265, kurz darauf scheint er gestorben zu sein ⁷).

---

¹) Die recht verwickelten Verwandtschaftsverhältnisse sind schon oft mit mehr oder weniger Glück untersucht worden, so bei Berthollet, Histoire de Luxembourg; Butkens, Trophées de Brabant; Ritz, Versuch über die Grafen von Hochstaden, Aar und Daelem (in v. Ledebur's „Neues Allgem. Archiv" 3, 97 ff.); Burckhardt, Konrad v. Hochstaden; Weidenbach, die Grafen von Are, Hochstaden, Nurburg und Neuenare (Bonn 1845). Mehr oder minder fehlerhafte Stammtafeln bei Butkens 2, 320; Burckhardt 11; Decker, Konrad von Hochstaden 67.

²) Berthollet 3, liste généal. 43 nennt den Bruder Friedrich. Vgl. d. folgende Note.

³) Alberich von Neufmoustier (Mon. Germ. SS. 23, 943): Conradus, natus de sorore comitis Henrici Viennensis. Hanc postea habuit uxorem Henricus frater comitis Losensis, quondam praepositus Traiectensis, genuitque ex ea Ymainam abbatissam de Salesines (Salzines bei Namur). Aus dem Umstand, dass Alberich diese Notiz gerade 1238 einfügt, braucht natürlich nicht mit Ritz a. a. O. 3, 104 geschlossen zu werden, die zweite Ehe falle gerade in dieses Jahr. Berthollet a. a. O. nennt den zweiten Gemahl Henri comte de Duraz, fils de Gérard comte de Los und bezeichnet Imagina als abbesse de Salzines et puis de Flines. Als Aebtissin von Flines erscheint sie 1261 (R 526). Auch im Leben der h. Juliana (Acta Sanct. 5. Apr. 470) heisst sie domus de Salesinnes prope Namurcum abbatissa, multao sapientiae et gratiae titulis insignita. In einer Urk. von 1256 (Acta Sanct. Oct. 9, 177) erscheint sie als Col. archiepiscopi uterina, abbatissa vallis S. Georgii ord. Cist.

⁴) Aus der Zeugenanführung in einer Urk. von 1217 (Lac. 2, 31): Lothario quoque comite de Hoynstadin, filio etiam comite de Viandin, schliesst Lacomblet im Personenverzeichniss des 2. Bandes, der Graf von Vianden sei ein Sohn Lothar's gewesen; vermuthlich ist aber comitis de Viandin zu lesen. Vgl. Urk. 1242 (Lac. 2, 140): Th. comitem Hoistadensem, filium comitis Viannie, filium domini de novo castro. Gegen die Ansicht Burckhardt's 11, Konrad sei ein Sohn des Grafen von Duraz und sein Stiefvater sei Dietrich von Hostaden, hat sich mit ausreichenden Gründen schon Weidenbach 75 ausgesprochen.

⁵) Lac. 2, 83.

⁶) Lac. 2, 123. Noch mehrmals in den folgenden Jahren bis 1247 (ebend. 130. 148. 152. 168). Der 1261 begegnende Propst Friedrich (ebend. 283) ist wohl ein anderer.

⁷) 1250 Juni 7 verspricht er, als Propst von Xanten mit den Einkünften seines Vorgängers Heinrich, jetzt Bischof zu Lüttich (seit 1247), zufrieden zu sein (Binterim, Erzdiöcese 1, 243). Als Propst von Xanten finden wir ihn noch mehrmals (Binterim

Von den Schwestern ging eine, Alcidis, in's Kloster und wurde Aebtissin von St. Walburg zu Eichstädt¹), die übrigen heiratheten. Als die älteste wird Elisabeth zu betrachten sein, welche 1234 ²) als Gemahlin des Edelherrn Eberhard von Hengebach begegnet. Ihre Tochter Margaretha finden wir 1240 als Frau des Grafen Simon von Sponheim ³). Noch 1256 lebte Elisabeth zu Köln⁴). Zwei Schwestern Konrad's führten den Namen Mathilde. Eine derselben heirathete den Edelherrn Konrad von Molenark bei Jülich, und zwar, als ihr Bruder bereits Erzbischof war; wir hören nämlich, dass sie bei der Eheschliessung von ihm mit Schloss Molenark belehnt wurde ⁵). Anfang 1249 war sie ohne Zweifel bereits gestorben, denn in dem Vertrage, welchen damals Konrad mit Walram von Jülich, dem Verlobten ihrer gleichnamigen Tochter schloss, wird der Mutter mit keinem Worte ge-

---

252. 262. 270. 287. 288. 305) bis 1265. Dagegen erscheint Januar 1266 (ebend. 306) ein Propst Otto. — Viel Kopfbrechen hat der Umstand verursacht, dass in einer einzigen Urk. von 1246 (Lac. 2, 156) Konrad sein frater uterinus genannt wird. Ueber die Bedeutung des Wortes (Stiefbruder von gleicher Mutter, aber anderm Vater) kann kein Zweifel sein (vgl. z. B. Matthäus Paris ed. Wats 762 zu 1254 und Annal. Marchian. Mon. Germ. SS. 16, 616), und so hat man denn bald Friedrich, bald Konrad zum Sohn der Mathilde aus zweiter Ehe gemacht. Aber schon Ernst, Hist. de Limbourg (publ. par Laveleye 5, 221) meint: Il ne faut pas sans doute prendre le mot à la rigueur, und später hat sich Weidenbach 75 ff. gegen die Stiefbruderschaft mit guten Gründen ausgesprochen. Dass Konrad ein Sohn zweiter Ehe gewesen sein könnte, ist schon durch einen Blick auf seine Regesten (vgl. R 1. 2. 3. 5. 6) ausgeschlossen, und wäre Friedrich ein Sohn des Grafen von Duraz, so wäre nicht abzusehen, was er überhaupt mit der Hostaden'schen Erbschaft zu thun haben sollte. Beide Brüder haben Erbansprüche geltend gemacht, und der Conflict ist nur dadurch gelöst worden, dass Friedrich sich den Verzicht zu Gunsten der Kölner Kirche gefallen liess. Die Annalen von St. Pantaleon 541 nennen ihn einfach den Nachfolger in der Grafschaft, er selbst bezeichnet sich bei der Schenkung als verus heres et comes de (oder in) Hostaden und wird auch von Konrad als solcher bezeichnet (Lac. 2, 155 und Note). In einer Urk. Erzb. Sifrits von 1289 heisst es von der Schenkung: ex collatione et donatione libera quondam Friderici comitis in Hostaden fratris germani dicti Lotharii, accedente ad hoc consensu et auctoritate quondam domini Conradi archiepiscopi, fratris germani eorundem Lotharii et Friderici (Lac. 2, 516 Note). Dagegen versichert Konrad 1260 (R 506), er habe die Grafschaft der Kölner Kirche übertragen; das lässt sich allenfalls noch auf seine Zustimmung beziehen, aber noch deutlicher wird in einer Urk. Erzb. Wikbold's (Günther, codex dipl. Rheno-Mosell. 2, 522) gesagt: Conradus filius et heres legitimus ac proximior comitis de Hostaden, Friderico preposito Xanthensi, fratre suo et coherede ex utroque parente in hoc consentiente et ratum habente comitatum Hostadensem transtulerit in ecclesiam Coloniensem. Wo Konrad Friedrich nicht einfach frater nennt, gebraucht er wiederholt die Bezeichnung frater germanus oder germanus (Lac. 2, 281; Bintorim 1, 239). Kurz, der ein einziges Mal begegnende Ausdruck frater uterinus steht mit allen sonstigen Zeugnissen in einem Widerspruch, den ich nach der gegenwärtigen Kenntniss nur durch die Annahme zu lösen vermag, dass ein Versehen oder eine Fälschung vorliegt.

¹) Vita S. Julianae a. a. O. — ²) Lac. 2, 102.
³) R 50. 51. Einmal (R 481) nennt Konrad auffallender Weise den Grafen seinen Schwager.
⁴) Domblatt 1856 Nr. 140. — ⁵) Schiedsspruch von 1279 bei Lac. 2, 431.

dacht. Die Braut war zu dieser Zeit noch ein Kind [1], und erst 1254 begegnet sie, soweit ich sehe, zum ersten Mal als Walram's Gattin [2]. Die andere Mathilde, heirathete Herrn Heinrich von Isenburg (am Saynbach, nicht zu verwechseln mit Isenburg an der Ruhr). 1246 begegnen uns die Gatten mit einem Sohne Namens Gerlach [3], welcher 1259 als Herr von Arenfels am Rhein und Schwager des Grafen Gotfrid von Sayn erscheint [4]. Er wie seine Mutter kommen noch in einer Urkunde Konrad's von 1261 vor (R 522). Ein politisch sehr bedeutungsvolles Ehebündniss endlich schloss Konrad's Schwester Margaretha. Ihre Heirath mit Adolf, dem Sohne des Herzogs Heinrich von Limburg und Grafen von Berg, bildete das Siegel des Friedensschlusses von 1240 [5]. Nach Heinrich's Tode war Konrad der Schiedsrichter zwischen seiner Wittwe Irmgard und dem ältern Sohne Adolf, seinem Schwager (R 171); diesem fiel die Grafschaft Berg zu, während sein Bruder Walram IV. als Herzog von Limburg folgte. Dass Konrad mit Beiden in gutem Vernehmen blieb, dass nicht mehr, wie zu Anfang seines Pontificates, die vereinigte bergisch-limburgische Macht im Bunde mit sonstigen Gegnern Köln's den Versuch machte, gleichzeitig von der rechten und linken Seite des Stromes aus das rheinische Erzstift zu erdrücken, ist eine der glücklichsten Fügungen seiner Regierung gewesen [6].

[1] Postquam sponsa pervenerit ad duodecim annos, Lac. 2, 179. Als seine Nichte bezeichnet sie auch Friedrich von Hostaden 1246, ebend. 155.
[2] Lac. 2, 217.
[3] Mittelrhein. Urk. 3, 660. In zwei andern Urk. (R 224. 293) nennt Konrad Heinrich v. Is. seinen Schwestermann.
[4] Lac. 2, 265.
[5] Vgl. Annal. v. St. Pantal. 534. Als Schwester bezeichnet sie Konrad 1259 (R 484).
[6] Dass mit Konrad und Friedrich der Mannesstamm des Hostaden'schen Hauses ausstarb, unterliegt keinem Zweifel, und erst nach langer Unterbrechung ist der Hostaden'sche Grafentitel wieder aufgelebt. Einer gütigen Mittheilung des Hrn. Grafen W. v. Mirbach-Harff entnehme ich folgende Sätze: „Der Pfarrer von Frimmersdorf sagte mir, es werde beim sonntäglichen Hochamte noch immer an erster Stelle für die Grafen von Hochsteden dort gebetet. Nun dürfte doch ein Zweifel erlaubt sein, ob der Gebrauch noch von des Erzbischofs Konrad Zeiten, etwa durch eine Stiftung, sich herschreibt. In Frimmersdorf erwarben um 1600 die Herren von Kinzweiler ein adeliges Gut; dieses kam 1613 in Folge der Vermählung Mariens von Kinzweiler an deren Mann Johann Werner v. Hochsteden zu Niederzier, dessen Familie nach meiner Ansicht von den dapiferi in Hochsteden abstammt. Am Ende des 17. Jahrh. bewohnte das Gut in Frimmersdorf Josina Margaretha von Hochsteden. Sie war kinderlos und der Besitz kam auf ihre Hochsteden'schen Neffen, die 1714 das Gut verkauften. Wie leicht kann eine der genannten Personen eine Stiftung gemacht haben wegen Ablesung der Namen im Hochamt. Die Hochsteden zu Niederzier wurden c. 1746 Grafen, also betete man dann für die Familie der Grafen von Hochsteden." Ein Sprössling dieses jüngern Grafengeschlechts war die Gräfin Francisca v. H., geboren auf Schloss Niederzier 1770, gestorben zu Düsseldorf 1854 (laut mir vorliegendem Todtenzettel). Als Curiosum sei endlich die Inschrift eines Grabsteines auf dem Kölner Kirchhof erwähnt: „Ruhestätte der Frau Amalia Gräfin von Hochsteden, verwittwete Freifrau C. H. von Zandt, geb. 8. Februar 1779, hingeschieden 12. April 1863, Tochter des letzten Grafen von Hochsteden, entsprossen in directer Linie von Lothar Graf von Hochsteden, dem Bruder des Erzbischofs von Köln Konrad Graf von Hochsteden, dem Erbauer des Domes zu Köln. Friede ihrer Asche!"

Als entferntere Verwandte (consanguinei) des Erzbischofs ist noch eine lange Reihe von Personen zu verzeichnen: Erzbischof Sifrit von Mainz (R 66), Heinrich von Vianden, Propst zu Köln und dann Bischof von Utrecht (R 351), die Aebte Gotfrid von Prüm (R 169) und Hermann von Corvey (R 194), der Propst von Zyfflich (R 378), der Domdechant Goswin von Randerath (R 190. 517), Propst Werner von St. Gereon (R 517), der Domthesaurar Philipp (R 190), der Bonner Canonicus Albert von Dollendorf (R 517), die Grafen: Heinrich von Sayn (R 216) nebst seiner Gemahlin Mathilde (R 162), Dietrich von Cleve (R 170), Walram und Otto von Nassau (R 334), endlich mehrere Herren von Wickerath, Nürburg in der Eifel und Kobern an der Mosel (R 39. 111. 362), der Kölner Burggraf Gerhard von Arberg (R 327), Dietrich von Limburg an der Lenne (R 190. 194), Heinrich von Heinsberg (R 320) und Dietrich von Milendunk (R 404).

Als Graf Lothar der Jüngere von Hostaden Ende der dreissiger oder Anfang der vierziger Jahre starb [1]), hinterliess er eine Wittwe Margaretha und zwei Söhne Namens Dietrich und Gerhard. Letzterer wird 1242 zum letzten Male genannt [2]); ersterer war vermählt mit Bertha von Montjoie und starb Januar 1246 kinderlos in jugendlichem Alter [3]). Allem Anschein nach war der nächste Erbberechtigte [4]) sein Oheim Friedrich, Propst von St. Maria ad gradus zu Köln, aber in kurzer Frist gelang es Konrad, den Bruder zum Verzicht zu bewegen und die Grafschaft mit dem Erzstift zu vereinigen. Schon am 12. Januar einigte er sich (R 135) unter Vermittelung des Herzogs von Limburg mit Bertha von Montjoie und ihren Verwandten. Als Leibzucht behielt sie die Burg Hart bei Münstereifel als kölnisches Lehen nebst andern zu ihrer Mitgift gehörigen Gütern. Graf Friedrich liess sich den Treueid leisten, aber schon am 16. April waren die Verhandlungen mit seinem Bruder zum Abschluss gediehen. Die ganze Grafschaft, die Burgen Hostaden, Altenahr und Hart, mit allen Allodien und Lehnsgütern, Vasallen und Ministerialen übergab er unter Lösung der ihm geleisteten Eide „dem h. Petrus und der Kölner Kirche" unter der Bedingung, dass weder Konrad noch einer seiner Nachfolger die Grafschaft oder Theile derselben in irgend einer Weise veräussern dürfe. Sich selbst behielt der Schenkgeber nur eine Jahresrente von 60 Mark aus, welche nach seinem Tode als Memorienstiftung für die Mitglieder des Hostaden'schen Hauses dem Domcapitel zufallen sollte, ferner den Niessbrauch eines Hofes zu Wevelinghoven nach dem Tode seiner Schwägerin Margaretha, und endlich den ihm zukommenden Theil der Forderungen des verstorbenen Grafen Dietrich an den Herzog von Brabant. Vierzehn Tage später wiederholte er diese Schenkung in meistens übereinstimmenden Ausdrücken, jedoch unter Weglassung einiger Clauseln, in

---

[1]) Eine Urk. von ihm 1237 Juli bei Lac. 4, 799.
[2]) Urk. der Margaretha Lac. 2, 141.
[3]) Annal. v. St. Pantal. 541: Juvenis moritur.
[4]) Vgl. oben 50 Note.

grosser Versammlung von Geistlichen und Laien im Kölner Dom vor dem Altare des h. Petrus [1]).

Es war ein nicht unbedeutendes, zur Abrundung und zur Vertheidigung nach Westen wohlgelegenes Gebiet, welches im Frühjahr 1246 dem Erzstift zufiel, weit verstreut von der untern Erft bis jenseits der Ahr. Das Stammschloss Hostaden lag südlich von Neuss an der Erft, nicht weit von Frimmersdorf [2]); ausser ihm waren das von Köln lehn-

---

[1]) Lac. 2, 155 Note setzt irrig diese zweite Urk. auf den 30. März und glaubt, sie sei nicht zum Vollzug gekommen, da an ihr wie an der gleichen Tags (in die b. Quirini) ausgestellten Bestätigungs-Urkunde Konrad's das Siegel Friedrich's fehle; dadurch sei die andere Urk. vom 16. April nöthig geworden. Das Fehlen des Siegels ist allerdings auffallend, an der oben angenommenen Reihenfolge der beiden Urk. jedoch nicht zu zweifeln. Vgl. meine Ausführungen in Annal. d. hist. Ver. Doppelheft 21 u. 22, 277.

[2]) Nach den Annal. v. St. Pantal. 546 lag das durch Konrad errichtete neue Schloss Hostaden nicht weit von dem alten, ferme ad duo stadia super fluvium Arlepha in loco munitiori; das neue Schloss aber sollte nach einer Urk. Konrad's (R 300) vollständig zur Pfarrei Frimmersdorf gehören. Gewöhnlich wird nun (vgl. Brewer's Vaterländ. Chronik 1825, 363 ff. 1826, 220 ff. 689 ff.) angenommen, den Namen bewahre das Dorf Hoisten bei Neuss. Nun aber ist auf Grund der obigen Zeugnisse die Möglichkeit ausgeschlossen, dass eine der beiden Burgen bei dem weit von Frimmersdorf entfernten Hoisten gestanden haben könnte, vielmehr ist als Ort der einen ohne Zweifel der sog. „Husterknupp" bei Frimmersdorf anzunehmen, und die andere in geringer Entfernung davon zu suchen. Einigen Briefen des Hrn. Grafen W. v. Mirbach-Harff entnehme ich über diesen Punkt Folgendes: Etwa 1200 Schritt (nach späterer genauerer Messung etwa 1300, vgl. unten) von dem Huster-Knupp liegt noch ein anderer solcher Trümmerhaufen, ganz nahe bei Frimmersdorf; darauf soll auch ein Schloss gestanden haben. Beim Volke heisst er die „Knutschenburg", ein Name, der auch anderwärts an der Erft vorkommt und vielleicht nur auf „Knutschelen" (wilde Dörner, Stachelbeeren) zurückzuführen ist, welche auf den Schlosstrümmern wachsen. In alten Urkunden habe ich nie eine „Knutschenburg" gefunden. Dr. Schaffrath hat 1861 im Bergheimer Kreisblatte einen „grünen Weg" vom Husterknupp fast ganz gerade nach Köln führend nachgewiesen; auf der Nordseite der Erft geht der sog. Burgweg vom Husterknupp ganz gerade bis nach Wanlo. Wenn man die Lage des Husterknupps kennt und namentlich die eines dabei gelegenen Campes, der ganz in das Territorium von Morken einschneidet, so begreift man, dass es einer besondern Bestimmung des Erzbischofs bedurfte: „das neue Schloss solle ganz nach Frimmersdorf gehören". Ich will noch hinzufügen, dass gemäss einer Urkunde des Klosters Kamp und zweier Urkunden hiesigen (Harff'schen) Archivs (15. Jahrh.) zwischen Morken und Frimmersdorf im 13. oder 14. Jahrhundert ein Dörfchen oder Weiler Hochstoden bestanden haben muss. — Hoisten hiess allerdings im 16. Jahrhundert Hoestoden, aber es gab noch andere Orte mit ähnlichen Namen. Wäre Hoisten ein alter Hauptsitz der Grafschaft, so sollte man meinen, müsste es doch zu Kurköln wenigstens im 13. und 14. Jahrhundert gehört haben. Für das 13. Jahrh. habe ich freilich kein Zeugniss, zu welchem Lande es zählte; 1396 gehörte es dem Herrn von Blankenheim (Bärsch 2, 2, 319; Fahne, Salm 2, 196 u. S. 190); 1415 kauft der Herzog von Jülich es von Blankenheim (Knapp's Collectaneen). — Die Entfernung zwischen der Knutschenburg und dem Husterknupp beträgt etwa 1300 Schritt, ferme duo stadia! Nun fragt es sich: Baute Konrad die Burg auf dem Husterknupp oder auf der Knutschenburg? Ich glaube, auf ersterem. Denn die Knutschenburg liegt eben am Ende des Dorfes Frimmersdorf; zu welcher Pfarre sie gehören sollte, hätte wohl keiner besondern Bestimmung bedurft. Anders beim Husterknupp, der 1000 Schritte vom Dorfe auf Morken

rührige [1]) Hart bei Münstereifel und das Felsennest Altenahr die wichtigsten Burgen. Schon unter Rainald kölnisches Offenhaus [2]), seit 1193 kölnisches Lehn [3]), blieb Altenahr bis in's 13. Jahrhundert hinein gemeinsames Eigenthum der Grafen von Are und Hostaden. Noch 1202 finden wir Gerhard von Are und Nürburg nebst Lothar von Hostaden als Eigenthümer [4]), aber drei Jahre später [5]) setzte sich Letzterer gewaltsam in den Alleinbesitz der auf schroffem Felsen angeklebten Festung, um sie nicht wieder herauszugeben. Das limburgische Lehnsschloss Dalhem ging im grossen Kriege 1239 an Limburg verloren und wurde 1244 förmlich abgetreten [6]). Von der Abtei Prüm besassen die Grafen Lehen zu Münstereifel, Rheinbach, Ahrweiler und Wichterich [7]) sowie Leute zu Ahrweiler, Altenahr und Kesseling [8]); dazu kamen pfälzische [9]) und limburgische [10]) Lehen, sowie ein Reichslehen zu Kaiserswerth [11]). Im Einzelnen seien noch erwähnt bedeutende Einkünfte zu Heerlen bei Aachen [12]), die Dörfer Kreuzberg an der Ahr, Brück, Denn, Liers und Obliers [13]), ein Allod zu Walporzheim [14]) und ein Hof zu Wevelinghoven [15]).

Die Verzettelung der Grafschaftsgüter und die Verzweigung der Hostaden'schen Sippe machte die Abfindung der verschiedenen Ansprüche zu einem verwickelten Geschäft, und es hat lange gedauert, ehe Konrad sich im unangefochtenen Besitz der reichen Erwerbung sah. Schon zwischen die erste und zweite Schenkung Friedrich's, nämlich 1246 April 23, fällt ein erstes Abkommen wegen der Prüm'schen Lehen; Erzbischof Arnold von Trier gestattete nämlich, dass Friedrich, welcher auch hier als „wahrer Erbe" erscheint, die Lehen wegen einer auf der Grafschaft ruhenden Schuld von 3000 Mark der Kölner Kirche verpfände [16]). Im nächsten Jahre (R 169) kam Konrad mit Prüm in's Reine: Abt Gotfrid verzichtete auf seine lehnsherrlichen Rechte an einem Theil der Grafschaftsgüter und übertrug die betreffenden Besitzungen der Kölner Kirche zu vollem Recht. Man kann sich kaum zu der Annahme entschliessen, dass ein von Konrad ertheiltes Schutzversprechen die einzige Gegenleistung gewesen sein sollte, indessen liegt nichts Weiteres vor, und erst mehr als ein halbes Jahrhundert später stossen wir auf ein neues

---

zu liegt. Locus munitior war für eine Wasserburg auch unzweifelhaft der Husterknupp. Die Tradition in der Gegend spricht ebenfalls für ihn; man erzählt sich noch heute, auf dem Knupp habe des Erzbischofs Konrad, der den Dom gegründet, Burg gestanden.

[1]) Vgl. oben 61. — [2]) Lac. 4, 789. — [3]) Ebend. 1, 376. — [4]) Ebend. 4, 791.
[5]) Kölner Königschronik zu 1205, Monum. Germ. SS. 24, 9. Im Excerpt der sogen. Annales Colon. minimi fehlte diese Stelle. In einer Urk. von 1213 (v. Ledebur, Allgem. Archiv 3, 138) führt Lothar den Titel comes de Are.
[6]) Vgl. oben 10. 16. In Urkk. von 1225 und 1231 nennt sich Lothar von Hostaden Graf von Dalhem. Ledebur a. a. O. 148. 150.
[7]) Günther, Codex dipl. 2, 215. — [8]) Lac. 2, 326. — [9]) Ebend. — [10]) Ebend. 179.
[11]) Ebend. — [12]) Ebend. — [13]) Ebend. 326. — [14]) Lac. 2, 156.— [15]) Ebend. 155.
[16]) Mittelrhein. Urk. 3, 646.

Abkommen zwischen Prüm und Erzbischof Wikbold [1]). Mit seinem Isenburgischen Schwager hatte sich Konrad (R 158) bereits 1246 November 10 geeinigt. Derselbe verzichtete auf jeden Anspruch an die Erbschaft gegen 500 Mark zur Erwerbung von Lehen oder gegen ein Jahreslehen von 50 Mark bis zur Zahlung der Hauptsumme.

Weniger glatt kam der Erzbischof mit Walram von Jülich, dem Bräutigam seiner kleinen Nichte Mathilde von Molenark, dem Bruder des Grafen Wilhelm, seines ruhelosen Gegners, auseinander. Aller Wahrscheinlichkeit nach war Walram schon 1246 mit dem Kinde verlobt, denn in der Schenkungsurkunde vom 16. April spricht Graf Friedrich bereits von einer Beisteuer zur Verheirathung Mathildens. Bei der Jugend der Braut lag zunächst nicht einmal die Möglichkeit vor, durch einen Ehevertrag der Sache ein Ende zu machen, und die Regelung schleppte sich um so länger hinaus, als bei der meistens feindseligen Stellung Konrad's zu den Jülichern beiderseitig nicht viel guter Wille vorhanden sein konnte. Im November 1247 schrieb Papst Innocenz dem Legaten Petrus, er möge zwischen dem Erzbischof und Walram vermitteln [2]), aber erst im Januar 1249 kam es zu einem für Letztern überaus günstigen Vertrag (R 223). Konrad übergab ihm die Hostadenschen Einkünfte zu Heerlen bis zur Zahlung von 500 Mark als Pfand, zahlte ihm weitere 400 Mark baar in drei Terminen, verzichtete zu Walram's Gunsten auf die Hostaden'schen Forderungen an Brabant und Geldern (erstere im Betrag von 1000 Mark baar und 100 Mark Renten), und stellte ihm für die Forderung an Brabant eine Reihe von Gefällen als Sicherheit. Weiter gab er seine Zustimmung, dass Walram die von Limburg rührigen Lehen der Grafschaft, sowie ein Reichslehen von 60 Mark zu Kaiserswerth erhalte. Ueber die Prüm'schen Lehen wurde eine Uebereinkunft vorbehalten, und schliesslich die Rechtsbeständigkeit des ganzen Vertrages wieder in Frage gestellt durch die Clausel, nach der Heirath Walram's mit Mathilde von Molenark solle es dem Ehepaar freistehen, entweder den Vertrag zu genehmigen oder aber den Rechtsweg zu betreten. Die sorgfältige Verclausulirung des Ganzen und die Menge der gestellten Bürgen lässt errathen, wie wenig man überzeugt war, damit die Frage erledigt zu haben. Vorläufig indessen ging die Abwickelung friedlich von Statten. Im März 1250 quittirte Walram über vom Erzbischof erhaltene 400 Mark (R 268), im Mai gleichen Jahres einigte er sich mit dem Herzog von Brabant über die Hostaden'schen Forderungen und bestimmte die Mitgift seiner Braut in Gütern zu Stommeln und Pulheim, beides unter Mitwirkung des Erzbischofs (R 277. 279). Seine Heirath aber hat das Verhältniss zu seinem erzbischöflichen Oheim nicht verbessert, und den hartnäckigen Streitigkeiten seines Bruders mit dem Erzstift in den fünfziger Jahren hat er nicht fern gestanden. In diese Zeit wird eine Beschwerde des Kölnischen Klerus an den Papst Innocenz zu setzen sein,

---

[1]) Günther 2, 522. — [2]) Vgl. oben 26.

worin Klage erhoben wird, Walram habe trotz der Einigung mit Konrad diesen beim päpstlichen Stuhle angeschwärzt und sich zum Kriege gegen das Erzstift verbündet [1]). Diesmal aber zog der Jülicher entschieden den Kürzern. Im Blatzheimer Vertrag von 1254 Oct. 15 (R 371)[2]) erklärte er unter Eid, „dass er sich wegen der Erbschaft einfach und unbedingt der Gnade des Erzbischofs unterwerfe; welche Gnade auch immer derselbe ihm erweisen werde, damit wolle er zufrieden sein;" seine Verwandten und Freunde aber leisteten einen Eid, falls Walram sich trotzdem nicht zufrieden gebe, so würden sie ihn weder mit Rath noch mit That unterstützen. Seitdem ist, so lange Konrad lebt, von der Hostaden'schen Erbschaft nicht mehr die Rede, aber bald nach seinem Tode ist Walram wieder mit seinen Ansprüchen hervorgetreten [3]).

Drittes Capitel.

Die Sayn'schen Erwerbungen.

Die zweite grosse Erwerbung Konrad's knüpft sich an den Tod des Grafen Heinrich von Sayn. Ende 1246 lag der „gewaltige und überaus reiche" Mann [4]), der in Konrad's ersten Jahren wiederholt dessen gefährlicher Gegner gewesen war [5]), auf dem Sterbebett. In letztwilliger Verfügung [6]) vermachte er seiner Gemahlin [7]), falls sie noch Nachkommenschaft erhalte, seine gesammte Hinterlassenschaft; bleibe sie kinderlos, so solle ihr auf Lebenszeit der Niessbrauch bleiben. Für den Fall ihres Todes sollte ein Theil des Allodialbesitzes an die Kinder seiner Schwester Gräfin Agnes von Bliescastel übergehen. Haupterben aber waren die Söhne der andern Schwester Aleydis. Aus ihrer ersten Ehe mit dem Grafen Gotfrid von Sponheim waren drei Söhne vorhanden: Graf Johann von Sponheim, Heinrich Herr von Heinsberg und Simon von Sponheim; aus der zweiten Ehe mit dem Grafen Eberhard von Eberstein ein Sohn gleichen Namens [8]). Am 1.

---

[1]) Lac. 2, 181 Note. — [2]) Vgl. oben 38. — [3]) Lac. 2, 325.
[4]) Annal. v. St. Pantal. 542. — [5]) Vgl. oben 8. 9.
[6]) Mittelrhein. Urk. 3, 666. Die sonstigen Testaments-Urkunden ebend. 664 ff.
[7]) Dass sie eine Tochter des Markgrafen Dietrich von Landsberg und der Jutta von Thüringen gewesen sei, nimmt neuerdings wieder an Hermes, die Neuerburg an der Wied und ihre ersten Besitzer (Neuwied 1879).
[8]) Vgl. das Personenverzeichniss zu Mittelrhein. Urk. 3 sub Grafen Eberstein, Sponheim, Sayn.

Januar 1247 [1]) schloss Heinrich die Augen, die Hoffnung auf Nachkommenschaft bestätigte sich nicht, und die zahlreichen Neffen werden keine besondere Lust gehabt haben, auf den Nachlass bis zum Tode der Wittwe zu warten. So erklärt es sich leicht, dass Letztere den Schutz des Erzbischofs, ihres Verwandten und Lehnsherrn, aufsuchte und dessen Unterstützung bei den mannichfachen auf sie eindringenden Ansprüchen durch weitgehende Concessionen zu gewinnen sich herbeiliess. Noch nicht drei Wochen waren seit dem Tode des Grafen verflossen, als Konrad (R 162) bereits der Gräfin Schutz zusagte gegen jeden rechtlosen Angriff, seine Vermittelung gegenüber allen Ansprüchen und nöthigenfalls seine Vertretung bei Beschreiten des Rechtsweges. In einer langen Reihe von Verträgen hat er dieses Versprechen erfüllt, dabei aber den Vortheil seiner Kirche nicht vergessen. Die ihn zunächst berührende Frage der Kölnischen Lehnsgüter wurde an erster Stelle erledigt. Auch an ihnen hatte die Gräfin durch das Testament ihres Mannes den Niessbrauch erhalten, aber schon bald wurden ihr, wie wenigstens die bezügliche Urkunde (R 174) sich ausdrückt, „die daraus erwachsenden Mühen zu gross"; sie verzichtete auf die Nutzniessung und Konrad übergab die Kölnischen Lehen an Heinrich von Heinsberg, Simon von Sponheim und deren Neffen Gotfrid, den Sohn des Sponheimer Grafen Johann. Nicht unverkürzt; vielmehr verzichteten sie auf einige Gefälle der ihnen zustehenden Vogtei zu Bonn [2]), sowie auf ihre allenfallsigen Rechte an dem Schloss Neu-Isenburg an der Ruhr [3]) und an der früher Isenburgischen Vogtei über das Stift Essen. Zwei Tage darauf, 1247 Aug. 29, fand sich die Gräfin mit den Sponheimern ab [4]): Graf Johann, Heinrich von Heinsberg, Simon und ihr Halbbruder Eberhard von Eberstein erhielten reiche Besitzungen, namentlich an der Sieg und im Westerwald, die Städte und Schlösser Blankenberg und Hachenburg, die Schlösser Freusburg, Sayn, Saffenburg an der Ahr, und Hülchrath am Niederrhein, die Grafschaft Hadamar und die Vogtei zu Bonn, letztere natürlich abzüglich der bereits an Konrad abgetretenen Gerechtsame. Um alle Weiterungen abzuschneiden, mussten die Sponheimer sogar die Clausel genehmigen, bei Verletzung der ihrerseits übernommenen Verpflichtungen solle der jeweilige Erzbischof von Köln das Recht haben, sie ohne Citation zu

---

[1]) Dass die Angabe der Annal. v. St. Pantaleon 542 (Aug. 14) irrig sei, habe ich Archiv 7, 222 gezeigt. Das richtige Datum Harless, die Grafen von Bonn 8 (Bonner Jubelschrift von 1868).

[2]) Cetera vero iura ad eandem advocatiam pertinentia sibi retinuerunt, heisst es ausdrücklich von den Sponheimern. Es ist also nicht genau, wenn die Annal. von St. Pantal. schlechthin von der Erwerbung der Bonner Vogtei durch Konrad sprechen.

[3]) In der Urk. steht allerdings Nuenseyne, aber im Zusammenhang mit der Essener Vogtei kann eigentlich nur an Isenburg gedacht werden. Beide kamen zusammen unter Konrad nach dem Tode Heinrich's von Sayn — sollte dieser die Burg vorübergehend Neusayn genannt haben? — an Köln zurück (Annal. v. St. Pantal. 541) und werden wieder zusammen in Konrad's Vertrag mit Dietrich von Limburg (R 190) genannt.

[4]) Mittelrhein. Urk. 3, 681.

bannen und ihr Land mit dem Interdict zu belegen, falls die Gräfin dies verlange. Im folgenden Jahre haben sich dann Heinrich von Heinsberg und Simon· über ihre Antheile an dieser Erwerbung in einem besondern Vertrage ¹) auseinandergesetzt.

Aus der erwähnten Excommunications-Clausel lässt sich schon errathen, wie stark der Erzbischof bei diesem Vertrage betheiligt war, und zu Anfang des folgenden Jahres zeigte die Gräfin sich erkenntlich. Am 19. Januar 1248 verkaufte sie ihm das Schloss Waldenburg ²) bei Attendorn, ihre Güter zu Meinerzhagen und Drolshagen, sowie den Ebbewald (R 187), ein zur Abrundung der südwestfälischen Besitzungen Köln's trefflich geeignetes Gebiet ³). Zwar behielt die Gräfin fremde Rechte und den Rückfall vor, falls der Erzbischof den Kaufpreis von 2000 Mark nicht pünktlich bezahle, aber Waldenburg, welches sofort an den Kölner Burggrafen Heinrich von Arberg übergeben wurde, ist seitdem als Sitz eines kölnischen Amtes Jahrhunderte lang mit geringer Unterbrechung beim Erzstift verblieben⁴).

Konrad beeilte sich ferner, den Vertrag vom 27. August 1247 durch weitere Abmachungen zu sichern. Am 22. Februar 1248 (R 190) gab er dem Edelherrn Dietrich von Limburg an der Lenne, dem Sohne jenes Grafen Friedrich von Isenburg, welcher den edeln Erzbischof Engelbert erschlagen hatte, die kölnischen Lehen seines Vaters zurück, unter der Bedingung, dass er jedem Anspruch auf das (neue) Schloss Isenburg und auf die Vogtei über das Essener Damenstift entsage. Auch der Abt von Werden (R 215) erkannte das Eigenthumsrecht Köln's auf die Isenburg an und behielt sich nur einige bescheidene Rechte vor.

Fortwährend finden wir Konrad als Vermittler oder Schiedsrichter in der Sayn'schen Erbschaftsangelegenheit thätig. Er besiegelt die Urkunde (R 198), durch welche Mathilde Herrn Friedrich von Blankenberg 1248 Mai 1 als Ersatz für nicht erfüllbare Erbansprüche eine Rente anwies und für einen Vertragspunkt Konrad als eventuellen Schiedsrichter bestellte. Wiederholt begegnet uns 1254 (R 352. 353. 361) in Urkunden der Gräfin seine Zustimmung oder Besiegelung. Er überlässt 1250 März 21 (R 269) Herrn Gerhard von Wildenburg und dem Kölner Burggrafen Heinrich von Arberg die Ministerialen zu Wied und Rosbach, welche sie früher gemeinsam mit der Gräfin Mathilde besessen hatten. Mehrmals vermittelte er zwischen der Gräfin und seinen Isenburgischen Verwandten. 1249 Febr. 19 (R 224) verzichtete sein Schwager Heinrich auf Güter zu Nister, Burghartenfels,

---

¹) Ebend. 725.
²) Vgl. über dasselbe Brunabend, Attendorn, Schnellenberg, Waldenburg und Ewich (Münster 1878) 188.
³) Eine besondere Urk. des Domcapitels über den Kaufvertrag erwähnt Lac. 2, 161 Note.
⁴) Unbekannt ist mir, worauf sich die 1249 Apr. 28 an Mathilde gerichtete Mahnung des Papstes (Potthast 13342) bezieht, sie möge von der Entfremdung ihrer Güter als der künftigen Erbschaft des Grafen Dietrich von Cleve abstehen.

Hirschbach, Metternich, Leubsdorf und Dattenberg, wogegen Mathilde 200 Mark als Entschädigung zahlte. 1258 Sept. 13 (R 461) [1] verglich er die Gräfin mit seinem Schwager, dessen Sohn Gerlach und dem Grafen Gotfrid von Sayn wegen Anlage von Befestigungswerken. 1259 August 6 (R 483) übernahm er Bürgschaft dafür, dass sein Neffe Gerlach von Schloss Arenfels aus ihr keinen Schaden zufügen werde, und noch wenige Monate vor seinem Tode, 1261 Juni 21 (R 522) traf er eine Einigung zwischen ihr und Ludwig dem Walpoden von der Neuerburg.

Alle diese untergeordneten Verträge treten zurück vor dem wichtigen Vertrag, welchen Konrad 1250 Mai 1 (R 275) mit Mathilde abschloss. Gegen eine Baarsumme von 600 Mark und eine lebenslängliche Jahresrente von 170 Mark, Schutz ihrer Person und der von ihr sowie von ihrem verstorbenen Manne gestifteten Klöster, Vertretung in Rechtshändeln u. s. w. trat sie, den lebenslänglichen Besitz sich vorbehaltend, an das Erzstift eine Menge von Besitzungen ab, welche, abgesehen von den Dörfern Gielsdorf und Sechtem bei Bonn, sämmtlich dicht bei einander auf dem rechten Rheinufer lagen: die vier Burgen Rennenberg, Alt-Wied, Neuerburg und Windeck, die am Strome liegenden Orte Linz, Leubsdorf und Rheinbreitbach, die landeinwärts belegenen Dörfer Rosbach, Asbach, Neustadt, Windhagen und Waldbreitbach. Ein Blick auf die Karte zeigt den Werth dieser Erwerbung. Bisher hatte das Erzstift auf dem rechten Stromufer nur einige starke Felsnester des Siebengebirges besessen, jetzt schloss sich ein stundenweit gedehnter, in seinem vorderen Theile üppig fruchtbarer, von starken Vesten geschützter Landstrich an.

So ist denn die Sayn'sche Erbschaftsfrage auf friedlichem Wege gelöst worden, unter hervorragender Betheiligung Konrad's und zum grossen Vortheil seines Landes. Zwar warb 1247 Aug. 10 der Graf von Berg Herrn Gerhard von Wildenburg als Lehnsmann und Helfer gegen die Sponheimer, seine neuen Nachbarn an der Sieg, sowie gegen Jedermann mit Ausnahme des Erzbischofs und der Gräfin Mathilde [2]), aber von einer Fehde verlautet nichts. Später ist Konrad wiederholt im Zusammenhang mit der Erbschaftsangelegenheit [3]) mit Heinrich von Heinsberg aneinander gerathen, zunächst 1251 anscheinend wegen der Kölner Lehnsrechte über die an Jülich verpfändete Herrschaft Hülchrath [4]), dann nochmals im folgenden Jahre. Unterrichtet sind wir darüber nur durch eine Urkunde von 1252 Juni 22 (R 320), wodurch Konrad den Heinsberger in denjenigen Besitz einsetzt,

---

[1]) Anlagen 12.
[2]) Lac. 2, 164.
[3]) In dem Vertrag von 1248 Oct. 13 (Mittelrhein. Urk. 3, 725) sprechen Heinrich von Heinsberg und sein Bruder Simon von „unrechtmässig entfremdeten Gütern" und nennen darunter auch Waldenburg, welches die Gräfin von Sayn kurz vorher an Konrad abgetreten hatte.
[4]) Lac. 2, 200.

in welchem er sich beim Tode Heinrich's von Sayn befand, und ihm ein Darlehen von 300 Mark macht, wogegen dieser den erzbischöflichen Ministerialen Heinrich von Honnef freigab und sich wegen eines von demselben errichteten Burgbaues einem Schiedsgericht unterwarf.

Viertes Capitel.
Wilhelm von Jülich.

Wiederholt wurde in der voraufgehenden Darstellung der Bedeutung gedacht, welche für die Politik Konrad's das westliche Nachbarterritorium [1] besass. Das Jülicher Grafenhaus war Jahre lang die Säule der kaiserlichen Partei am Niederrhein, fast ein Jahrzehnt hindurch hat es die Regelung der Hostaden'schen Frage verzögert. Andere Gründe kamen hinzu, um es zu dem kölnischen Lehnsherrn in einen fast ununterbrochenen Gegensatz zu stellen, und die daraus entstehenden Conflicte gestalteten sich um so gefährlicher, als das Haupt der Familie eine Persönlichkeit von ruhelosem Thatendrang, vielleicht der grösste unter den niederrheinischen Landesherrn des 13. Jahrhunderts war, eine kühne, entschlossene und doch auch wieder kalt berechnende Natur. Fast 60 Jahre lang hat Wilhelm IV. die Herrschaft geführt [2], mit vier Erzbischöfen von Köln hat der trotzige Vasall, der die Burg Nideggen von der Kölner Kirche zu Lehen trug [3], gerungen, zwei derselben hat er auf seinem Bergschloss an der Roer als Gefangene gesehen; ihm ist es grossentheils zuzuschreiben, dass die Stadt Köln gegen Konrad und Engelbert II. ihre Unabhängigkeit errang und behauptete, und schliesslich hat nicht das Schwert des Lehnsherrn, sondern die Faust eines Handwerkers diesem wilden Leben ein Ende gemacht, als er in einer Märznacht des Jahres 1278 die Kaiserstadt Aachen überrumpelte.

Am 2. November 1207 [4] war Graf Wilhelm II. gestorben, welcher als grausamer, sittenloser Mensch den schlimmsten Ruf hinterliess [5]. Von

---

[1] Sehr genaue Nachweisungen enthält die wissenschaftl. Beilage zum Progr. der Rheinischen Ritterakademie von 1874: Zur Territorialgeschichte des Herzogth. Jülich von W. Grafen von Mirbach (Düren).

[2] Vgl. Arnim di Miranda, Wilhelm IV. von Jülich (Leipzig 1875), ein nicht unverdienstliches, wenn auch in mehr als einer Beziehung wunderliches und für die folgende Darstellung nahezu werthloses Schriftchen.

[3] Seit Erzb. Philipp von Heinsberg. Vgl. Lacomblet im Archiv 4, 381.

[4] Der Todestag ist meines Wissens erst durch die Kölner Königschronik (Mon. Germ. SS. 24, 13) festgestellt.

[5] Eine schreckliche Schilderung entwirft Cäsarius von Heisterbach im Dial. mirac. 12, 5. Eine arge Schandthat von ihm berichtet auch die Kölner Königschronik 11.

seinem Nachfolger Wilhelm III., dem Ahnherrn der Hengebach'schen Seitenlinie, ist wenig bekannt. Als er 1219 auf der ägyptischen Kreuzfahrt den Tod fand, war sein gleichnamiger Sohn noch ein Knabe. Er stand zunächst unter dem Einfluss seines mütterlichen Grossvaters Herzogs Walram von Limburg und seiner Söhne, des Herzogs Heinrich und Walram's von Montjoie [1]). Schon mit Erzbischof Heinrich von Köln hatte er Händel und belagerte 1234 das Schloss Molenark [2]). Bereits an anderer Stelle wurde erzählt [3]), wie er zu Beginn der Regierung Konrad's am limburgisch-brabantischen Kriege sich betheiligte, als Führer der Kaiserlichen den Erzbischof gefangen nahm und nach neunmonatlicher Haft zu dem Vertrage vom 2. Nov. 1242 (R 77) nöthigte. Abgesehen von den seltsamen Bestimmungen über sein Verhältniss zum Kaiser, von der Aufhebung der kirchlichen Sentenzen und der Zahlung von 4000 Mark musste Konrad versprechen: „Wir werden unter unserm und des Kölner Domcapitels Siegel erneuern und dem Grafen einhändigen lassen alle Briefe, welche er über die vier Aemter an unserm Hofe hat, sowie über alle Einkünfte und Gerechtsame, welche seine Vorgänger von der Kölner Kirche besassen oder besitzen mussten, und werden den Grafen in den wahren Besitz alles dessen setzen lassen, was jene Briefe besagen; wenn ferner der Graf durch Vorzeigung rechtmässiger Briefe oder durch Zeugniss seiner Standesgenossen (comparium) beweisen kann, dass er irgend welche Einkünfte oder sonstige Rechte an unserm Hofe haben oder in anderer Weise von unserer Kirche besitzen muss, so werden wir ihn in Besitz alles dessen setzen lassen, was er in solcher Weise beweist." In ihrer allgemeinen Fassung forderte diese Clausel weitere Ansprüche förmlich heraus, und dasselbe gilt von dem Versprechen: „Weder wir noch unsere Freunde oder Helfer dürfen in Zukunft eine Befestigung errichten oder eine zerstörte wieder aufbauen, welche dem Grafen oder seinen Freunden oder der Grafschaft zum Schaden oder zur Beschwerde gereicht." Ausserdem verpflichtete sich Konrad noch, zu erwirken, dass der Graf von der Mark dem Jülicher seine Erbschaft herausgebe und Schadenersatz leiste — worum es sich handelte, darüber sind wir nicht näher unterrichtet —, nöthigenfalls ihn auch gegen den Grafen von der Mark zu unterstützen.

Der kecke Ueberfall des Grafen gegen den Herzog von Brabant bot den Ausgangspunkt eines neuen Zwistes [4]). 1244 Juli 20 schlossen der Herzog von Limburg, Graf Otto von Geldern und Gerhard von Wassenberg zwischen Konrad und Wilhelm Waffenstillstand (R 114) und 1245 April 26 (R 124) kam es zu einem für den Grafen nicht ungünstigen Vertrag. Konrad zahlte ihm 1500 Mark, erkannte an, dass die kölnischen Höfe Petternich und Rödingen für 450 bzw. 600 Mark an den Grafen verpfändet

---

[1]) Sie erscheinen häufig mit ihm zusammen in Urkunden. Vgl. Lac. 2, 61. 75. 95. 103. 112.
[2]) Annal. Col. max. Mon. Germ. 17, 844. — [3]) Vgl. oben 9. 13 ff.
[4]) Vgl. oben 16.

seien und verzichtete darauf, von päpstlichen Mandaten gegen Wilhelm Gebrauch zu machen. Dafür entsagte Wilhelm allen weitern Geldansprüchen und gab die noch in seinen Händen befindlichen Verschreibungen heraus [1]). Die Frage, ob auch der Hof Hollig an Jülich verpfändet sei, wurde einer besondern Entscheidung vorbehalten.

Im folgenden Jahre hat die Hostaden'sche Erbfolgefrage einen neuen Keim der Zwietracht gegeben, deren Ausbruch aber vorläufig durch gütliche Einigung Konrad's mit des Grafen Bruder Walram verzögert wurde. Dagegen haben die sechs Schiedsrichter mit dem Grafen von Berg als Obmann, welche Wilhelm und der Erzbischof „behufs Vermeidung jeglicher Zwietracht" 1250 Sept. 10 (R 286) bestellten, nicht lange geholfen: Gerade ein Jahr darauf war (R 306) schon wieder ein umfangreicher Vertrag über ein Knäuel von Beschwerden nöthig, der zur Vorsicht in lateinischer und deutscher Sprache abgefasst wurde, und zwar in einer einzigen Urkunde, „auf dass das Latein nicht anders erklärt werde, als das darunter geschriebene Deutsch lautet". Allerhand Kriegswirren müssen diesem Abkommen vorausgegangen sein, von welchen uns aber anderweitig fast nur die Eroberung der Burg Ringsheim bei Rheinbach durch den Erzbischof (1249) bekannt ist [2]). Ausserdem erfahren wir aus diesem Actenstück, dass Fehde gewesen war zwischen dem Erzbischof und Konrad von Molenark; dass es bei der Belagerung von Tomberg (bei Meckenheim) zur Sühne kam, später aber neue Anstände sich erhoben; dass Wilhelm von Saffenburg seinen Sohn Gerlach aus der Saffenburg an der Ahr vertrieben hatte; dass Zwietracht bestand zwischen Konrad und Herrn Johann von Reifferscheid; dass des Erzbischofs Truchsess in dem neu - erworbenen Waldenburg, Johann von Hürth, Leute des Herrn von Heinsberg gefangen genommen hatte. Abgesehen von zahlreichen Bestimmungen über Schadenersatz, setzte der im Lager bei Neuss [3]) vom Cardinallegaten Hugo von Sabina, vom Herzog Walram von Limburg und Graf Adolf von Berg besiegelte Schiedsspruch hauptsächlich fest: der Herr von Heinsberg solle bis Martini die Herrschaft Hülchrath von Jülich einlösen; erweist sich, dass die vom Grafen Wilhelm gekauften Güter zu Wanlo kölnische Vasallengüter sind, so darf er sie nicht gegen des Erzbischofs Willen inne haben; zu Zülpich behalten Erzbischof wie Graf dieselben Rechte, wie sie unter des Erstern Vorgängern Engelbert und Heinrich bestanden, und der alte Rechtszustand wird durch

---

[1]) Man hat bisher die Worte der Urk. bei Lac. 2, 151: Ne idem comes ullam in moneta nostra habeat actionem von Ansprüchen auf die „Kölnische Münze" verstanden. So lange kein sonstiger Beleg vorliegt, dass der Graf von Jülich Ansprüche auf eines der wichtigsten erzbischöflichen Gerechtsame besass, wird man doch besser thun, einfach an Geldforderungen zu denken, um so mehr, als es später heisst: actioni, quam so habere dicebat in moneta nostra, et debitis etc.

[2]) Annal. v. St. Pantal. 545. Vgl. oben 53 Note 5.

[3]) Nussie sagt der Schiedsspruch selbst, apud Nussiam in castris heisst es genauer in einer spätern Einigung (Lac. 2, 208).

den Spruch der Zülpicher Schöffen bestimmt; über die Anstände zwischen dem Erzbischof und Konrad von Molenark sollen, unter Aufrechterhaltung der frühern Sühne, der Herzog von Limburg und der Graf von Berg entscheiden, über die Vertreibung Gerlach's durch seinen Vater der päpstliche Legat; Johann von Reifferscheid hat dem Erzbischof Genugthuung zu geben, weigert er sich, so hat der Jülicher gegen ihn dem Erzbischof Lehnspflicht zu leisten.

Wenige Wochen vor der Neusser Sühne, am 23. August [1], hatte der Graf, so weit ich sehe, zum ersten Mal, eine folgenschwere Verbindung angeknüpft: Er schloss mit den Bürgern von Köln einen Vertrag, welcher hüben und drüben Schutz der Personen, der Sachen und des Rechtsganges sowie ein Schiedsgericht für allenfalls auftauchende Zwistigkeiten bestimmte. Mitten in der lateinischen Urkunde stehen die deutschen Worte: „Ausserdem sollen der Graf und die Seinen der Stadt und den Bürgern thun, was ihnen gut und förderlich ist, ohne irgend welche Arglist, und desgleichen dem Grafen und den Seinen die Stadt." Vielleicht hat nur der Abschluss der Neusser Sühne verhindert, dass schon bald diese allgemeine Wendung einen bedeutungsvollen Inhalt erhielt, denn dass die Spitze des Vertrages gegen den Erzbischof gerichtet war, kann kaum einem Zweifel unterliegen, und als Anfang 1252 die erste offene Fehde zwischen Konrad und den Bürgern ausbrach, wurde in einem Vertrag vom 1. März [2] der Commentar zu jenem anscheinend so harmlosen deutschen Sätzchen geschrieben: der Graf „empfand Betrübniss ob der Unbill, welche der Erzbischof begeht durch die neue Münze, zum Nachtheil der Kölner Kirche, ihrer Vasallen und der Stadt Köln," desshalb verband er sich mit der letztern und traf genaue Absprache, wie es mit der Theilung der Beute zu halten sei. Wie üblich versprach man sich von beiden Seiten, nicht ohne den andern Theil Frieden oder Waffenstillstand mit dem Erzbischof zu schliessen; aber in der Sühne, welche die Bürger schon im April mit Konrad schlossen, ist von dem Grafen mit keiner Silbe die Rede, und erst nach mehr als einem Jahr, am 7. Mai 1253 (R 339), kam es zu einem Ausspruch des Bischofs von Lüttich, nach welchem der Neusser Vertrag bestätigt wurde, der Graf dem Erzbischof für gewisse „Beleidigungen, Unbilden und Schäden" nach Bestimmung des Bischofs Genugthuung leisten, zwischen den beiderseitigen Helfern aber ein besonderes Schiedsgericht Einigung treffen sollte.

Wenn auf Grund dieser Urkunde überhaupt ein Friede zu Stande gebracht wurde, so hat er nicht lange gedauert. Bereits im nächsten Jahre lag Konrad wieder mit dem Grafen und seinem Bruder Walram in Fehde und nöthigte ihn zum Blatzheimer Vertrag vom 15. Oct. 1254 (R 371), ein Instrument, zu welchem sich Wilhelm unmöglich anders als in schwerer Bedrängniss hat entschliessen können [3]. Dies geht schon aus dem Umstande

---

[1] Quellen 2, 302. — [2] Quellen 2, 308. — [3] Vgl. oben 38. 65.

hervor, dass Walram sich wegen der Hostaden'schen Erbschaft einfach der Gnade des Erzbischofs unterwerfen musste, aber auch Graf Wilhelm ging die härtesten Bedingungen ein. Nur zum Schein behielt er sich die Unterstützung der flandrischen und westfälischen Gegner Konrad's vor, factisch gab er die für Köln ursprünglich so gefährlichen Bündnisse preis. Er versprach Genugthuung für das während der Fehde Geschehene nach Erkenntniss des Grafen von Luxemburg und Dietrich's, des ältern Sohnes des Grafen von Cleve. Ueber Raub, Brand und Schatzung, welche Wilhelm und sein Bruder während der Fehde gegen kölnische Geistliche und Kirchengüter verübt hatten, wurde bestimmt, der Erzbischof solle zu vermitteln suchen; bleibe der Versuch vergeblich, so solle er als gerechter Richter mit Kirchenstrafe und weltlichem Gericht vorgehen. Ueber die alten Streitigkeiten zwischen Erzbischof und Graf solle bis Mariä Lichtmess ein Schiedsgericht befinden, bestehend aus den Pröpsten von St. Severin und St. Aposteln zu Köln sowie dem Propst von Soest. Für den Fall, dass der Graf sich deren Spruch nicht füge, leisteten seine Verwandten einen Eid, sie würden gegen ihn dem Erzbischof beistehen; für den Fall dagegen, dass Letzterer den Spruch nicht erfülle, erhielt der Graf bloss von dem Bischof von Utrecht, den beiden Brüdern Dietrich von Cleve, Graf Heinrich von Virnenburg, den Herren von Isenburg, Molsberg, Schleiden und Milendonk das eidliche Versprechen, sie würden dem Erzbischof nicht beistehen. Den Herren Konrad von Molenark und Arnold von Wichterich wurden ihre gleichnamigen Burgen zurückgegeben. Ersterer hat sich nicht lange des Besitzes erfreut: gegen Anfang des folgenden Jahres wurde er durch seinen Bruder Gerhard, den erzbischöflichen Kanzler, aus dem Schlosse vertrieben. Gerhard, welcher gegen den Erzbischof offene Fehde führte, wurde von diesem als Eidbrüchiger mit dem Banne belegt (R 380).

Gerade vor dem festgesetzten Termine, 1255 Febr. 1 (R 377), wurde der Schiedsspruch gefällt. Dass er für ihn sehr ungünstig ausfallen würde, hat der Graf ohne Zweifel erwartet, da ja als Richter drei kölnische Prälaten bestellt waren; aber auf solche Bedingungen ist er doch schwerlich gefasst gewesen: Die Juden in der Kölner Diöcese und im Kölnischen Herzogthum gehören dem Erzbischof und seiner Kirche, während 1226 König Heinrich dem Grafen den Judenschutz in seinem Gebiete verbrieft hatte [1]). Kölnische Allode sind nicht bloss die Höfe Rödingen und Petternich, an welchen der Graf lediglich das Pfandrecht besitzt, Stadt und Schloss Zülpich, wo er auf die ihm durch Schöffenurtheil zuerkannten Gerechtsame beschränkt bleibt, Schloss Nideggen, das er von Köln zu Lehen trägt und die streitigen Güter zu Wanlo, sondern auch Schloss Heimbach sowie Schloss und Ortschaft Jülich; die Gerichtsbarkeit in der Ortschaft hat der Erzbischof, der Graf besitzt dort nur Pfandschaftsrechte, das Schloss besitzt er als Burggraf;

---

[1]) Lac. 2, 75.

Nideggen und Jülich sind kölnische Offenhäuser; gegen den Grafen sind natürlich die allgemeinen Sätze gerichtet, dem Erzbischof und der ihm untergebenen Geistlichkeit stehe in der kölnischen Diöcese die geistliche Gerichtsbarkeit zu, und eine in Folge erzbischöflichen Urtheils geschleifte Befestigung dürfe nicht wiederhergestellt werden; schliesslich wird noch ausgesprochen, der Graf habe dem Erzbischof Unrecht gethan, indem er Geächtete in seinem Schlosse Heimbach aufnahm, den Johann von Aldendorp und seine Söhne.

Dem Erzbischof hat es gewiss keine Ueberwindung gekostet, als er diesen Spruch annahm. Am 12. Febr. machte er davon dem Grafen von Berg Mittheilung und verlangte dessen Hülfe, falls auf Adolf's Ersuchen — dies war bei Bestellung der Schiedsrichter vorgesehen — Wilhelm von Jülich die Annahme verweigere (R 381). Ob letzteres geschah, ist nicht bezeugt, und wahrscheinlich ist es nicht. Es kann kaum Zufall sein, dass wir in den sechs bis sieben Jahren, welche bis zu Konrad's Tode vergehen, nicht das leiseste Zeichen eines Zerwürfnisses zwischen Köln und Jülich finden. In einem päpstlichen Mandat gegen diejenigen, welche in der Kölner Diöcese sich den Rottzehnten anmassen [1]), wird des Grafen von Berg und Walram's, des Bruders Wilhelm's, gedacht, aber des Letztern nicht, obwohl der Schiedsspruch vom 1. Februar die Frage berührt und den Rottzehnten von Königshufen dem Erzbischof, von sonstigen Grundstücken den betreffenden Pfarrkirchen zugewiesen hatte; zudem hat Walram bald nachher, offenbar in Ausführung der Sühne vom 15. Oct. 1254, dem Kölner St. Ursulastift Schadenersatz versprochen, und zwar in einer vom Erzbischof bezeugten und in der Bischofspfalz ausgestellten Urkunde (R 398). So scheint es denn wirklich, dass dieses trotzige Brüderpaar sich ergab in das Unvermeidliche. Nicht einmal als die zweite Fehde Konrad's gegen die Stadt losbrach, hat Wilhelm die Fesseln abzuschütteln gewagt: wir finden ihn unter Konrad's Bundesgenossen (R. 446). Wie anders würde sich die Geschichte des Erzstifts gestaltet haben, wenn diese tiefe Demüthigung des Jülicher Grafenhauses Bestand gehabt hätte! Konrad hat den Umschwung nicht mehr erlebt, aber nach seinem Tode ist dieser grosse Erfolg wie so mancher andere vernichtet worden, und in der vierthalbjährigen Haft des Erzbischofs Engelbert hat der Graf den Satz des Schiedsspruches vom 1. Februar 1255 illustrirt: Burg Nideggen sei Kölner Lehen und Offenhaus.

---

[1]) Potthast 15991.

Fünftes Capitel.

Simon von Paderborn.

Ein besonderes Blatt beanspruchen die westfälischen Verhältnisse; leider sind wir hier, wie überhaupt bei Schilderung der landesfürstlichen Wirksamkeit Konrad's, fast ausschliesslich auf Urkunden angewiesen, welche aber durch ihre lebendige, wenn auch einseitige Darstellung den Mangel sonstiger Berichte einigermassen vergessen lassen. Dass die grosse Fehde mit Brabant und Limburg-Berg (1239 und 1240) auch Westfalen nicht unberührt liess, versteht sich bei den vielen Fäden, welche das ost- und westrheinische Land verbinden, eigentlich von selbst. Dort waren die Kriegswirren seit der Ermordung Engelbert's des Heiligen überhaupt noch nicht zur Ruhe gekommen, und noch immer kämpfte Dietrich von Limburg, der Sohn des Isenburger Mörders, der Neffe des Herzogs Heinrich von Limburg, um das väterliche Erbe [1]). Wiederholt erhielt Konrad in jenen wilden Jahren Zuzug aus Westfalen [2]), auch von dem Isenburger Engelbert, dem Bruder des Mörders, welcher 1239 zum zweiten Mal den nach Engelbert's des Heiligen Tod verlorenen Bischofsstuhl von Osnabrück erhalten hatte. Nach dem Frieden von 1240 dürfte auch in Westfalen grössere Ruhe eingetreten sein, aber als sich neue Differenzen zwischen Köln und dem Herzog von Limburg erheben, finden wir einen Theil des westfälischen Adels auf des Letztern Seite. 1243 November 2 (R 99) mussten sich Graf Gotfrid von Arnsberg und Graf Adolf von der Mark, früher Köln's Bundesgenosse in den Isenburgischen Fehden [3]), des Erzbischofs Gnade unterwerfen und Genugthuung nach dem Ausspruch von Schiedsrichtern versprechen. Mit dem Arnsberger war Konrad schon im ersten Jahre seines Pontificates zusammengestossen, und nur durch demüthigende Bedingungen — u. a. muste er geloben, mit 300 Rittern dem Erzbischof in seiner Pfalz zu Köln einen Fussfall zu thun — hatte der Graf den Frieden erkauft (R 24). Es handelte sich damals hauptsächlich um seine vogteilichen Gerechtsame zu Soest, Menden und über zwei Güter des Klosters Grafschaft, Sümmern und Eisborn. Die beiden letztgenannten Vogteien wurden ihm 1255 (R 385) nochmals von Konrad ausdrücklich zugesprochen, vielleicht in Anerkennung der grossen Dienste, welche er kurz vorher gegen Simon von Paderborn geleistet hatte. Es ist überhaupt nicht bekannt, dass er nach der Sühne von 1243 noch einmal mit Köln in Fehde gelegen habe, wenn es auch nicht unmöglich ist, dass er bei den schweren westfälischen

---

[1]) Ueber diese verwickelten Verhältnisse vgl. besonders Ficker, Engelbert 188 ff.
[2]) Vgl. oben 9 ff. — [3]) Ficker a. a. O. 195.

Unruhen des folgenden Jahres betheiligt war. „Zu dieser Zeit," berichtet eine zeitgenössische Chronik, [1]) „säuberte der Erzbischof ganz Westfalen von Räubern und Verbrechern, mit Richterspruch vorgehend. Desshalb entstand in Herford Streit zwischen den Stadtleuten und des Erzbischofs Begleitern, und in wüthendem Anprall stürzten die ergrimmten Städter auf ihn ein. Da jedoch ein vornehmer und kluger Mann sich in's Mittel legte, so wurde der rasende Aufruhr gestillt. Die Bürger waren reuig über diese Ungebühr, noch mehr aber fürchteten sie ihn, und bittend kamen sie, unterwarfen sich völlig seiner Gnade und erhielten Verzeihung. Im selben Sommer sammelte der Erzbischof ein Heer gegen einige Grafen und Tyrannen Westfalens, welche die Stadt Werl eingenommen hatten, belagerte das neue Schloss Isenburg bei Essen und erhielt es übergeben. Später überliess er dasselbe dem Grafen von Sayn, nachdem er die erwähnten Grafen und Tyrannen überwältigt hatte." Mit ziemlicher Bestimmtheit ist zu diesen ungenannten Gegnern Engelbert von Osnabrück zu zählen; denn 1245 Jan. 8 fordert Papst Innocenz [2]) den Erzbischof auf, er solle den Bischof zur Verantwortung zu ihm schicken, weil er der Sache der Kirche den Rücken gewendet, das Gebiet der Kirche von Köln angegriffen und verwüstet und auf demselben eine Burg für seinen Neffen Dietrich (von Limburg), den Sohn des Grafen Friedrich von Isenburg, errichtet habe [3]). Erst Anfang 1248 scheinen diese Streitigkeiten endgültig geschlichtet worden zu sein. Damals vertrug sich Konrad endlich mit Dietrich [4]), der nur kümmerliche Reste aus der Hinterlassenschaft seines unseligen Vaters rettete [5]), und schloss mit Engelbert von Osnabrück ein Bündniss zu gegenseitiger Hülfe zwischen Rhein und Weser (R 191).

In dieselbe Zeit fällt auch der erste Zusammenstoss mit dem gefährlichsten Gegner, welchen Konrad jemals in Westfalen gefunden hat. 1247, im gleichen Jahre, in welchem sein Bruder Otto den bischöflichen Stuhl zu Münster bestieg, war Simon, der Bruder des Herrn Bernhard von der Lippe und Neffe des Erzbischofs Gerhard von Bremen, ein schon früher in weltlichen Händeln vielgenannter Mann, Bischof zu Paderborn geworden [6]), als Nachfolger seines Oheims Bernhard IV. Im Herbst nahm er mit Konrad an der Wahl Wilhelm's von Holland Theil, aber noch kein Jahr war seit seiner Erhebung verflossen, als er von Konrad zu einem nachtheiligen Frieden gezwungen wurde. Als Inhaber des westfälischen Herzogthums, zu welchem die Paderborner Diöcese gehörte, machte Konrad das Recht geltend, die Anlage von Befestigungen zu gestatten oder zu verweigern, wie er es auch im linksrheinischen Herzogthum that. Als Simon ohne Genehmigung die Orte Vilsen

---

[1]) Annal. v. St. Pantal. 539.
[2]) Gütige Mittheilung von Prof. Ficker aus der Sammlung der Monumenta Germaniae.
[3]) Wahrscheinlich ist die neue Isenburg gemeint.
[4]) Vgl. oben 67.
[5]) Dem Grafen von der Mark musste er 1243 schwere Opfer bringen. Lac. 2, 168 Note.
[6]) Vgl. über ihn Schaten, Annal. Paderborn. (Ausgabe von 1775) 2, 39 ff.

und Salzkotten mit festen Werken versah, griff Konrad, diesmal vom Grafen von Jülich unterstützt [1]), zur Gewalt. Im Lager vor Salzkotten wurde 1248 April 6 (R 193) die Sühne geschlossen. Simon willigte in die Zerstörung der Werke von Salzkotten und leistete das Versprechen, niemals mehr ohne des Erzbischofs Erlaubniss auf herzoglich-westfälischem Boden Befestigungen zu errichten, falls er nicht mit dem Abt von Corvey und andern westfälischen Edelen auf dem herzoglichen Bottling ein anderes Urtheil erwirken könne. Dagegen gestattete ihm Konrad, die Befestigung von Vilsen beizubehalten. Für die Erfüllung des Vertrages musste Simon fünfundzwanzig Bürgen stellen.

Es begreift sich leicht, dass der Kampf um die Befugnisse der herzoglichen Gewalt Köln's im Paderborner Bisthum von neuem losbrach, als Konrad im Jahre 1254, mit König Wilhelm zerfallen, von Wilhelm von Jülich bedroht, am Rande einer Katastrophe zu stehen schien. Aber einmüthig stand gegen die Lippe'schen Brüder der westfälische Adel zusammen, darunter auch alte Gegner Konrad's, wie die Grafen von Mark und Arnsberg und Dietrich von Limburg, und in der Schlacht bei Dortmund, wahrscheinlich im October 1254, fiel Bischof Simon in die Hände seiner Feinde [2]). Ueber Veranlassung und Verlauf dieser Kämpfe besitzen wir nur einseitige, im Kölnischen Interesse gefärbte Berichte. Gegen sein (im Vertrage von 1248 gegebenes) Versprechen, so schrieben zu Anfang des nächsten Jahres [3]) die Grafen von Arnsberg, Mark und Altena, die Edelherren von Limburg, Büren, Billstein, der westfälische Marschall Albert von Störmede und ihre Kampfgenossen an den Papst, habe Simon Salzkotten wieder aufgebaut, „um neue Räubereien gleichwie früher auszuüben". Vergebens habe man seine Bürgen zum vertragsmässigen Einlager (nach Soest) gefordert, vergebens von Tag zu Tag Besserung erwartet: „Nicht zufrieden mit den verübten Bosheiten, verband sich der Bischof mit dem Grafen von Jülich und andern Feinden der Kölnischen Kirche und drang mit grossem Heer im vorigen Sommer in unser Land ein, welches er allerwärts mit Brand und Raub verwüstete. Da haben wir, uns und unser Eigenthum zu vertheidigen, gegen ihn uns gerüstet und ihn, da er in der Schlachtreihe wüthend gegen uns focht, gewappnet gefangen; dies wusste der Erzbischof (von Köln) durchaus nicht, welcher fern jenseits des Rheines weilte. Unser Gefangener ist dieser Mann, und um Ersatz unseres Schadens zu erlangen, werden wir ihn gefangen halten und nicht freigeben ohne vorherige Genugthuung, selbst dann nicht, wenn der Herr Erzbischof seine Freilassung von uns fordern sollte." Später ist Simon sogar selbst gezwungen worden, den Hergang urkundlich in gleicher Weise zu erzählen und die Treue dieser Darstellung von dem Paderborner Capitel und seinem Bruder, dem Bischof von Münster, bescheinigen zu lassen. „Als sich," so heisst es in diesem seltsamen Actenstück, „der Erzbischof rüstete gegen den Grafen von Jülich, da sammelten sich ohne sein Wissen und Zuthun

---

[1]) Vgl. Lac. 2, 199 — [2]) Vgl. oben 39. — [3]) Seibertz, Urkundenb. 1, 349.

seine Leute auf dieser Seite des Rheines plötzlich zum Kampf und fingen uns und führten uns auf eine Burg, ohne dass der Erzbischof selbst es wusste. Als dieser aber von unserer Gefangenschaft Kunde erhielt, da fürchtete er, seine Leute möchten uns zu hart behandeln oder gar auf unsern Tod sinnen, und er erwirkte durch Geld und gute Worte, dass wir auf eine andere Burg geführt wurden. Dort übergaben sie uns seinen Freunden und Verwandten, die uns gar gütig behandelten. Wir bezeugen, dass der Erzbischof keine Schuld trägt an unserer Gefangennehmung und Festhaltung, sondern dass er gütig und väterlich, als hätten wir niemals ihm oder den Seinigen Schaden gethan, uns zum ersehnten Frieden aufgenommen hat."

Natürlicher Weise wurde diese idyllische Auffassung des zwischen dem Sieger und dem Besiegten bestehenden Verhältnisses nicht allerwärts getheilt, und es fehlte Simon nicht an einflussreicher Verwendung. So weit wir sehen, ohne jeden Erfolg. Die Einmischung König Wilhelm's und des päpstlichen Legaten führte zu der schmachvollen Scene von Neuss [1]); ob Innocenz IV., der im December 1254 starb, noch Schritte für den Gefangenen gethan hat, ist nicht bekannt, und sein Nachfolger Alexander IV. scheint sehr behutsam vorgegangen zu sein, obwohl der famose Bericht der westfälischen Edeln ihm bedenklich genug vorgekommen sein mag. Am 7. October 1255 beauftragte er den Cantor der Kirche von Osnabrück [2]), er möge mit Kirchenstrafen gegen diejenigen einschreiten, welche sich an den Gütern Simon's und seiner Kirche vergriffen: von Simon's Gefangenschaft, von Erzbischof Konrad kein Wort. Wenn Papst Alexander schon in der Hauptsache eingeschritten war oder später kräftigere Massregeln ergriff, so hat sich Konrad dadurch keinesfalls abhalten lassen, den besiegten Gegner auf's tiefste zu demüthigen. Gegen Anfang Mai 1256 schlug für diesen die Stunde der Befreiung, aber die Prälaten und Edeln von Paderborn mussten dem Erzbischof Ueberlieferung der Schlösser Iburg und Vilsen versprechen, falls Simon nicht bis zum 5. Juni entweder einen Friedensvertrag abschliesse oder in die Haft zurückkehre. Erst im August ist der Friede zu Stande gekommen. Nachdem die Städte Paderborn und Warburg sowie der Graf von Ziegenhain sich urkundlich verpflichtet hatten, dem Bischof bei Verletzung des Friedens keine Hülfe zu leisten, traten die Parteien zu Essen auf einem stark besuchten Herrentage zusammen. Ein vorläufiger Vertrag vom 20. August bestimmte, dass die Städte Salzkotten und Geseke gemeinsames Eigenthum von Köln und Paderborn sein, im Falle eines Angriffs des Bischofs von Paderborn gegen das Kölner Stift ohne Weiteres an das letztere fallen sollten. Im definitiven Vertrag vom 24. August bequemte sich Simon zu weitern Zugeständnissen: Vilsen solle zerstört, niemals mehr im westfälischen Herzogthum ohne Erlaub-

---

[1]) Vgl. oben 40.
[2]) Potthast 16040. Um dieselbe Zeit wird ein Ablass-Privileg an Bischof und Capitel zu Paderborn gerichtet. Potthast 16060.

niss des Erzbischofs eine Befestigung errichtet werden; bezüglich des Stiftes Essen, des Hochgerichts zu Erwitte und der Stadt Brilon solle der Erzbischof dieselben Rechte ausüben wie seine Vorgänger; niemals versprach Simon weiter, wolle er gegen Köln Gewalt brauchen, sondern, falls er sich beschwert fühle, vor dem Erzbischof Recht suchen; niemals auch einem Gegner des Erzbischofs Beistand leisten, nur wurde unter einer Wolke von Clauseln der Fall vorgesehen, dass der Erzbischof ungerechter Weise die Stifter Paderborn und Münster, Herrn Bernhard von Lippe und den Grafen Konrad von Rietberg nebst ihren Söhnen angreife. In jeder möglichen Weise wurde diese Mediatisirung Paderborn's verclausulirt und mit allen erdenklichen Garantien umgeben. Namentlich unterliess Konrad nichts, um sich gegen den Papst zu decken. Auch für diesen wurde ein Exemplar der oben erwähnten unwürdigen Urkunde ausgefertigt, in welcher Simon seine Schuld bekannte und die „väterliche" Milde des Siegers pries.

Nun hat allerdings der h. Stuhl die August-Verträge nicht unangefochten gelassen. Am 16. März 1257 erklärte Alexander IV. unter heftigen Ausdrücken gegen Konrad die sämmtlichen Verträge als nichtig [1]); er bildete eine Commission, um die kölnischen Ansprüche auf Brilon zu untersuchen [2]), und am 30. Mai erhielt Simon auf vorhergehendes Ersuchen sogar die Erlaubniss, auf dem Gebiete seiner Kirche nach Belieben Befestigungen anzulegen [3]). Eine andere Frage aber ist, ob er nicht vorgezogen hat, vorläufig von dieser Ermächtigung keinen Gebrauch zu machen. Die Befestigung von Warburg (1260) wird man nicht ohne Weiteres als Verletzung der herzoglichen Befugnisse betrachten dürfen, da die Zustimmung des Erzbischofs zwar nicht erwähnt wird, aber auch nicht ausgeschlossen erscheint [4]). Das Bündniss, welches Simon gerade ein Jahr nach seiner Demüthigung [5]) mit dem Herzog Albert von Braunschweig abschloss, mag gegen Konrad gerichtet gewesen sein, aber wir hören nicht, dass es praktisch geworden wäre. Eine Anfang 1258 ausgestellte Urkunde [6]) lässt kaum an ein Verhältniss offener Feindseligkeit zwischen Köln und Paderborn denken, und der grosse Vertrag, welchen Konrad 1260 Mai 30 (R 504) mit dem Herzog Albert abschloss, lässt ein vorhergehendes ernstliches Zerwürfniss in keiner Weise vermuthen. Kein Anzeichen spricht dafür, dass zu Konrad's Lebzeiten die Abmachungen von 1256 zerrissen worden wären, und erst nach Jahrzehnten ist der Streit über Salzkotten und Geseke dahin ausgetragen worden, dass unter Wegfall des Gemeinbesitzes dieses an Köln und jenes an Paderborn fiel. Bei der Dürftigkeit des Materials ist es schwer, sichere Schlüsse zu ziehen, aber aller Wahrscheinlichkeit nach hat Konrad's Pontificat in Westfalen wie am Rhein mit einem vollständigen Triumph abgeschlossen.

---

[1]) Potthast 16784. — [2]) Ebend. 16799. — [3]) Ebend. 16854.
[4]) Schaten, Annal. Paderb. 2, 73.
[5]) Schaten 2, 68, wo doch wohl durch Druckfehler 1252 steht.
[6]) Fahne, Urkundenb. des Geschl. Meschede 19.

Sechstes Capitel.

Hof und Verwaltung.

Es ist ein weiter Weg vom 13. Jahrhundert bis zu der ausgebildeten ständischen Verfassung des Erzstiftes Köln, und eine so kraftvolle und selbstbewusste Persönlichkeit wie Konrad hat gewiss ein im Wesentlichen persönliches Regiment geführt, aber die Antheilnahme der geistlichen und weltlichen Aristokratie tritt doch bei zahlreichen Gelegenheiten zu Tage, und überall ist die Befugniss des Fürsten durch verbriefte Rechte beschränkt. Den ersten Platz in der Umgebung des Erzbischofs nehmen die Prioren ein; zu ihnen gehören auch die Mitglieder des Kölner Domcapitels [1]), obwohl in den Urkunden häufig Capitel und Prioren neben einander genannt werden. Das wichtigste Recht der Prioren ist die Wahl des Erzbischofs [2]). Zuerst werden sie als Wähler bei der Wahl von 1156 genannt [3]), und bei der Wahl Sifrit's von Westerburg (1274) wird als Neuerung hervorgehoben [4]), dieselbe sei vorgenommen worden „einzig von den Domherren, unter Ausschliessung der übrigen Prioren, nämlich der Pröpste, Aebte und Dechanten". Dazu stimmen die Prioren-Verzeichnisse der Urkunden, nur ist zu bemerken: Aebte und Dechanten können nur Prioren sein, wenn sie in Köln selbst wohnen, unter den Pröpsten des Collegiums dagegen befinden sich auch einige auswärtige Prälaten. Zu den Prioren sind mit Sicherheit zu rechnen [5]): das ganze Domcapitel, die Pröpste und Dechanten der städtischen Stifter, also von St. Gereon, St. Andreas, St. Cunibert, St. Aposteln, St. Maria ad gradus, St. Severin und St. Georg, die beiden Benedictiner-Aebte von St. Martin und St. Pantaleon, die Pröpste von Bonn, Xanten und Kerpen [6]), höchst wahrscheinlich auch der Propst von Soest [7]).

---

[1]) Vgl. über dieses Hüffer, Forschungen auf dem Gebiete des französischen und des rheinischen Kirchenrechts, besonders 286 ff.

[2]) Vgl. Hüffer 305. — [3]) Mon. Germ. SS. 24, 342. — [4]) Ebend. 363.

[5]) Im Allgemeinen verweise ich auf die Urk. Engelbert's I. (Lac. 2, 31), Konrad's (ebend. 148 258) und Engelbert's II. (ebend. 302).

[6]) Die drei letzteren erscheinen als Prioren in der Urk. bei Lac. 2, 31.

[7]) Dies ist schon deshalb anzunehmen, weil er mit den Pröpsten vom Dom, von Bonn und Xanten zu den archidiaconi maiores der Kölner Kirche zählte. Ausdrücklich wird ein Soester Propst als Prior genannt in Urk. Lac. 2, 302, doch könnte man sagen, er sei als solcher nur in seiner Eigenschaft als Domcustos aufgeführt. Bestimmte Beweise über die Zugehörigkeit sonstiger ausserstädtischer Pröpste zum Prioren-Collegium finde ich nicht. Beachtenswerth ist das Protokoll über eine Sitzung im Kölner Capitel bei Lac. 4, 802: per sententiam priorum (später praelatorum) Coloniensium tunc apud Coloniam existentium. Als Vermittler werden dann an erster Stelle die Pröpste von St. Cunibert, Soest und Münstereifel genannt.

Eine lange Reihe von Urkunden Konrad's ist mit Zustimmung oder Beirath, unter Vermittelung, Bestätigung oder Besiegelung der Prioren oder des unter diesen einbegriffenen Domcapitels ausgestellt, und zwar finden wir diese geistlichen Würdenträger unterschiedlos bei Acten geistlichen wie weltlichen Charakters betheiligt. Einmal lässt Konrad sogar seine eigene Urkunde unter Zustimmung des Capitels neu ausfertigen, damit nicht aus dem Fehlen der Zustimmung in der ersten Ausfertigung ein Zweifel entstehen könne (R. 208). Regelmässig stehen die Prioren in den Zeugen-Verzeichnissen an erster Stelle, und auch in den Chroniken erscheinen sie in höchst einflussreicher Rolle. „Zum Schmerz der Prioren" lässt Konrad die Festungswerke von Deutz zerstören [1]); sie sind es, welche bei König Konrad mit den Edeln und Grossen des Landes Fürsprache für den gefangenen Erzbischof einlegen und die Beschlagnahme der Stiftseinkünfte verhindern [2]); sie treten mit Konrad und dem päpstlichen Legaten für den Erzbischof Arnold von Trier ein, um ihn mit König Wilhelm auszusöhnen [3]). In dem grossen Schiedsspruch von 1258 beschwert sich der Erzbischof, die Kölner Stadtobrigkeit lege neue Steuern auf, ohne ihn oder die Prioren zu fragen [4]).

Ein wichtiges Amt versah der erzbischöfliche Kepler oder Kanzler, welcher nach einer Bestimmung von 1219 stets aus den Mitgliedern des Domcapitels genommen werden musste [5]). Dies war auch der Fall bei Konrad von Molenark, der aber 1255 vom Erzbischof gebannt wurde, weil er seinen eigenen Bruder von der Burg Molenark (heute Mülenark) vertrieben hatte [6]). Später finden wir im Besitz dieses Amtes den Propst Werner von St. Gereon, einen Verwandten des Erzbischofs [7]). Die eigentlichen Kanzleigeschäfte besorgte ein Notar [8]).

Nur vereinzelt wird neben dem Prälatenstand auch die niedere Geistlichkeit in Urkunden finanziellen Charakters als betheiligt erwähnt, so im Mai 1244, wo Prioren und Klerus der Stadt und Diöcese dem Erzbischof eine Steuer bewilligen (R 109), und in der besonders wichtigen Urkunde 1250 Mai 1 über die Sayn'schen Erwerbungen (R 275).

Niemals allein, sondern nur neben den Prioren und weniger oft, wird der weltliche Adel, die Getreuen und Ministerialen, als rathgebend, vermittelnd oder zustimmend aufgeführt. Kein einziges Mal erscheinen sie in solcher Rolle bei eigentlich geistlichen Angelegenheiten, man müsste denn dahin rechnen, dass der Erzbischof auf ihre Fürbitte die Kölner Schöffen vom Banne löst (R 239). Nur einmal begegnen in der erwähnten Eigenschaft Mitglieder des Grafenstandes: die Grafen von Sayn, Jülich und Hostaden (R 107) — um so häufiger Grafen und selbst Herzoge als Zeugen — sonst nur Edel-

---

[1]) Annalen v. St. Pantaleon 537. — [2]) Ebend. — [3]) Vgl. oben 37.
[4]) Punkt 22 der erzbischöflichen Beschwerden. Lac. 2, 245. — [5]) Lac. 2, 44.
[6]) Lac. 2, 221. — [7]) Vgl. über ihn Chroniken der Stadt Köln 1, 209.
[8]) Ueber Konrad's Notare und Kanzlei vgl. unten 4. Theil 3. Cap.

herren, Ritter und Stifsbeamte. Letztere sind nebst Mitgliedern des Prälatenstandes die gewöhnlichen Begleiter des Erzbischofs. Zunächst die Inhaber der Hofämter: die rheinischen Marschälle Goswin und Hermann von Alfter, die Schenken Hermann Fleck und Franco, die Truchsessen Dietrich von Münchhausen und Gerhard von Bernsau, die Kämmerer Gotfrid, Hermann von Bornheim und Ulrich Buch; der Küchenmeister Gerhard von Straburg, der Brodmeister Hermann von Forst [1]). Weiter die westfälischen Marschälle Albert von Störmede (R 373), Heinrich von Volmarstein (R 191), Hunold (R 504), Arnold (R 287) und Gotfrid (R 122); Heinrich von Arberg, der Burggraf zu Köln, und Gerhard sein Sohn, der Kölner Edelvogt Gerhard, Peter von Kranich, Zöllner zu Köln [2]), die Burggrafen Heinrich von Rheineck (R 158) und Gotfrid von Drachenfels (R 476), Hermann Schenk von Altenahr (R 370), die Schenken und Truchsessen von Hostaden, die Schultheissen von Andernach, Lechenich, Neuss und Soest. Häufig werden ferner genannt die Herren Friedrich von Schleiden (R 156. 224. 236. 304. 334. 385. 405. 479), Walter von Braunshorn (R 50. 69. 85. 90. 100. 107), Heinrich von Vittinghoff (R 61. 191. 326. 385. 405. 504), wiederholt auch Lothar (R 148. 174. 326) und Otto (R 334. 370. 405) von Wickrath, Dietrich von Milendonk (R 107. 304. 479), Gotfrid von Meschede (R 122. 370. 385), in spätern Jahren auch Gerhard von Landskron (R 488. 504), der so lange die Fahne der Staufer an der untern Ahr aufrecht erhalten hatte. Das waren die ritterlichen Männer, auf deren Rath der Erzbischof hörte, deren Arm seine Fehden ausfocht, und unter ihnen werden wir auch „die Amtleute und den Rath" zu suchen haben, welche neben den Prioren während seiner Romreise 1239 die Verwaltung des Erzstifts führten [3]). Verhältnissmässig oft stossen wir auf sie in Urkunden über städtische Verhältnisse. Privilegien für die Münzerhausgenossen werden in Gegenwart der Prioren, Edeln, Ministerialen und Bürger von Köln ausgestellt; sie sind anwesend, als die Hausgenossen ihrer Privilegien verlustig erklärt werden; Prioren und Getreue in grosser Zahl bilden das Gericht, auf dessen Spruch hin der Erzbischof die Schöffen zu Köln ihres Amtes entsetzt (R 475); mit Zustimmung der Prioren und Getreuen erlässt er die städtischen Statuten vom Mai 1259 (R 478), und zahlreich erscheinen sie als Zeugen der Urkunde, in welcher Konrad über die Häuser der vertriebenen Bürger verfügt (R 514).

Wenn die stürmische und nicht immer glückliche Regierung Konrad's mit dem vollständigen Siege über seine hartnäckigsten Gegner endete, so hat er dies grossentheils der kräftigen Unterstützung der geistlichen und weltlichen Stiftsaristokratie zu verdanken gehabt. Die häufige Erwähnung dieser Kreise lässt vermuthen, dass ihr Einfluss ein nicht unerheblicher war, aber

---

[1]) Vgl. R. 61. 84. 85. 90. 100. 107. 122. 326 u. s. w.
[2]) Vgl. R. 69. 174. 305. 326. 327. 479. 491. u. s. w.
[3]) Lac. 2, 123.

nie sind die Herren dem Herrscher über den Kopf gewachsen. Seine Kämpfe galten der Reichsgewalt, den Nachbarfürsten und den grossen Vasallen, aber auf seine Prälaten und Ritter konnte er sich verlassen, und namentlich über die grosse Krisis seiner Gefangenschaft (1242) hat ihre Treue ihm hinübergeholfen. Als er später in bedrohlicher Zeit zu financiellen Mitteln bedenklicher Natur seine Zuflucht nahm, scheint er beim Domcapitel auf längern Widerstand gestossen zu sein [1]), aber zu einer Auflehnung der Capitulare wie unter seinem Vorgänger Heinrich kam es nicht, und Empörungen wie die des Keplers Konrad von Molenark [2]) gehören zu den Seltenheiten.

Die Finanzen seines Stifts hat Konrad in trostlosem Zustande überkommen, aber auch, so weit wir sehen können, gründlich in Ordnung gebracht. In seinen ersten Jahren, wo eine Fehde die andere schlug und der Jülicher Krieg mit einer tiefen Demüthigung und drückenden pecuniären Verpflichtungen für den Erzbischof endete, konnte von einer dauernden Besserung keine Rede sein, wohl aber griff er zu mehrern aussergewöhnlichen Mitteln. Schon 1239 Mai 18 [3]) gestattete Papst Gregor dem persönlich bei ihm erschienenen Erzbischof, zur Erleichterung der Schuldenlast seiner Kirche 8000 Mark von allen kirchlichen Einkünften seiner Diöcese auf sechs Jahre zu erheben. Als wegen Schulden seines Vorgängers von delegirten päpstlichen Richtern über ihn der Bann verhängt wurde, ertheilte 1244 Januar 28 Papst Innocenz [4]) dem Erzbischof von Mainz Vollmacht, Konrad von der Excommunication zu befreien; bis zur gänzlichen Abzahlung seiner Schulden solle er seinen Gläubigern jährlich 1000 Mark abtragen. Im Mai 1244 schritt er zu einer grossartigen Besteuerung des gesammten Klerus in Stadt und Diöcese. Von allen Pfründen erhielt er den Zehnten für das laufende, den Zwanzigsten für das folgende Jahr, wogegen er den Inhabern ein Gnadenjahr bewilligte, d. h. die Befugniss, über die Pfründeneinkünfte für das erste auf ihren Tod folgende Jahr zu verfügen (R 109). Im September 1246 folgte dann das wichtige päpstliche Privilegium, Erzbischof, Capitel und Geistlichkeit „sollten nicht zu Abtragung irgend welcher Schulden der Kölner Kirche verbunden sein, wenn nicht in gesetzmässiger Weise (legitime) bewiesen und erzeigt sei, dass die betr. Darlehen zum Nutzen der Kirche verwendet wurden," sowie ein weiterer Gunstbrief über entfremdete geistliche Güter [5]). Als Konrad von Mathilde von Sayn Schloss Waldenburg und sonstige Besitzungen erwarb, brachte er die Kaufsumme durch eine Kirchensteuer auf. Er versprach damals (R 188), keine weitern Anforderungen zu stellen, aber auch den grossen Kauf der Grafschaft Wied hat er wieder mit geistlichem Gelde bewerkstelligt [6]).

---

[1]) Vgl. unten 85. — [2]) Vgl. oben 81.
[3]) Freundliche Mittheilung von Prof. Ficker aus den Sammlungen der Monum. Germaniae.
[4]) Mittheilung von Ficker aus d. Samml. d. Mon. Germ.
[5]) Annalen Doppelheft 21 u. 22, 282. 285. — [6]) Annalen von St. Pantal. 546.

Eine andere ausserordentliche Einnahmequelle fand er in seinem Verhältniss zur Stadt Köln. Schon bei seinem ersten Zerwürfniss mit den Bürgern liess er sich durch eine Geldsumme zur Versöhnung stimmen, auch den Abbruch der Deutzer Burg liess er sich von den Städtern bezahlen, und der Umsturz des Geschlechterregiments hat ihm vielleicht noch mehr eingetragen als Häuser und Mühlen der geächteten Bürger. Auf welchen Widerstand seine Legationssteuer stiess, wurde bereits erzählt. „Mehrere ungerechte Zölle und Wegegelder hat er allerwärts zu Wasser und zu Lande eingeführt", meldet ein ihm allerdings sehr feindselig gesinnter Chronist [1]), dessen Bericht aber auch von anderer Seite Bestätigung erfährt. „Ich weiss es," sagt ein zweiter [2]), „wie bei Beginn des Königs Wilhelm alle neuen Zölle abgeschworen wurden; ich sah, wie die drei Königsmacher (cesaris artifices) von Mainz, Köln und Trier, wie Magnaten und Vornehme einander den Raub abschworen; aber rasch ward der Eid vergessen." Aus den weitern schwer verständlichen Worten scheint hervorzugehen, dass der päpstliche Legat Hugo die drei rheinischen Erzbischöfe excommunicirt und erst auf ihr Versprechen der Besserung losgesprochen habe, und in der That ist für Gerhard von Mainz die Verhängung des Bannes „wegen Erpressung neuer Zölle" ausdrücklich bezeugt [3]). Im Kölner Schiedsspruch von 1252 (R 318) sagt der Legat Hugo mit dürren Worten: „Wir verordnen auch, dass alle Zölle zu Neuss oder anderswo, wo immer der Herr Erzbischof ungerechter Weise und entgegen den Privilegien der Kölner Bürger Zoll nimmt oder genommen hat oder in Zukunft nehmen könnte, abgeschafft sein sollen." Zwar schloss sich Konrad sofort dem rheinischen Bunde von 1254 an, der seine Entstehung im innersten Grunde dem Widerstand gegen die Zollplackereien und das mit ihnen in Verbindung stehende Raubwesen verdankte; aber schon im Januar 1255 (R 376) spricht er selbst von der Möglichkeit, es könne, wie schon mehrmals, die Errichtung neuer Zölle nothwendig werden. 1258 klagen die Kölner Bürger wieder, der Erzbischof lasse ungerechte Zölle erheben, und die geistlichen Schiedsrichter begnügen sich mit der Erklärung, das dürfe der Erzbischof nicht thun (R 457).

Nimmt man alle diese Momente zusammen, erinnert man sich ferner, dass Konrad an den päpstlichen Subsidien für Heinrich Raspe theilnahm [4]) und sich für die Wahl Richard's gut bezahlen liess, so versteht man, wie er Ausgaben bestreiten konnte, für welche die ordnungsmässigen Stiftseinkünfte gewiss nicht ausreichten, ohne dass man alle die schlimmen Dinge zu glauben braucht, welche die Bürger von Köln über seine Habsucht vorbrachten. Zudem hat er gute Wirthschaft geführt. Die sonst so beliebte

---

[1]) Mon. Germ. SS. 24, 353.
[2]) Kölner Reimchronik bei Waitz, Chronica regia Col. 312.
[3]) Gudenus, codex diplom. Mogunt. 1, 636.
[4]) Nach einer Verrechnung des Domcantors Hugo zu Erfurt erhält Konrad einmal von 19,300 Mark 3740. Knochenhauer-Menzel, Gesch. Thüringens 362.

mittelalterliche Praxis, für die Bedürfnisse des Augenblicks durch umfassende Verpfändungen Mittel zu suchen und dadurch dauernde Verlegenheiten zu schaffen, war nicht nach seinem Geschmack. Wenn er 1239 December 7 an den Grafen von Sayn die Höfe Zeltingen und Rachtig für 1000 Mark verpfändet (R 42), so findet dies in der Noth des grossen Krieges seine Erklärung. Später gibt er wiederholt Anweisungen auf bestimmte Erträge, gewöhnlich als zehnprocentige Zinsen bis zu Zahlung des entsprechenden Capitals, behufs Erwerbung von Lehen [1]), aber erst 1255, wo seine Lage trotz der Siege des vorhergehenden Jahres noch immer eine sehr bedrohte war, entschloss er sich wieder zu Verpfändungen von mässigem Umfang. Dem Truchsess Arnold von Hostaden überliess er seine Güter zu Ingenfeld (R 386), den Brüdern von Pyrmont die gerade erworbene Hälfte des Städchens Lütte als Pfand für je 200 Mark (R 396); die Güter zu Rhense erhielt, gegen Erlegung der auf dieselben angewiesenen 530 Mark, Friedrich von Schonenburg (R 394); eine Forderung Dietrich's von Milendunk von 1000 Mark wurde Anfang 1256 durch eine Anweisung auf den Neusser Zoll abgefunden (R 404). Es handelte sich hier um einen aussergewöhnlichen Nothstand; gerade zu dieser Zeit und nur zu dieser erklärt das Kölner Domcapitel in derartigen Urkunden ausdrücklich, es wolle sich zu nichts verpflichten (R 386. 394. 404). Einmal findet sich eine solche Clausel sogar in einer Urkunde, durch welche Konrad lediglich seine Zustimmung zu einem Kaufvertrage ertheilt (R 427). Bereits Anfang 1256 haben übrigens diese Verpfändungen ihr Ende erreicht. Später (R 469) hat der Erzbischof nur noch einmal einen Rottzehnten vergeben, wobei er sich die Einlösung mit dem kleinen Betrage von 60 Mark vorbehielt. Gegen Ende seines Pontificates wird noch eine Schuld bei einem Pariser Bürger erwähnt (R 515).

Konrad war nichts weniger als ein Verschwender, und auch seine Freigebigkeit hat Niemand gerühmt. Er hat weder Prunkschlösser errichtet, noch in grossartiger Weise Kirchen und Klöster gebaut oder beschenkt, aber ebenso wenig todte Schätze gesammelt. Lehnsleute hat er geworben, Burgen und Dörfer gekauft, und keine Kosten gescheut, um das von Feinden umringte Erzstift wehrhafter zu machen. Auf den Bau des Schlosses zu Aspel verwendete er 500 Mark (R 100), in Westfalen wurden durch Konrad's Marschall Arnold von Hostaden die Städtchen Hallenberg und Winterberg gegründet [2]), erhielt Schmalenberg Befestigung (R 122); Bonn, noch im brabantischen Krieg als offener Ort auf's schwerste heimgesucht, bekam Gräben und Mauern (R 107), und die Bürger errichteten hölzerne Brustwehren

---

[1]) Eine Ausnahme bildet die Urk. von 1243 (R 100), welche für aufgewendete Baukosten einen Antheil am Neusser Zoll verleiht.

[2]) Nach dem „Bestand des Marschall-Amts in Westfalen" bei Seibertz, Urkundenb. 1, 608. 609.

über dem Graben und steinerne Thore [1]). Die Befestigung von Andernach wurde bedeutend verstärkt, Godesberg erhielt ausser sonstigen Werken einen starken Thurm, das alte Stammschloss des Hostaden'schen Grafenhauses wurde geschleift und in kurzer Entfernung von demselben das neue Schloss Hostaden errichtet [2]). Am nördlichen Thore von Neuss baute er eine neue Befestigung [3]), musste sich aber später verstehen, den Neussern den Abbruch derselben zu gestatten und das Versprechen geben, weder er noch seine Nachfolger würden innerhalb der Stadt und ihres Burgbannes ohne der Bürger Willen eine Befestigung herstellen (R 376). Damals wurde auch den Neussern erlaubt, nach Möglichkeit die Insel zwischen Rhein und Erft zu entfernen, deren Vergrösserung den Stromlauf von der Stadt abzudrängen drohte. Auch Dorsten wurde befestigt, jedoch erhielt der Graf von Cleve die Zusicherung, im Falle einer Fehde zwischen Köln und Cleve solle die Stadt neutral bleiben (R 298).

Mit der Befestigung war in mehrern Fällen die Ertheilung des Stadtrechts verbunden, so in Bonn und Dorsten. In Andernach erhielten die Schöffen bei persönlicher Steuerfreiheit das Recht, die Steuern umzulegen (R 400). 1259 bekam Neuss, dessen Freiheiten früher das Vorbild eines Privilegienbriefes für Rees abgegeben hatten (R 161), eine Reihe wichtiger Privilegien verbrieft. Neben dem erzbischöflichen Schultheissen finden wir ein sich selbst ergänzendes Schöffen-Colleg, 12 bis 14 vereidete Amtmänner, deren Zahl bei eintretender Vacanz durch freie Wahl der Uebriggebliebenen im Verein mit der Gesammtheit der Bürger vervollständigt wird. Schultheiss, Schöffen und Amtmänner können Statuten erlassen, deren Ertrag zu einem Drittel dem Schultheissen, zu zwei Dritteln den Schöffen, Amtmännern und Bürgern zufällt. Der Erzbischof selbst behielt sich nur eine Bede von 40 Mark und die Gerichtsbarkeit vor (R 479). Das mit der Hostaden'schen Erbschaft an Köln gefallene Ahrweiler erhielt Bestätigung seiner Freiheiten (R 202), Rheinberg Bestätigung der Freiheit vom Vogtsdienste (R 212), einen Schutzbrief für Zugezogene (R 228) und Zollfreiheit für eigene Güter u. s. w. (R 340), Brilon die Exemtion von der Vehme (R 313). Viel hat Konrad gethan, um die Selbständigkeit der kleinern Stiftsstädte zu heben; möglich, dass dabei die Absicht mitspielte, das Uebergewicht der stolzen Hauptstadt zu brechen. In spätern Zeiten haben diese Städte manchem seiner Nachfolger schwere Stunden bereitet, von Widersetzlichkeiten gegen Konrad selbst dagegen ist nichts bekannt.

---

[1]) Annal. v. St. Pantal. 546. — [2]) Ebend. Vgl. oben 62. — [3]) Ebend.

Dritter Theil.

Konrad und die Stadt Köln.

Erstes Capitel.
Die Stadt und ihre Verfassung.

Während Konrad in den kleinern Städten seines Stifts bürgerliches Leben förderte, und mehrere derselben auf ihn ihren Aufschwung zurückführen, hat er sich in seiner Hauptstadt einen schlimmen Namen gemacht. Unter ihm beginnt jener zwei Jahrzehnte umspannende Unabhängigkeits-Kampf der Stadt gegen die bischöfliche Fürstengewalt, welcher für letztere nach glänzenden Erfolgen mit einer vollständigen und endgültigen Niederlage abschloss.

Köln hatte damals schon seinen heutigen Umfang erreicht. Eine volle Stunde weit begleitete die Ostfronte den in sanfter Krümmung einherfliessenden Strom, und noch um die Hälfte weiter zog sich auf der Landseite der mächtige Graben, ein Werk des 12. Jahrhunderts, und der gewaltige Mauerring, dessen Errichtung die Bürger an der Wende des Jahrhunderts begonnen hatten, die sämmtlichen früher offenen Vorstädte einschliessend [1]). Mit ihren herrlichen Kirchen, den zahlreichen Thürmen und Thorburgen muss die Stadt schon einen ähnlich stolzen Anblick geboten haben wie in unsern Tagen, wenn auch der Hauptschmuck des neuen Domes noch fehlte.

Ueber die Bevölkerungsziffer haben wir nicht einmal Vermuthungen. Wir hören, dass der Kaiserin Isabella 1235 bei ihrer Brautfahrt 10,000

---

[1]) Vgl. über die Befestigungsbauten Ennen, Gesch. d. St. Köln 1, 651 ff. Wesentlich dasselbe in Ennen's Aufsatz „die Festungswerke von Köln und Deutz", Annalen 33, 1 ff.

Bürger entgegenziehen [1]), dass 2000 Bürger an einer Eidesleistung Theil nehmen [2]), dass im 13. Jahrhundert mehr als 1000 Beghinen in Köln gelebt hätten [3]): Angaben, welche keine bestimmten Schlüsse erlauben, selbst wenn ihre Zuverlässigkeit ausser allem Zweifel stände. Auch mit der gelegentlichen Notiz, nach welcher zur Zeit Engelbert's des Heiligen eine einzige Kölner Pfarrei 9000 Seelen zählte [4]), ist wenig anzufangen, da der Umfang der Pfarrbezirke ein sehr verschiedener war [5]). So viel aber steht fest: eine Stadt, welche zu Anfang des 16. Jahrhunderts nur stark 7000 Häuser besass [6]) und bis in unsere Tage hinein weitgedehnte Gärten umschloss, kann unmöglich vor 600 Jahren jene 150,000 oder noch mehr Einwohner gezählt haben, mit welchen man sie freigebig beschenkte.

Nach dem Maassstab des Mittelalters freilich war Köln eine Grossstadt im vollen Sinne des Wortes. Man könnte an localpatriotische Uebertreibung denken, wenn es in den Kölner Annalen [7]) des 12. Jahrhunderts als „die blühendste Stadt von ganz Gallien und Germanien, hochberühmt auf dem ganzen Erdkreise" erscheint; aber auch Otto von Freising [8]) stellt es „über alle Städte von Gallien und Germanien, was Reichthum, Bauten, Grösse und Pracht betrifft". „Berühmt und herrlich" nennt Papst Innocenz IV. 1247 die Stadt, „gewissermassen einzig in deutschen Landen, wie sie durch Grösse, Adel und Macht andere Städte übertrifft" [9]) — Zeugnisse, die sich aus späterer Zeit leicht vermehren liessen. Als Sitz eines der ersten deutschen Kirchenfürsten und zahlreicher Stifter und Klöster, als oftmaliger Aufenthalt der Kaiser und Schauplatz glänzender Feste, als Hüterin weltberühmter Reliquienschätze, namentlich der ursulanischen Gebeine und der von Erzbischof Rainald überbrachten Häupter der h. drei Könige, endlich als Handelsplatz ersten Ranges [10]) war Köln die beste Perle im Diadem der rheinischen Bischofsstädte geworden.

Ob aber Köln eine wirkliche Bischofsstadt bleiben oder ob sich die geistliche Fürstengewalt zu einem wesenlosen Schatten verflüchtigen werde, das war die Frage, vor welche Konrad sich gestellt sah, und es ist in hohem Grade unbillig, kurzweg „Pfaffentrug" [11]) oder persönliche Herrschsucht als die Ursache von Kämpfen zu bezeichnen, die sich seit Menschenaltern vorbereitet hatten und deren Ausbruch über kurz oder lang kaum zu vermeiden gewesen wäre. Die Wirren des welfisch-staufischen Thronstreites, in welchen

---

[1]) Matth. Paris ed. Wats 416. — [2]) Kölner Annalen, Monum. Germ. SS. 17, 821.
[3]) Matth. Paris ed. Wats 696. — [4]) Thomas Cantiprat. liber apum 1, 9.
[5]) Vgl. die Angaben bei Ennen, Gesch. d. St. K. 1, 683 Note.
[6]) Ebend. — [7]) Monum. Germ. SS. 17, 749. — [8]) Ebend. 20, 253.
[9]) Quellen 2, 268.
[10]) Vgl. hierüber besonders Kaufmann, Cäsarius von Heisterbach (2. Aufl.) 33 ff.
[11]) Mit diesem Titel beliebte Ettmüller 1841 eine Paraphrase des betreffenden, durch und durch parteiischen Abschnittes der Koelhoff'schen Chronik zu schmücken. Bei der zweiten Auflage hat man es für besser erachtet, die Decoration wegzulassen.

Köln als starke Festung und Wohnplatz kriegsgeübter Bürgermassen wiederholt eine Hauptrolle spielte, verbunden mit einem zweimaligen Schisma bei Absetzung der Erzbischöfe Adolf und Dietrich hatten naturgemäss die Entwickelung Köln's zu einer freien Stadt befördert. Dann griff Engelbert der Heilige ein, hier wie stets mit fester Hand. Im Anfang seines Pontificates hat er die mit den Schöffen verfeindeten Zünfte gedemüthigt, aber auch eine Reform des Schöffengerichts vorgenommen und die Bildung eines Stadtraths rückgängig gemacht, in welchem nicht nur Schöffen, sondern auch gewählte, dem Erzbischof nicht durch Eid verpflichtete Bürger sassen [1]. Aus Eifer für die Gerechtigkeit, erzählt von ihm sein Biograph [2], habe er in seinen Hauptstädten Köln und Soest eine Macht geübt, wie kein Bischof vor ihm. Um so gründlicher aber war der Rückschlag nach seinem plötzlichen Ende. Die Bürger schafften die ihnen missliebigen Statuten Engelbert's sofort ab, und im nächsten Jahre schloss der neue Erzbischof Heinrich mit ihnen einen höchst ungünstigen Vertrag [3]. Er stellte den Zustand her, wie er „bis zur Zeit der Wahl Engelbert's" — so wurde zwei Mal ausdrücklich bemerkt — bestanden habe; Streitigkeiten zwischen ihm und der Stadt sollten durch den Spruch der Schöffen entschieden werden; da nun diese die · eigentlichen Vertreter der Stadt gegenüber dem Erzbischof zu sein pflegten, war ihr Spruch, der allerdings erst durch die Genehmigung des Erzbischofs Rechtskraft erhielt, nicht viel mehr als ein Urtheil in eigener Sache. Später freilich hat Heinrich eines der mächtigsten städtischen Geschlechter schwer seine Hand fühlen lassen. Als im Streit mit einigen Bürgern ein Ritter erschlagen wurde, lud er die Thäter, namentlich Dietrich den Weisen von der Mühlengasse und seine Sippe, ausserhalb der Stadt nach Buschbell vor sein Gericht. Sie erschienen nicht, wurden geächtet, ihre Häuser zerstört, und noch kurz vor seinem Tode sprach ihm ein Urtheil des Reichshofes ausdrücklich die bestrittene Gerichtsbarkeit innerhalb der Bannmeile, wenn auch ausserhalb der Mauern Köln's, zu. Aber die Geächteten appellirten an den Kaiser, wurden von diesem wieder in ihr Recht eingesetzt, und der Erzbischof musste widerstrebend sogar ihre Wiederzulassung zum Schöffenamte geschehen lassen [4].

So fand denn Konrad einen Zustand vor, welcher einem kräftigen Fürsten die Rückkehr zu den Wegen Engelbert's förmlich aufdrängte [5].

---

[1] Die Belege hat Hegel (Chroniken der Stadt Köln 1, Einleitung 36) zusammengestellt.
[2] Caesarii Vita S. Eng. 1, 4 (Böhmer Fontes 2, 299). — [3] Quellen 2, 104.
[4] Die Belege habe ich Monum. Germ. SS. 24, 366 zusammengestellt.
[5] Die folgende Darstellung der Verfassungsverhältnisse beruht im Wesentlichen auf der schönen Untersuchung Hegel's in der Einleitung zum 3. Bde. der Chroniken der Stadt Köln, wo freilich noch Manches im Unklaren bleibt, was eben bei dem gegenwärtigen Stande der Quellen kaum vollständig aufzuklären sein dürfte. Auf die zahllosen einschlagenden Controversen glaubte ich nicht einmal hinweisen zu sollen: es handelt sich hier nur um eine Darlegung der allgemeinen Grundzüge der Verfassung, insoweit sie für das Verständniss der Kämpfe zwischen Konrad und der Stadt unentbehrlich war.

Wohl galt der Erzbischof von Köln theoretisch noch immer als Inhaber der „höchsten Gewalt in geistlichen und weltlichen Dingen" [1]), wohl konnte er die Bürger als seine „lieben Getreuen" bezeichnen [2]); wohl trug er Münze, Zoll und Gericht zu Köln vom Reiche zu Lehen [3]) — aber die Ausübung dieser Hoheitsrechte ist an Bedingungen gebunden, welche das Recht selbst fast illusorisch machen. Abgesehen von den äussern Formen der Unterthänigkeit stellt sich die Stadt dar als ein selbständiges Gemeinwesen, welches dem nominellen Stadtherrn weder zu Steuern noch zu Kriegshülfe verbunden ist. [4]).

Das Charakteristicum für Regierung und Verwaltung der Stadt ist der Vorrang einer Anzahl patricischer Geschlechter, welche eine schmeichlerische Tradition als Nachkommen edeler römischer Bürger bezeichnete, die Kaiser Trajanus in die Ubierstadt verpflanzt habe. Die „guten Leute", die „Besten von der Stadt", die „bessern Bürger", auch Bürger schlechthin genannt; sie, „die hergekommen sind von freier Art, seit Köln zuerst christlich wurde", stehen als bevorrechteter Stand der meist in Zünften oder Bruderschaften geschlossenen breiten Masse der Stadtbewohner, der „Gemeinde", den „Bürgern niederer Ordnung" gegenüber. Alle oder doch fast alle Angehörigen der „edeln Geschlechter" bilden als „Amtleute", d. h. als Mitglieder des „Amtes" (d. i. der Gilde, Gesellschaft) die „Richerzeche", die Genossenschaft der Reichen. Letztere verleiht das Bürgerrecht und die „Weinbruderschaft" (d. h. das Weinverkaufsrecht); sie errichtet neue Zünfte, setzt den Zünften ihre „Obermeister" und wählt die beiden Bürgermeister, auch Richter genannt, welche eine ausgedehnte Polizeigewalt üben und nach Ablauf ihrer Amtszeit „verdiente Amtleute" heissen, d. h. solche, die der Genossenschaft den „Dienst", die herkömmlichen Leistungen, entrichtet haben.

Die oberste Civil- und Criminal-Jurisdiction sowie ein Theil der freiwilligen Gerichtsbarkeit gehört zur Competenz einer abgeschlossenen patricischen Genossenschaft, des Schöffen-Collegiums. Dasselbe wählt seine Schöffenmeister, welche nach Ablauf ihrer Function den Titel „verdiente Schöffen" erhalten und „Schöffenbrüder" zu Beisitzern des Schöffengerichts ohne Stimme wählen. Aus den „Brüdern" ergänzt sich das Collegium. Die Mitgliedschaft ist lebenslänglich und vererbt sich thatsächlich in einem kleinen Kreise von Geschlechter-Familien. In seinen innern Angelegenheiten ist das Schöffen-Collegium also autonom, nicht dagegen steht ihm die Wahl derjenigen zu, welche bei seinen Gerichtssitzungen den Vorsitz führen.

---

[1]) So die Schiedsrichter von 1258. Quellen 2, 390.
[2]) Der Ausdruck „Unterthanen" kommt meines Wissens nur ein einziges Mal in einer Urk. des Erzb. Heinrich vor, ist aber in einer andern Ausfertigung derselben Urkunde, wahrscheinlich mit vollem Bewusstsein, vermieden. Vgl. Quellen 2, 104 Note.
[3]) Hagen's Reimchronik Vers 709 Chron. d. St. Köln 1, 42.
[4]) Dies ergibt sich aus Urk. der ersten Jahre Konrad's, die weiter unten erwähnt werden.

Darin concurriren der Burggraf und der Stadtvogt, letzterer identisch mit dem Edelvogt, dem Inhaber der Stiftsvogtei, einem Ministerialen. Das Burggrafenamt, die Fortsetzung des alten Kölner Grafenamtes, ist erblich in der Familie der freien Herren von Arberg, welche vom Erzbischof ein Burgthorlehen tragen. Zu Konrad's Zeit ist die Bedeutung des Burggrafen bereits tief gesunken, in den grossen Kämpfen des 13. Jahrhunderts tritt er fast gar nicht hervor, wichtige Gerechtsame sind verpfändet, und schon 1279 geht das Amt durch Kauf förmlich an den Erzbischof über [1]). In der Theorie besitzt er allerdings „mit dem Erzbischof den Gerichtsbann vom Reich", aber wie wenig von einer selbständigen Gerichtsbarkeit mehr die Rede sein kann, zeigt die Bestimmung des Schiedsspruches von 1258, der Erzbischof dürfe die Vertreter des Burggrafen und des Stadtvogtes, wenn letztere hierin ihre Pflicht vernachlässigen, im Falle der Unwürdigkeit absetzen. Diese Vertreter, Untergraf und Untervogt, auch einfach Graf und Vogt genannt, werden bezeichnender Weise nicht aus dem Herren- und Ministerialen-, sondern aus dem Bürgerstande entnommen.

Das Schöffen-Collegium ist von Alters her nicht nur das oberste Gericht, sondern zugleich die Stadtobrigkeit. Neben den Schöffen aber finden wir seit Anfang des 13. Jahrhunderts auch Rathsmänner (consules) erwähnt. Dass Engelbert die Entwickelung eines förmlichen Stadtrathes rückgängig machte, wurde bereits erzählt. Unter Konrad ist ein solcher — offenbar gleich nach Engelbert's Tode wieder eingeführt — neuerdings vorhanden; wiederholt nennt er ihn in seinen eigenen Urkunden, wenn er auch später über die Bildung desselben Klage führt. Wer diese Rathsmänner wählte, und ob sie nicht bloss aus den Geschlechtern, sondern auch aus der Gemeinde genommen werden konnten, lässt sich nicht klar erkennen. Letzteres ist nicht unwahrscheinlich, dann aber war jedenfalls dafür gesorgt, dass diese Gemeindevertretung von vielleicht mehr formellem Charakter dem patricischen Stadtregiment nicht über den Kopf wuchs. Nicht begründet dagegen scheint die Hypothese [2]), welche den erst im folgenden Jahrhundert mit Sicherheit nachweisbaren doppelten (engen und weiten) Rath als bereits zu Konrad's Zeiten bestehend voraussetzt.

---

[1]) Lac. 2, 426.

[2]) Sie wird aufgestellt von Hegel, Chroniken 3, Einl. 64. Die Thatsache oder doch die Wahrscheinlichkeit, dass „eine gewisse Betheiligung auch anderer Bürgerklassen als der patricischen an dem Rath der Stadt" vorhanden war, scheint mir für die Nothwendigkeit, zwei Räthe anzunehmen, nichts zu beweisen. Bis zum Eidbuch von 1321 ist nie von etwas anderm als vom consilium civitatis die Rede, und diesem constanten Ausdruck gegenüber ist es mindestens sehr gewagt, die ein einziges Mal, 1259, begegnende Wendung consiliis civitatis interesse auf eine Mehrheit von Stadträthen zu deuten. Die „Räthe der Parochien" (d. h. der die Gesammtgemeinde Köln's bildenden Einzelgemeinden) möchte ich darunter ebenso wenig wie Hegel verstehen. Darf man vielleicht consilia einfach mit „Berathungen" wiedergeben?

Wie die Gerichtsbarkeit, so trägt auch die Verwaltung der beiden andern dem Erzbischof zustehenden Regalien ein bürgerliches Gepräge. Die Einkünfte aus Münze und Zoll zu Köln fliessen allerdings an den Stiftskämmerer, den bischöflichen Hofbeamten, aber der Zöllner selbst ist wieder ein Bürger, wenn auch möglicherweise ritterlichen Standes, und das mit dem Monopol des Geldwechselgeschäfts verbundene Münzwesen liegt wieder in den Händen einer patricischen Corporation, der Münzerhausgenossen. Die Mitgliedschaft ging über von Vater auf Sohn, bei erblosem Todfall eines Mitgliedes hatte die Genossenschaft selbst das Ergänzungsrecht. Falls der Erzbischof überhaupt das Recht der Ernennung des Vorstehers (Münzmeisters) besass[1]), so hat schon Konrad auf die Ausübung desselben verzichtet. Auch die Rheinmühlen zu Köln waren im erblichen Besitz bestimmter Geschlechter, der Mühlenerben[2]).

Zweites Capitel.

Der Erzbischof und die Stadt bis zur Sühne von 1258.

Während seiner ersten Jahre hat Konrad die Stadt mit Gunstbezeugungen überhäuft, eine Politik, die sich bei seiner oft verzweifelten Lage als Nothwendigkeit ergab: Mitten im Gewirre der niederrheinischen Fehden wäre ja ein offener Abfall der waffentüchtigen Bürgerschaft, welche im Kirchenstreit der kaiserlichen Seite zuneigte, von unberechenbaren Folgen gewesen. Gleich die erste uns erhaltene Urkunde, welche Konrad nach seiner Wahl ausstellt (R 17), enthält das Versprechen, er wolle die Münzerhausgenossen niemals zu Aufnahme neuer Mitglieder zwingen. Noch im gleichen Monat (R 18) bestätigte er ihnen das Recht, die Stellen erblos verstorbener Mitglieder durch freie Wahl zu besetzen, und verhiess ihnen Schutz aller seit Erzbischof Rainald besessenen Privilegien; die Prüfung der Kölner Denare solle nur vom Münzprüfer im Münzhaus zu Köln vorgenommen werden, und bei Klagen des Erzbischofs in Münzsachen das Urtheil

---

[1]) Dies scheint mir aus dem in einer Urk. des Erzbischofs Philipp (vgl. Hegel a. a. O. 47) gebrauchten Ausdruck magistro monete ab archiepiscopo Coloniensi instituto durchaus nicht hervorzugehen. Eher wird an die Einsetzung (nicht Benennung) eines gewählten und dem Erzbischof präsentirten Münzmeisters zu denken sein.

[2]) Quellen 1, 323.

den Hausgenossen zustehen. Einige Jahre später (R 113) hat er diese Urkunde wiederholt und den Hausgenössen die beim Münzhaus belegenen Gaddemen zu erblichem Besitz überlassen. Ebenfalls noch im Mai 1238 (R 19) sicherte er den Bürgern zu, falls sie wegen der mit ihm verabredeten Biersteuer vom Kaiser oder sonst Jemanden angefochten würden, so werde er die Verantwortung auf sich nehmen. Allerdings liess er sich schon im August bei seinem Aufenthalte im Lager vor Brescia von Kaiser Friedrich die Ermächtigung zu alleiniger Erhebung der genannten Steuer ertheilen, aber zu Anfang des nächsten Jahres (R 29) verpflichtete er sich, trotzdem die Bierpfennige auf drei Jahre zu gleichen Theilen mit der Stadt empfangen zu wollen, und erklärte im März 1240 (R 43) die entgegenstehende Urkunde des Kaisers sowie etwaige künftige Verleihungen ausdrücklich für ungültig. Im Februar 1239 (R 31) bestätigte er der Stadt unter grossen Lobsprüchen „die alte und dem Rechte entsprechende Gewohnheit" — die freilich noch unter Erzbischof Heinrich durchbrochen worden war —, kein Bürger dürfe wegen eines innerhalb des Burgbannes verübten Verbrechens oder Vergehens ausserhalb der Stadt vor Gericht geladen werden. Kurz darauf (R 34) hat er ihr das Recht der Nonevocation, diesmal unter Zustimmung der Kölner Kirche und der Prioren, nochmals bestätigt.

Schon aber zeigte sich, dass der gute Wille der Bürger trotz aller Zugeständnisse seine Grenzen habe. Ihre Kriegsschiffe hatten ihn unterstützt, als ihm der Graf von Sayn den Rheinübergang bei Bonn wehrte, mit ihrer Hülfe hatte er Deutz besetzt und gegen den drohenden Angriff des Herzogs von Limburg geschirmt. Als aber der Herzog von Brabant seinen ersten Verwüstungszug durch das Erzstift unternahm und vor den Thoren Köln's stand, da sassen die Bürger still und liessen den Erzbischof allein machen. Das war wohl um dieselbe Zeit, wo Konrad in einer 1239 Juli 15 datirten Urkunde (R 33) der Stadt bezeugt, sie habe ihm sogar ausserhalb ihrer Mauern kräftigen Beistand geleistet, freiwillig, nicht pflichtmässig: es ist nicht schwer, hier zwischen den Zeilen zu lesen. Und im zweiten Jahr des Krieges wiederholt sich das Spiel. Kölner Mannschaften begleiteten den Erzbischof zur Belagerung von Zülpich, dann aber liessen sie ihn im Stich. Als die Fehde erlosch, warf er den Bürgern Treulosigkeit vor, weil sie ihm nicht bis zu Ende geholfen; schon rüsteten sie, aber gegen Geld und gute Worte gab er sich zufrieden. Das ist der Commentar zu der seltsamen Urkunde von 1240 Juli 27 (R 46): Im offenen Widerspruch mit den Thatsachen bescheinigt er den Bürgern, bis zum 25. Juli hätten sie ihm treulich Hülfe geleistet wider die Herzoge von Brabant und Limburg; weder wegen der Weinsteuer noch wegen irgend eines andern Punktes gebe er ihnen Schuld, sondern die ihm gewordene Unterstützung betrachte er als freiwillig geleistet [1]).

---

[1]) Vgl. oben 8. 9. 11.

Noch nicht drei Wochen waren damals vorüber, seitdem der junge Konrad, der Sohn des gebannten Kaisers Friedrich, den „Richtern, Schöffen und Bürgern insgesammt zu Köln" gedankt hatte für ihre Treue und Anhänglichkeit zu ihm und seinem Vater, sie dem Schutz der Grafen von Sayn und Geldern empfahl und ihnen Hülfe verhiess gegen Jedermann, „er sei geistlich oder weltlich" [1]). Als dann (1241) der Erzbischof sich offen gegen den Kaiser empörte, erging in dessen Auftrag ein Schreiben seines Sohnes an die Kaiserlichen am Niederrhein, an Herzog Heinrich von Limburg-Berg, die Grafen von Loos und Jülich und den Herrn von Heinsberg: sie sollten sich der Kölner annehmen, deren Treue man versichert sei; und die Genannten fordern die Stadt auf, den Lockungen des Erzbischofs zu widerstehen, der sich schon gegen das Reich erhoben habe [2]). Nicht das leiseste Anzeichen deutet darauf hin, dass sie ihm bei seiner Empörung Vorschub geleistet habe, und als er gefangen zu Nideggen sass, liess sie sich von Friedrich das Nonevocationsprivileg von 1239 bestätigen [3]).

Ihre staufische Haltung behielt die Stadt bis zum Herbst 1247 bei. Als Wilhelm von Holland zu Worringen als König erkoren wurde, hielt sie ihre Thore geschlossen. Einige Tage später aber erkannte sie den Gegenkönig an gegen eine sehr weit gehende Freiheitsurkunde und das Versprechen, beim Papste ein Nonevocationsprivileg in geistlichen Processen zu erwirken [4]), welches freilich noch über fünf Jahre auf sich warten liess [5]). Der Erzbischof verpflichtete sich, dieses Gesuch bei Innocenz IV. zu unterstützen und erscheint in der Freiheitsurkunde als Zeuge.

Wiederholt schloss die Stadt zwischen ihrem Uebertritt zur staufischen Partei und der ersten offenen Fehde gegen den Erzbischof Verträge mit benachbarten Fürsten. Im September 1246 traf sie eine Einigung mit Irmgard, Herzogin von Limburg und Gräfin von Berg, sowie ihren Söhnen wegen Beschlagnahme von Gütern der Städte Gent und Köln [6]). Erst Ende 1249 fand diese Angelegenheit, in welche auch der Erzbischof verwickelt war, durch eine Sühne zwischen beiden Städten ihre Erledigung [7]). Im März 1250 kam ein Vertrag mit dem Grafen Adolf von Berg zu Stande [8]): Kölner Bürger im bergischen Gebiet und bergische Unterthanen zu Köln sollen Schutz geniessen für Personen und Eigenthum; erhebt sich eine Meinungsverschiedenheit, so tritt zunächst eine vierzigtägige Frist ein behufs gütlicher oder rechtlicher Austragung durch die von beiden Theilen bestellten Räthe; in Bagatellsachen aber, für welche man nicht stets die Räthe zusammentreten

---

[1]) Lac. 2, 127.
[2]) Wegen des letztern Ausdrucks wird das undatirte Schreiben (Quellen 2, 298) in die Zeit der offenen Empörung Konrad's, also Ende 1241 oder Anfang 1242, zu setzen sein. An genau dieselben und einige weitere Fürsten ist auch das Schreiben Friedrich's II. vom April 1241 (Huillard-Bréholles, Hist. dipl. 5, 1116) gerichtet.
[3]) Quellen 2, 226. — [4]) Vgl. oben 25. — [5]) Quellen 2, 326.
[6]) Quellen, 2, 253. — [7]) Ebend. 289. — [8]) Ebend. 294.

lassen kann, soll der eine Theil vom andern ohne Verzug vor den Schöffen Recht nehmen; dazu kam noch ein Artikel über die Behandlung anerkannter Schuldforderungen, sowie über dauernde Niederlassung beiderseitiger Leute im Gebiete des andern Theils, und am Schluss in deutscher Sprache das Versprechen, einander zu thun, „was gut und förderlich ist, ohne irgendwelche Arglist". Es ist ein Vertrag von Macht zu Macht zu gleichen Rechten, und des Erzbischofs wird mit keinem Worte gedacht. Im August 1251 wurde der gleiche Vertrag mit dem Grafen von Jülich abgeschlossen [1]). Im December des gleichen Jahres [2]) sühnte sich der Herzog von Lothringen und Brabant unter Vermittelung des Grafen von Geldern mit der Stadt; man versprach sich gegenseitig Verkehrssicherheit und Rechtsschutz und fügte bei, falls sich Zwietracht zwischen dem Herzog und dem Erzbischof erheben sollte, so dürfe dies der Rechtsbeständigkeit des Vertrages keinen Eintrag thun.

Man wird annehmen dürfen, dass in der Gegenurkunde der Stadt eine entsprechende Clausel Aufnahme gefunden hat, welche die Möglichkeit eines Zwistes zwischen dem Erzbischof und den Bürgern in Aussicht nahm. Schon 1249 war es zu argen Misshelligkeiten gekommen. „Die Schöffen zu Köln," so berichtet eine Urkunde des Erzbischofs vom 9. August (R 239), „sollten in unrechtmässiger Weise eine Schöffenwahl veranstaltet, auch gewisse Briefe unterdrückt haben, in welchen die Rechte der Stadt Köln enthalten gewesen seien. Darob kamen wir mit ihnen zu Hader und Unwillen und verhängten über sie die Excommunication. Da jedoch die Schöffen sich als unschuldig dieser Dinge erwiesen haben, so haben wir auf Rath unserer Prioren und Getreuen allen Hader und Unwillen gegen sie fahren gelassen und den über sie verhängten Bann zurückgenommen und wollen die Schöffen schirmen bei ihrem bisher bei der Schöffenwahl besessenen Recht, sowie bei andern Freiheiten." Höchst wahrscheinlich waren auch Zerwürfnisse der Urkunde vom Juni 1248 (R 200) vorausgegangen, in welcher der Erzbischof verspricht, weder zu Neuss noch irgendwo sonst oberhalb und unterhalb Köln's werde er von den Bürgern Zoll nehmen; falls Jemand den Bürgern Unbill oder Gewalt zufüge, so werde er ihnen ein gerechter Richter sein und ihnen beistehen gegen Diejenigen, welche Gewalt geübt, bis ihnen Gerechtigkeit werde. Wenig später (R 204) fällt das Versprechen des Erzbischofs, falls ein Münzamt vacant werde, so werde er Niemanden in dasselbe einsetzen ohne Rath und Zustimmung der Münzerhausgenossen.

Die Münzstreitigkeiten führten im Frühjahr 1252 endlich zu offener Fehde. Am 1. März verband sich Graf Wilhelm von Jülich mit der Stadt, „um die Unbill abzuwehren, welche unser Herr Konrad verübt durch die neue Münze zum Schaden der Kölner Kirche, ihrer Vasallen und der Stadt Köln" [3]); nur zusammen wollte man Frieden oder Waffenstillstand mit Konrad schliessen; gemeinsam erworbene Beute solle getheilt werden, was jeder Theil

---

[1]) Ebend. 302. — [2]) Ebend. 307. — [3]) Ebend. 308.

allein gewinnt, solle er für sich behalten. Mit vierzehn Kriegsschiffen erschien der Erzbischof von Andernach her vor Köln und schlug bei Deutz sein Lager auf. Aber vergeblich beschoss er die Stadt, vergebens schickte er einen Brander gegen die an der Kölner Seite vor Anker liegenden Schiffe, und schon am 25. März einigte man sich dahin, binnen drei Wochen — nachträglich wurde die Frist um einen Tag verlängert — solle Albert der Grosse, der Lesemeister der Dominicaner zu Köln, und der päpstliche Legat Hugo oder an dessen Stelle der Abt von Heisterbach, durch Schiedsspruch dem Streit ein Ende machen. An einem der nächsten Tage hat Albert den wesentlichen Inhalt der Sühne festgestellt. Niemals dürfe die Kölner Münze erneuert werden, als wenn ein Erzbischof gewählt und bestätigt sei oder vom Reichsheerzug über die Alpen zurückkehre; so sei es von Alters her gewesen. Da aber die gegenwärtig cursirende Münze durch vielerlei Verschiedenheiten verschlechtert sei, so solle zu einer einzigen Form zurückgekehrt und eine Probe der ersten Prägung als Normalmünze in der Domsacristei hinterlegt, eine zweite Probe den Bürgern übergeben werden. „Alle Zölle zu Neuss oder anderwärts," heisst es weiter, „wo der Erzbischof ungerechter Weise und gegen die Privilegien der Bürger Zoll nahm oder nimmt oder in Zukunft nehmen könnte, sollen vollständig ab sein. Die Bürger aber sollen schwören, dass sie nicht fremde Güter führen, und wenn Jemand dies thut, so sollen sie treulich dem Erzbischof einen solchen übergeben, der dann die Güter nehmen und gegen den Betrüger nach Belieben vorgehen mag." Für Todtschlag oder Beschädigung in der abgelaufenen Fehde soll kein Ersatz geleistet, die beiderseitigen Helfer in die Sühne eingeschlossen werden, „mögen sie nun Laien sein oder Geistliche oder Juden, welche zur Zeit der Zwietracht die Mauern und die Stadt Köln gehütet haben". Wörtlich die gleichen Bestimmungen kehren mit einigen Zusätzen in der feierlichen, von sämmtlichen Stiftern und den beiden Benedictinerklöstern der Stadt besiegelten Sühne wieder, welche der Legat und Albert im April verkündigten [1]).

So endete der erste Conflict mit einer derben Niederlage des Erzbischofs. Straflos hatten „seine Bürger" gegen ihn die Waffen erhoben, und der Schiedsspruch geistlicher Standesgenossen hatte dem Kirchenfürsten Unrecht gegeben in unzweideutigster Form. Auch Papst Innocenz bestätigte die Sühne am 12. December, ertheilte der Stadt unter grossen Lobsprüchen das lange erwartete Nonevocationsprivileg, mit dessen Schutz der Abt von St. Martin beauftragt wurde, bestätigte den Bürgern alle ihre Freiheiten, Immunitäten, Rechte, sowie alten und löblichen Gewohnheiten, und fügte einige Wochen später noch die Gnade bei, dass kein Delegirter oder Subdelegirter des apostolischen Stuhles

---

[1]) Ueber die Datirungen vgl. Annalen des hist. Ver. Doppelheft 21 u. 22, 270 ff. Chroniken der Stadt Köln 1, 206. 224. Wahrscheinlich ist die Sühne auf den 16. April anzusetzen, wegen des 22-tägigen Termins, welcher zwischen dem Compromiss vom 25. März und der Sühne selbst liegen durfte. Dazu stimmt auch das oben 34 Note 2 Gesagte.

oder seiner Legaten ohne specielle päpstliche Genehmigung über sie Bann oder Interdict verhängen dürfe [1]). Zwar beschwerte sich der Erzbischof beim Papste, viele Bürger verweigerten die Beobachtung des Schiedsspruchs, und Innocenz beauftragte am 16. Juni 1253 den Dechanten von Osnabrück, „falls es sich so verhalte," durch Kirchenstrafen die Ausführung der Sühne zu erzwingen [2]); aber dabei scheint es auch geblieben zu sein, und ein Schreiben vom December gleichen Jahres, in welchem der Erzbischof die Stadt auffordert, sie möge ihren Bürger Heinrich den Rothen zur Rückgabe der dem Stift St. Gereon entzogenen Einkünfte veranlassen, widrigenfalls er mit Kirchenstrafen gegen denselben einschreiten müsse, ist in freundlichem Tone gehalten (R 346).

Die schweren Wirren der nächsten Jahre waren nicht geeignet, dem Erzbischof die Erneuerung des Kampfes nahe zu legen. Seine Verwickelung in die flandrische Frage, die Fehden gegen Wilhelm von Jülich und seine westfälischen Bundesgenossen, die Entfremdung und dann der offene Hader mit König Wilhelm brachten es mit sich, dass er froh sein musste, wenn die Stadt sich nicht geradezu auf die Seite seiner zahlreichen Feinde stellte, vielmehr ausdrücklich erklärte, bei den Verpflichtungen, welche sie durch ihren Beitritt zum rheinischen Bunde übernommen habe, nehme sie sowohl den König als den Erzbischof aus [3]). Konrad, welcher im Mai 1255 (R 393) den Münzerhausgenossen wieder einen Gunstbrief ausstellte, hat noch zwei Jahre später das grosse Privilegium König Richard's für die Stadt bezeugt (R 435), wenige Monate später aber war die zweite Fehde entbrannt.

Den nächsten Anlass — beiderseitige Beschwerden führt der spätere Sühnbrief in Menge auf — hat ein Auflauf in Köln geboten. Der Bürger Hermann der Rothe, ein Sohn jenes Heinrich, welchen der Erzbischof mit Kirchenstrafen bedroht hatte, war von dem Herrn von Kobern an der Mosel, einem Verwandten Konrad's, gefangen genommen worden. Als nun eines Tages Konrad in seiner Kölner Pfalz zu Gerichte sass, ging der Domcanonicus Heinrich von Nürburg, ein Bruder des Herrn von Kobern [4]), an der Pfalz vorbei, wurde von dem mit den Rothen verwandten Geschlecht der Kleingedank überfallen und flüchtete in den Dom, worauf der Erzbischof zornig die Stadt verliess. So wird der Vorfall von einem ergebenen Anhänger der Kölner Geschlechter, dem Stadtschreiber Gotfrid Hagen [5]), geschildert, ganz gewiss nicht in einem für die Tumultuanten zu ungünstigen Lichte. Ob die daran geknüpfte Anklage, der Erzbischof habe den Bürger Bruno Cusin und seine Freunde verrätherisch zu Bonn gefangen genommen, auf Wahrheit beruht, muss bei der Parteistellung des Berichterstatters dahin gestellt bleiben.

---

[1]) Die sämmtlichen fünf Breven Quellen 2, 326 ff. — [2]) Ebend. 334.
[3]) Ueber die Bedeutung dieser Erklärung vgl. oben 41.
[4]) Vgl. Chroniken 1, 207. 225.
[5]) Chroniken d. St. Köln 1, 46.

Obwohl die Stadt diesmal vollständig isolirt da stand — nicht nur der Herzog von Limburg und sein Bruder, der Graf von Berg, sondern auch Wilhelm von Jülich, der in der Fehde von 1252 auf Seite der Bürger stand, sicherten 1257 Oct. 2 (R 446) dem Erzbischof ihre Hülfe gegen die Stadt zu — ist es im Herbst 1257 zu sehr ernsten Kämpfen gekommen. Als Konrad bei Rodenkirchen ein Lager aufschlug und die Strassen sperrte, rückten die Bürger, auch von ritterlichen Söldnern, Dietrich und Winand von Falkenburg und dem Sayn'schen Lehnsmann Hermann von Maischeid unterstützt, aus der Stadt und lieferten ihm bei Frechen ein förmliches Gefecht. Konrad blieb im Nachtheil und verlor allein 30 Ritter an Gefangenen; dagegen fielen auch mehrere Geschlechtergenossen in seine Hände, die sich bei der Verfolgung zu weit vorgewagt hatten[1]). Ganz anders lief ein Streifzug ab, welchen ein Haufe Zünftler auf eigene Faust nach dem rechten Rheinufer in's bergische Gebiet unternahm[2]); der Graf von Berg fiel mit 400 Mann über sie her und jagte sie mit einem Verlust von 50 Todten über den Rhein zurück. Dafür rächte sich die Stadt durch die Verbrennung von Deutz, und schon am 14. Oct.[3]) schloss er mit der Stadt einen beschränkten Neutralitätsvertrag: Das Rauben und Brennen solle aufhören, beiderseitiges Gut nach Beendigung der Fehde zurückgegeben werden; der Graf darf zu Deutz und sonst in seinem Lande gegen die Stadt kein Festungswerk errichten, auch nicht ein Heer oder Schiffe sammeln, und ebensowenig dies einem Andern (d. h. dem Erzbischof) gestatten; ausserhalb seines Landes dagegen darf er, jedoch ohne Raub und Brand, dem Erzbischof gegen die Stadt helfen.

Ueber den weitern Verlauf der Fehde — falls dieselbe nicht bei Einbruch des Winters durch eine Waffenruhe beendet oder unterbrochen wurde — ist nichts bekannt. Spätestens am 18. März 1258 war sie zu Ende, als sich Konrad zu Bonn mit der Stadt einigte, die Biersteuer für die nächsten zehn Jahre zu gleichen Theilen mit der Stadt zu empfangen (R 451). Zwei Tage darauf wurden einige weitere Punkte geregelt: Die Angreifer Heinrich's von Nürburg sollen baarfuss und in wollenem Büssergewande vom St. Severinsthor bis zum Judenbüchel gehen und dort den Erzbischof um Verzeihung bitten; thun sie es nicht, so darf der Erzbischof sie mit geistlichem und weltlichem Gericht verfolgen, und die Stadt soll ihm dabei helfen; ausserdem aber haben die Thäter Herrn Heinrich selbst sowie dem Domcapitel besondere Genugthuung zu leisten. Ferner sollen die „guten Leute von der

---

[1]) Von Hagen mit wohlgefälliger Breite erzählt Chroniken 48 ff.
[2]) Dass die Worte Hagen's 54: „si quamen vermessen unde stulz zo Dutze varen umb hulz" nicht auf die Begehung des sogen. Holzfahrtfestes gedeutet werden können, habe ich Chroniken 1, 208 gezeigt. Beutezüge ohne Genehmigung der städtischen Obrigkeit erwähnen auch die Kölner Jahrbücher (Chroniken 2, 110) zu 1416, wo „citzlich gemein arm gesellen in Colen van hantwerkeren und is gelicht allein up ire eventure in dat Bergsche lant" ziehen und „einen guden rauff" zurückbringen.
[3]) Lac. 2, 241. Zur Deutung des Vertrages vgl. Chroniken 1, 226.

Stadt", d. h. die Geschlechter, ebenfalls am Judenbüchel Konrad's Gnade suchen; damit soll der Erzbischof zufrieden sein; die Stadt soll ihm die Huldigung erneuern mit dem gewöhnlichen Eide, und er der Stadt geloben, er werde ihr ein guter und gnädiger Herr sein und sie beschirmen, wie ein Erzbischof seine Bürger beschirmen soll; von keiner Seite sollen Ansprüche erhoben werden wegen Todtschlag, Raub und Brand, und alle Bundesgenossen in die Sühne einbegriffen, nur Walram von Jülich und das (durch den Brand geschädigte) Deutzer Kloster ausgeschlossen sein [1]). Am gleichen Tage wurden zur Regelung aller sonstigen Streitpunkte fünf Schiedsrichter bestellt: der Domdechant Goswin, die Pröpste Heinrich von St. Severin, Heinrich von St. Aposteln und Philipp von Soest und endlich wiederum Albert der Grosse. Eidlich versprachen Konrad und acht Bürger der Stadt in deren Namen, den Spruch der Schiedsrichter anzunehmen (R 452).

Am 28. Juni wurde der Spruch verkündet. In einem ungewöhnlich umfangreichen Instrument stellten die Schiedsrichter 53 Beschwerdepunkte des Erzbischofs und 21 der Stadt zusammen und trafen dann eine lange Reihe von Entscheidungen. Einige derselben sind unwesentlicher Natur, andere bewegen sich in allgemeinen Wendungen oder nehmen lediglich Bezug auf eine nicht mehr vorhandene Entscheidung des Legaten Hugo, der bei der Sühne von 1252 betheiligt war. Eingehend werden zunächst die anscheinend recht unerbaulichen Zustände des Schöffengerichtes besprochen. Zu Schöffen dürfen keine Minderjährigen, Verbrecher und Illegitime vor erfolgter Legitimation genommen, auch nicht die Schöffenwahl erkauft, sondern nur der übliche Beitrag zum Schöffenmahl gegeben werden. Ein vacanter Schöffenstuhl ist sofort zu besetzen, nicht aber mehr Schöffen zu ernennen, als Vacanzen vorhanden sind. Die Schöffen haben zu jeder Gerichtssitzung zu erscheinen und das Urtheil nicht in ungehöriger Weise zu verschleppen. Sie sollen nicht urtheilen über geistliche Güter und Orte, nicht für Geld heute so und morgen anders Recht sprechen; unzulässig ist es auch, dass die gleichen Schöffen in erster und zweiter Instanz urtheilen. Dagegen hat der Erzbischof sich dem Urtheil der Mehrheit der Schöffen zu fügen, auch wenn die Minderheit nach seiner Ansicht im Rechte ist, und ebenso wird als ungerechtfertigt die Beschwerde des Erzbischofs darüber abgewiesen, dass die Schöffen von dem Appellanten für die Verfolgung der Appellation eine Caution fordern. Thun die Richter, d. h. Untergraf und Untervogt, nicht ihre Pflicht, so sollen Burggraf und Vogt sie nach Schöffenurtheil absetzen; falls aber Burggraf und Vogt sich hierin nachlässig erweisen, so mag der Erzbischof nach vorhergegangener Mahnung die Richter entfernen.

Sehr ausführlich gingen die Schiedsrichter auf die von Konrad an die Spitze gestellten Sätze ein, in der Stadt Köln, in welcher er der oberste

---

[1]) Lac. 2, 235. Quellen 2, 378, wo gegen Lacomblet's Ansetzung das Datum richtig gestellt ist. Vgl. Annalen Doppelheft 21 u. 22, 273.

Richter in geistlichen und weltlichen Dingen sei, hange von ihm die ganze Gerichtsbarkeit ab, und Niemand könne sich dort eine Gerichtsbarkeit zuschreiben, wenn er sie nicht von ihm besitze. „Es ist richtig," heisst es darüber, „dass die höchste Gewalt im Geistlichen und Weltlichen dem Erzbischof zusteht. Aber es gibt Personen, welche unter ihm und von ihm Gerichtsbarkeit in geistlichen und weltlichen Dingen besitzen, und Beamte, welche Bürgermeister heissen. Letztere werden von der Richerzeche gewählt und beschwören gewisse Ordnungen, deren Beobachtung viel zum Wohle der Stadt beiträgt. Beobachten sie dieselben jedoch nicht, was leider häufig vorkommt, so werden sie meineidig. Vielfach aber hat sich das Volk zu Köln über die schlechte Verwaltung der Bürgermeister beklagt, und grosser Verwirrung unterlag ihretwegen bisher die Gemeinde. Der Grund scheint uns folgender zu sein. Die Wähler haben nicht nach Verdienst gewählt, sondern unter Berücksichtigung von Fürsprache und Geld; auch haben die jeweiligen Bürgermeister grosse Auslagen gemacht für die Schöffen, für die Richerzeche und andere hervorragende Personen, und in Folge dessen mussten sie später Nutzen ziehen aus ihrer Verwaltung. Darum sollen von jetzt an jene, welche die Bürgermeister wählen, einen leiblichen Eid leisten, dass sie weder um Bitte, noch um Geld, noch um Verwandtschaft, sondern lediglich nach der Gerechtigkeit solche wählen, welche nach ihrem Gewissen tauglich sind für das Gemeinwesen. Die Gewählten aber sollen ausser den altherkömmlichen Leistungen an Wein und Wachs keine Auslagen machen, derenthalben sie später gegen Gott und Ehrbarkeit etwas von unschuldigen Leuten erpressen müssten. Auch steht es den Bürgermeistern nicht zu, aus Anlass ihres Amtes irgend etwas von den Zünften oder andern Personen zu fordern. Desgleichen soll die Wahl der Pfarramtmänner, welche das Burgericht versehen, ohne Geld und Vertrag erfolgen. Den Zünften steht es frei, sich ihre Zunftmeister aus der Zunft selbst zu wählen oder andere Bürger dafür zu kiesen. Nicht dürfen die Zünfte einen festen Preis bei Kauf und Verkauf ansetzen; auch verurtheilen wir das unbillige Herkommen, dass sie von jeder Mark, welche bei ihrer Handelschaft herauskommt, einige Denare in die gemeinsame Zunftkasse legen; denn dadurch wird der Kaufmann, welcher mit ihnen verkehrt, gezwungen, billiger zu verkaufen und theurer zu kaufen."

Der Schiedsspruch wendet sich nun wieder zu den speciellen Beschwerden des Erzbischofs. Gefangene dürfen nur in den Gefängnissen des Erzbischofs bewahrt, jedoch kann der verhaftete Schuldner durch Schöffenurtheil dem Gläubiger zur Bewahrung übergeben werden. Der Anspruch des Erzbischofs, man dürfe keinen seiner Leute in Köln verhaften, ist abzuweisen, auch kann man einige von ihnen vor Graf und Vogt zur Rechenschaft ziehen. Bündnisse zum Schaden des Erzbischofs und der Kölner Kirche darf die Stadt nicht eingehen. Wucher, Meineid und Ehesachen gehören ausschliesslich vor das geistliche Gericht, während bei Schlägereien an Feier-

tagen und in Immunitäten, bei falschem Maass und allen unter dem Namen
Meinkauf begriffenen Vergehen der geistliche und weltliche Richter concurriren.
Statuten und Schatzungen, welche zum Nachtheil des Erzbischofs, der
Prioren und der Geistlichkeit gereichen, sind den Mächtigen der Stadt
untersagt; haben sie etwas gethan, wodurch Zünfte und Gemeinde sich
beschwert fühlen, so können letztere sich an das Gericht des Erzbischofs
wenden, und dieser soll ihnen Recht verschaffen. Die Einkünfte der Stadt
sind unter drei Schlössern von einem Ausschuss zu bewahren, welchen die
Gemeinde aus Schöffen, Zunftgenossen und andern Bürgern zusammensetzt;
vierteljährlich hat diese Commission vor je 12 Schöffen, Zunftgenossen und
andern Bürgern Rechnung zu legen. Wegen sogenannter Ungewoinde dürfen
die Bürgermeister, falls nicht eine förmliche Klage vorliegt, nur gegen solche
vorgehen, welche bei angesehenen und ehrbaren Leuten verrufen sind. Die
Zahl der Pfarramtleute darf die herkömmliche Zahl nicht überschreiten.
Die Bürgermeister sollen nicht in die Immunitäten eindringen und den
kirchlichen Personen gehörenden Wein ausgiessen. Die öffentlichen Wege
in und bei der Stadt sowie die Stadtgräben dürfen von Niemand in Besitz
genommen werden. Ist eine Sache beim kirchlichen Gericht anhängig
gemacht, so hat dieses über die Competenzfrage zu entscheiden, nicht aber
sollen die Bürgermeister oder Schöffen den Kläger an der Verfolgung der
Klage hindern, bis sie selbst die Competenzfrage geprüft haben. Ueber
notorische Ausschreitungen darf der Erzbischof urtheilen, auch wenn keine
specielle Klage vorliegt. Es ist eine unzulässige Umgehung des zuständigen
höhern Gerichts, eine grössere Forderung dadurch vor die Pfarrgerichte zu
bringen, dass man sie in mehrern Posten von je fünf Schillingen einklagt.
Zum Stadtrath können nicht nur die dem Erzbischof durch Eid verbundenen
Schöffen, sondern nach alter Gewohnheit auch einige ehrbare und kluge
Männer aus der Gesammtheit der Bürger genommen werden; diese sollen
dann schwören, dass sie getreulich für das Beste des Gemeinwesens sorgen
und nichts zum Schaden des Erzbischofs und der Kölner Kirche unternehmen
würden. In Köln hat nur die Kölner Münze Geltung. Silber kaufen dürfen,
abgesehen von wenigen Ausnahmefällen, nur die Münzerhausgenossen. Die
Juden zu Köln sind Eigenthum der erzbischöflichen Kammer.

In weit kürzerer Form werden die weniger zahlreichen Beschwerde-
artikel der Stadt erledigt. Der Erzbischof dürfe nicht Briefe ausstellen, auf
Grund deren für seine Schulden Kölner Bürger gefangen gesetzt oder ihr
Eigenthum beschlagnahmt werden könne; er habe vielmehr die Seinigen zu
schützen und nicht den Händen Fremder zu überliefern. Werde im Herzogthum des Erzbischofs ein Kölner gefangen gesetzt, so habe der Erzbischof,
falls eine Klage an ihn gelange, dem Kläger sofort Gerechtigkeit widerfahren
zu lassen nach Recht des Erzbisthums und des Herzogthums. So lange ein
Bürger bereit ist, dem Erzbischof oder seinen Richtern zu Recht zu stehen,
soll der Erzbischof nicht zugeben, dass derselbe ausserhalb der Stadt vor

Gericht oder zum Zweikampf geladen wird. Silberverkäufer, welche in die Kölner Gegend kommen, müssen ihr Silber bei der Kölner Münze verkaufen; handeln sie dem zuwider, so dürfen des Erzbischofs Leute sie verhaften, sollen sie aber, wenn sie ihr Silber an der Münze verkauft haben, wieder gehen lassen. Der Erzbischof darf die Kölner Münze nirgendwo anders prägen lassen als zu Köln, auch keine Fälschung dulden; gefälscht aber werde sie, wenn sie zu Köln oder anderwärts mit gleichem Gepräge, jedoch mit geringerem Gewicht oder geringerem Feingehalt hergestellt werde. Den Eid, dass sie an der erzbischöflichen Zollstätte zu Neuss nur eigene Waaren (zollfrei) vorüberführen, haben die Bürger an der Zollstätte persönlich, oder falls dies mit Gefahr für sie verbunden ist, durch einen Procurator zu leisten. Bezüglich der Klage der Stadt, der Erzbischof lasse fremde Kaufleute den Rhein aufwärts und abwärts über die von Alters her bestimmten Grenzen fahren, wird auf das Herkommen verwiesen. Unzulässig sei es, wenn der Erzbischof oder seine Amtleute für Raub und Unbilde, welche an Kölner Bürgern verübt wurden, Ersatz empfangen und dann nicht an die Geschädigten abliefern. Der Erzbischof solle Allen gleiche Gerechtigkeit zu Theil werden lassen und nicht für Geld den Schuldigen freisprechen und den Unschuldigen verurtheilen, eingedenk, dass verflucht sind vom Herrn jene, so rechtfertigen den Gottlosen für Geschenke, und des Gerechten Gerechtigkeit von ihm nehmen. Hat der Erzbischof Klage gegen einen Bürger, so soll er ihn zu Recht fordern und seine Verantwortung hören, ehe er ihn verurtheilt; weigert er sich aber Rechtens, so mag der Erzbischof gegen ihn das geistliche und das weltliche Schwert gebrauchen. Unrecht thut der Erzbischof, wenn er einen Bürger in derselben Sache vor das geistliche und weltliche Gericht ladet. Auf die Klage, der Erzbischof lasse Gefangene in der Kölner Hacht aus der Stadt zu Zweikampf und Aburtheilung führen, wird geantwortet: Innerhalb des Stadtbezirks begangene Uebelthaten solle der Erzbischof zu Köln aburtheilen lassen; könne aber sein Richter zu Köln nicht Gerechtigkeit erlangen, so gehöre es zur Ehre seines Fürstenthums, dass das Urtheil anderswo erfolge; ausserhalb des Kölner Bezirks verhaftete Uebelthäter könne er zur Aburtheilung bringen, wo er wolle. Der Erzbischof dürfe gerichtlich hinterlegte Pfänder nicht wegnehmen lassen, auch nicht das weltliche Gericht in seiner Competenz durch das geistliche beeinträchtigen. Wenn die Bürger sich beschwerten, der Erzbischof gestatte die Errichtung von Befestigungen zum Schaden der Stadt und Diöcese, so sei das eine Sache, welche die Bürger nichts angehe; jedoch möge der Erzbischof in dieser Beziehung Vorsicht üben. Ungehörige Zölle dürfe er von den Bürgern nicht erheben. Schliesslich wird den Bürgermeistern und andern mächtigen Bürgern die Warnung ertheilt, bezüglich des Bierbrauens, Brodbackens, des Fleisch- und Fisch-Verkaufes und in andern Dingen nichts gegen die Ordnungen der Stadt sich zu erlauben. „In der Pfalz zu Köln, in Gegenwart vieler Geistlichen und Laien, Bürger und Auswärtigen" wurde die Sühne verkündet. Noch heute liegen zwei Exemplare im Stadtarchiv; an beiden hängen die Siegel der Schiedsrichter, des Erzbischofs und des Domcapitels; das Siegel der Stadt ist wahrscheinlich später abgetrennt worden [1]).

Wenige Jahre vorher hatten drei der fünf Schiedsrichter einen andern Spruch erlassen, die Sühne zwischen Konrad und dem Grafen von Jülich [2]). Es war das Urtheil, welches man einem besiegten Feind auferlegte, und nur schwer kann man sich zu der Annahme entschliessen, dass aus den harten Bedingungen nur der Geist der Gerechtigkeit rede. Jetzt stand vor diesen drei Männern der Name des Domdechanten Goswin, hinter ihnen der Name des Bruders Albert, und man wird nicht fehlgehen bei der Annahme: wenn die grosse Urkunde vom 28. Juni 1258 einen ganz andern Geist athmet, als jene vom 1. Februar 1255, so ist dies wesentlich das Verdienst jenes edeln Ordensmannes, welcher unter den Schiedsrichtern bescheiden an letzter Stelle steht. Bei der Sühne von 1252 war er zweifellos die Haupt-, der päpstliche Legat nur die Respectsperson gewesen; für letztern war ein Ersatzmann bestellt, während Bruder Albert die Präliminar-Artikel allein veröffentlichte [3]). Auch bei zahlreichen spätern Einigungen zwischen Erzbischof und Stadt erscheint er als der Vertrauensmann beider Parteien, und 1258 wird es nicht anders gewesen sein. In diesem Actenstück hat der Gelehrte, dessen Ruf schon damals durch die ganze christliche Welt ging, der schon in zahlreichen Werken Denkmäler seines Geistes gesetzt hatte, das schönste Zeugniss seines Charakters hinterlassen. Die ganze Urkunde athmet Ernst, Würde, Unabhängigkeit, unbestechlichen Gerechtigkeitssinn. Das Unrecht straft sie, wo sie es findet, ohne Ansehen der Person; bürgerliche Misswirthschaft wie fürstliche Willkür haben hier in gleicher Weise ihren unerbittlichen Richter gefunden. Hätte Konrad mit seinen hervorragenden Herrschereigenschaften auch die Tugenden des Bruders Albert verbunden, das weise Maass, die Billigkeit und Liebe zum Frieden, die Erkenntniss, dass in einem durch Generationen sich hinziehenden Kampfe fast niemals Recht oder Unrecht nur auf der einen Seite liegen, vielleicht hätte dieser letzte grossartige Versuch, das alte und das neue Recht zu versöhnen, zum Ziele geführt; es hätte gelingen können, den Unabhängigkeitssinn der Stadt und die tieferregten bürgerlichen Leidenschaften auf friedlichem Wege zu bändigen;

---

[1]) Anderer Meinung ist Ennen, Gesch. der Stadt Köln 2, 136: „Die Opposition wusste es durchzusetzen, dass die Untersiegelung vorläufig noch beanstandet wurde... Erst 1262 schickte sich die Stadt dazu an, die volle Rechtsgültigkeit dieser Sühne anzuerkennen." Davon steht in der von Ennen angezogenen Urk. (Quellen 2, 453) kein Wort. Dieselbe enthält vielmehr eine nochmalige Erklärung des Erzbischofs Engelbert, er wolle die Sühne von 1258 halten. 1259 hatte Konrad mehrmals (Quellen 2, 411. 413) die Rechtsbeständigkeit der Sühne, wenn auch bloss zum Schein, anerkannt; würde er bei seinen damaligen Anklagen gegen die Geschlechter die von Ennen angenommene Weigerung, die Sühne zu besiegeln, nicht erwähnt haben?

[2]) Vgl. oben 73. — [3]) Vgl. oben 96.

vielleicht wären die wechselvollen Kämpfe der nächsten Jahre erspart, und die Erzbischöfe von Köln noch Jahrhunderte hindurch Fürsten der Stadt geblieben, in welcher so bald schon nach kurzem Triumph ihr Fürstenrecht zu einem Schatten wurde. Es ist anders gekommen, und wie schwer auch bei der Beschaffenheit unserer Quellen ein sicheres Urtheil über die nächsten Vorgänge ist: schwerlich war es nur Schuld der Stadt, dass schon nach weniger als Jahresfrist die Sühne vom 28. Juni vernichtet war.

Drittes Capitel.

Der Sturz der Geschlechterherrschaft.

Unter den vielen Beschwerden, welche der Erzbischof 1258 gegen die städtische Verwaltung vorbrachte, begegnet auch der Satz: „Ohne den Erzbischof und die Prioren von Köln zu fragen, machen die Oberen der Stadt neue Steuerbestimmungen, so oft es ihnen gefällt; die Last solcher Steuern tragen die Zünfte und andere Leute aus dem Volke, welche Gemeinde heissen, und so verarmen sie. Von Rechts wegen aber darf nichts Neues solcher Art in der Stadt Köln geschehen ohne Zustimmung des Erzbischofs und seiner Prioren." In diesen Worten liegt die Politik angedeutet, welche Konrad seit dem grossen Schiedsspruch befolgte. Zwei Mal hatte er die Stadt einig gefunden; beim dritten Anlauf fand er sie getheilt und erreichte kampflos sein Ziel. Die innerhalb der Geschlechter vorhandenen Parteiungen, welche unter Engelbert II. eine so verhängnissvolle Bedeutung gewinnen, scheinen damals noch geschlummert zu haben oder waren doch nicht schroff genug, um bei drohender Gefahr nicht vergessen zu werden. In voller Schärfe dagegen bestand bereits der Gegensatz zwischen Geschlechtern und Gemeinde. Die grosse Mehrzahl der Bevölkerung sah sich fast vollständig von den städtischen Aemtern ausgeschlossen und, was viel fühlbarer war, auch wirthschaftlich übervortheilt. Derselbe kleine Kreis, aus welchem die Bürgermeister und Schöffen und, allenfalls mit wenigen Ausnahmen, die Rathsherren hervorgingen, stellte auch die Mitglieder der Weinbruderschaft, die Münzerhausgenossen und Mühlenerben, jedenfalls auch einen unverhältnissmässig grossen Theil der Grundbesitzer und Grosskaufleute, und selbst die innere Autonomie der Zünfte war durch die Wahl von Zunftmeistern aus den Geschlechtern beeinträchtigt. Schon an und für sich forderten diese

Zustände die Eifersucht der Mehrzahl heraus, und dazu kam die im grossen Schiedsspruch ausser Zweifel gestellte Thatsache, dass Gericht und Verwaltung an den schwersten Missständen litten. Jede Klage über die städtische Misswirthschaft, über Käuflichkeit, Nepotismus, Willkür, Steuerdruck und Erpressung musste aber auf die bevorrechtete Klasse zurückfallen, welche allein das Stadtregiment führte und zu selbstsüchtigen Zwecken ausbeutete. Bitter empfand die „Gemeinde" ihre Zurücksetzung, und wenn der Erzbischof diese Stimmung geschickt benutzte, wenn es ihm gelang, die Ueberzeugung zu verbreiten, eben daher komme das Uebel, dass „die Oberen der Stadt" das Regiment „ohne Zustimmung des Erzbischofs und seiner Prioren" führten, dann musste es ihm leicht sein, für den Umsturz der bisherigen Stadtverfassung die Gunst des grossen Haufens zu gewinnen.

Ueber die Schritte, durch welche Konrad den Gewaltact vom März 1259 vorbereitete, ist wenig bekannt. „Der Bischof kam in die Stadt", so erzählt der Chronist Hagen [1]), „und muthete den Reichsten zu, er wolle ihnen Erbe und Gut geben, wenn sie sich mit ihm verbinden und ihm all' seinen Willen gönnen wollten. Aber sie thaten seinen Willen nicht, da es gegen die Freiheit der Stadt ging. Da sandte der Bischof zu den Reichsten unter den Webern und von der Gemeinde und bewirkte, dass sie sich vereinten und ihm schwuren und huldigten, dass sie ihm alle helfen sollten wider die Besten von der Stadt, einzig weil sie ihre Freiheit nicht zerbrechen liessen." In directem Anschluss daran wird dann die Absetzung der Münzerhausgenossen und der Schöffen erzählt. Die bezüglichen Urkunden sind vom 24. März und vom 17. April 1259 datirt, doch hatte der Erzbischof wahrscheinlich schon früher entscheidende Schritte gethan, so dass die beiden Urkunden nur als der formelle Abschluss einer bereits vollzogenen Umwälzung zu betrachten sind. In der ersten (R 472) erzählt Konrad, er habe die Hausgenossen wegen manchfacher Vergehen zur Verantwortung gezogen; sie aber seien klüglich einem Urtheil ausgewichen, indem sie sich selbst und all' ihre wirklichen oder angeblichen Rechte ihm anheimgaben und ihre sämmtlichen Privilegien in seine Hände überlieferten. Darauf habe er ihre Privilegien sorgsam geprüft und nichtig befunden, aber auch davon abgesehen, hätten sie sich durch vielfältigen Missbrauch ihres Amtes der Hausgenossenschaft unwürdig gemacht. Deshalb entsetze er die Münzer, die Münzmeister und den Münzprüfer ihres Amtes und der damit verbundenen Lehen und behalte sich und seinen Nachfolgern das Recht vor, andere zu ernennen und zu entfernen. Als anwesend bei diesem Acte werden genannt viele Geistliche und Weltliche, die Schöffen und Rathsmänner und schliesslich bezeichnender Weise „die Zünfte und das Volk der Kölner Gemeinde". Ein Name aber fehlt in diesem Verzeichniss, der noch unter den Zeugen bei dem Verzicht auf die Privilegien aufgeführt wird: Bruder Albert.

---

[1]) Chroniken 1, 55.

Der gleiche Name fehlt auch in der langen Zeugenliste der Urkunde vom 17. April, durch welche Konrad die Kölner Schöffen, mit einziger Ausnahme des Bruno Kranz, ihres Amtes entsetzte (R 475). „Als wir", erzählt er, „in unserer Pfalz zu Gericht sassen, da beschwerten sich unsere lieben Getreuen, die Bürger von Köln, bitterlich, die Bürgermeister und Schöffen hätten gegen ihren Eid einige von ihnen ihrer Güter beraubt, andere verhaftet und in Gefangenschaft gehalten, bis ihrem Willen Genüge geschehen war, und die Gefangenen schwören lassen, sie würden darüber keine Klage erheben. Ausserdem haben die Bürgermeister und Schöffen aus Habsucht vielfachen Missbrauch getrieben in Kauf und Verkauf, besonders bei Nahrungsmitteln, haben nach Willkür Unschuldige verurtheilt, Schuldige für Geld freigelassen, die Gerechtigkeit verkehrt, minderjährige junge Leute zu Schöffen genommen und einige für Geld gewählt. All' das war so offenbar, dass die Bürgermeister und Schöffen, persönlich vor Gericht stehend, durch keinerlei Vertheidigungsgründe sich entschuldigen konnten. Darum baten inständig die Rathsmänner, Zünfte, das Volk der Gemeinde und überhaupt die Gesammtheit der Bürger, wir möchten ihnen für diese Dinge Gerechtigkeit widerfahren lassen". Dann wird die Absetzung ausgesprochen über den Bürgermeister Ludwig, den Sohn des Dietrich von der Mühlengasse, über die Schöffen Dietrich den Weisen und seine Söhne Hermann und Ludwig, Ludwig und Heinrich von der Mühlengasse, Mathias und Daniel Overstolz, Dietrich und Richwin Grin, Dietrich und Gerhard Gir, Hermann den Greven, Gerhard Scherfgin, Gerhard von der Lintgasse und Johann von der Porzen: eine Liste, die deutlich erkennen lässt, wie scharf das Schöffenamt in wenige Familien eingeschlossen war; stellt doch das eine Geschlecht von der Mühlengasse, auch die Weisen genannt, dasselbe, welches schon mit Erzbischof Heinrich in Kampf gelegen[1]), ausser dem Bürgermeister fünf Schöffen, und sechs weitere werden von drei Geschlechtern gestellt. Ueber die Schöffenbrüder, die Vorsteher der Richerzeche und die Pfarrbeamten behielt Konrad sich weiteres Urtheil vor.

Es klingt fast wie Hohn, wenn Konrad dieser Massenabsetzung die Versicherung beifügt, durch diese Urkunde solle der von Bruder Albert und den übrigen vier Schiedsrichtern geschlossenen Sühne kein Eintrag geschehen. Drei derselben begegnen unter den Zeugen, aber Bruder Albert fehlt, und das ist schwerlich Zufall. Wie er schon von der Absetzung der Hausgenossen fern blieb, so hat er sich vollends von einem Acte fern gehalten, welcher sein Friedenswerk gewaltsam zerstörte. Vieles mögen sich die Abgesetzten oder doch Manche von ihnen zu Schulden kommen gelassen haben, aber es erweckt Verdacht, dass die Anklagen des Erzbischofs sich in allgemeinen Wendungen bewegen, dass er, ohne einen Specialfall anzuführen, im Wesentlichen nur wiederholt, was er schon vor der Sühne von

---

[1]) Vgl. oben 89.

1258 vorgebracht hatte. Ueber die Regellosigkeit des ganzen Verfahrens braucht man kein Wort zu verlieren.

Am gleichen Tage (R 476) setzte Konrad, „nach vorheriger Berathung mit der Gesammtheit der Bürger, vorsichtige und ehrbare Männer aus derselben Gesammtheit" zu Schöffen ein, 24 an der Zahl: Gerhard von der Sandkaul, Richolf Grin, Dietrich Overstolz, Heinrich von Wassenberg, Dietrich von der Brücke, Johann von Riel, Gerlach und Konrad seinen Bruder, Waldaver vom Glockenring, Johann von Rodenkirchen, Bodo den Brauer, Hermann den Weisen, Isfried, Dietrich Beyn, Walco, Dietrich vom Griechenmarkt, Johann des Wichmann Sohn, Leo vom Fischmarkt, Heinrich den Zöllner, Albert Hoyr, Eberhard von Bornheim, Wilhelm von der Hundsgasse, Heinrich von Berge und Dietrich von Brugge. Aeusserst sparsam begegnen in diesem Verzeichniss Namen solcher Familien, die bis dahin eine Rolle im Stadtregiment spielten; die Mehrzahl wurde vermuthlich aus der „Gemeinde" genommen. Der enge Kreis der schöffenbaren Familien war gesprengt, und die bisherige Selbstergänzung wurde beseitigt. Sterbe ein Schöffe, so bestimmt die Ernennungsurkunde, so werde der Erzbischof mit den Schöffen und dem Rath der Zünfte die Stelle besetzen. Das Geschlechterregiment war gestürzt, die Demokratie unter erzbischöflicher Herrschaft an seine Stelle getreten. Scharf tritt das zünftlerische Element dieses Umschwungs in einem etwa 1275 geschriebenen Actenstück hervor, welches den Erzbischof mit unverkennbarer Absichtlichkeit schont[1]). „Die Bruderschaften und gemeinen Leute zu Köln," heisst es darin, „verschmähten ihre Oberen, die klugen Leiter des Gemeinwesens, wollten ihnen nicht länger unterthan sein, erhoben sich gegen sie unter allerhand Vorwänden, einige aus Bosheit, andere vielleicht nur unklugen Sinnes, manche durch Versprechungen und Schmeicheleien verführt; nachdem ein Theil der Oberen ihrer Aemter entsetzt oder aus der Stadt vertrieben war, liessen sie sich in deren Aemter einsetzen und nahmen sich frevelhaft der Leitung der Stadt an. Um sich aber den Erzbischof gewogen zu machen, überliessen sie ihm und seiner Kirche die Hälfte der uns entrissenen Mühlen."

Konrad war jetzt der wahre Herr der Stadt. Zwölf der vornehmsten Bürger waren in Haft genommen worden; die Häupter der Zunftpartei sollen dem Erzbischof zu blutigen Massregeln gerathen haben, er aber liess die Gefangenen nach zwei Tagen entwischen und begnügte sich damit, 25 Mitglieder der Geschlechter zu ächten, welche der gerichtlichen Ladung

---

[1]) Urk. der patricischen Mühlenerben, Quellen 1, 322. Die vorsichtige Haltung bezüglich Konrad's ist sehr erklärlich, da das Patriciat Rücksicht auf Erzbischof Sifrit nehmen musste, der 1275 (ebend. 317) mit den Mühlenerben ein Abkommen schloss. Jedenfalls ist die undatirte Urk. kurz vor die Urk. vom October 1276 (ebend. 324) zu setzen. Der über Konrad in den schärfsten Wendungen sich äussernde kurze Bericht der späten Chronica comitum de Clivis et Marca (Seibertz, Quellen 2, 204) scheint mir auf Hagen zu beruhen.

begreiflicher Weise keine Folge gegeben hatten. Es waren zum Theil dieselben, welche das Absetzungsurtheil getroffen hatte: Dietrich der Weise, seine Söhne Hermann und Ludwig, sein Bruder Heinrich von der Mühlengasse, die Brüder Gerhard und Johann von der Lintgasse, Dietrich und Ludolf Grin, Johann von Niderich, Gerhard Gir, Heinrich, Gotfrid, Gotschalk und Eberhard Kleingedank, Heinrich der Rothe, Werner und Hildeger Birklin, die Brüder Bruno und Hermann Kunen, Heinrich und Gotfrid Hardefaust, Gerhard Hirzelin, Gotschalk von Wipperfürth, Friedrich Schegtere und Gotschalk des Waldaver Sohn. Ein Mitglied der Familie Overstolz, welche zwei der abgesetzten Schöffen gestellt hatte, findet sich auffälliger Weise in dieser Proscriptionsliste nicht (R 493).

Am 7. Mai (R 478) erliess der Erzbischof eine Reihe namentlich für den städtischen Handel wichtiger Verfügungen. Im Schiedsspruch von 1258 war bestimmt worden, wegen der Rechte auswärtiger Kaufleute in Köln solle es bei dem bisherigen Gebrauche bleiben. Jetzt wurde "die alte Gewohnheit" genauer fixirt. Kein Kaufmann, der von Osten kommt, darf über Köln hinaus Handel treiben; die Kaufleute von jenseits der Maas und aus der Gegend rheinabwärts von Köln dürfen nicht über den Rhein oder über das linksrheinische Dorf Rodenkirchen bei Köln, kein oberländischer Kaufmann, der nicht innerhalb der Diöcese wohnt, über Riehl unterhalb der Stadt hinausgehen. Kein fremder Kaufmann darf in Köln anders als drei Mal jährlich sechs Wochen lang kaufen und verkaufen. Gewürze, Weihrauch u. s. w. dürfen nur in Quantitäten von mindestens 10 oder 25 Pfund von Fremden verkauft werden, so dass also der Kleinhandel den Einheimischen blieb. Der Silberhandel bleibt der Kölner Münze vorbehalten. "Da die Habsucht", heisst es weiter, "die Wurzel aller Uebel ist, und einst die Herzen einiger Bürger von Köln derartig entzündet hat, dass sie von Landesherrn und Vornehmen Lehen und Belohnungen annahmen und in Folge dessen gar häufig die Eintracht der Gesammtheit und die Ruhe des Friedens störten, so bestimmen wir: kein Bürger von Köln soll in Zukunft von einem Grossen unseres Landes oder von Jemand, welcher der Kölner Kirche verbunden ist, ein Geldlehen nehmen, ausgenommen nur unsere Amtleute und solche, die von uns ein Erblehen tragen. Kein Schöffe von Köln darf Münzer oder Wechsler sein oder Hausgenosse. Wer diese Satzungen verletzt, der soll, falls er Schöffe ist oder Schöffenbruder oder Amtmann der Richerzeche oder Pfarramtmann, sein Amt auf immer verlieren und nie wieder zu demselben oder zum Rathe der Stadt gelangen; ist er aber Bürger niederer Ordnung, so verliert er seine Zunft, muss auf ein Jahr die Stadt verlassen und wird nie wieder zum Rathe der Stadt angenommen."

Der Grimm, mit welchem die Geschlechter diese Umwälzung betrachteten, spricht sich deutlich in den Invectiven aus, mit welchen später ihr getreuer Poet, der Stadtschreiber Hagen [1]), die neuen Schöffen überschüttet.

---
[1]) Chroniken 1, 57. 61.

„Mit Eseln wurde die heilige Stadt Köln besetzt. Man stecke einen Esel in eines Löwen Haut, er schreit doch wie ein Esel. Pfauenhüte liessen sie sich machen und geberdeten sich gar herrlich. Arm und Reich beschatzten sie, mehr als vorher Sitte war, und theilten dem Bischof davon mit. Sollten sie ein Urtheil sagen, so fragten sie zuerst den Bischof, was sie sagen sollten. Sie fürchteten immer, abgesetzt zu werden und thaten deshalb, was der Bischof wollte, um seine Huld zu behalten.... Da verlor Köln seine Freiheit und manche guten Sitten. Was von gutem Geschlecht kommt, das bleibt barmherzig und gut; aber nichts ist so schlimm, als ein emporgekommener Bauer; der ist gierig und falsch.... Wie sollten Leute Rath und Urtheil geben, die ihr ganzes Leben gespult hatten? Wie sollten Fischer und Bäcker Köln bewahren? Ich wähne, mancher von ihnen verstand sich besser darauf, wie viel Häringe man für einen Vierling bekommt." Ein anderer Zeitgenosse bewegt sich in ähnlichen Wendungen von äusserster Schärfe [1]).

Etwa ein Jahr dauerten die neuen Zustände, dann führte der Hass der Parteien zu blutigen Auftritten. Am Ostertage [2]) 1260 — der Erzbischof war abwesend — wurde in der Kirche der weissen Frauen ein Fleischer von einem Geschlechtergenossen erschlagen, wahrscheinlich von Bruno Hardefaust, dessen Haus am Abend von der „Gemeinde" geplündert und in Brand gesteckt wurde. Aber die Geschlechter fielen über die Plünderer her, schlugen 16 todt und verwundeten 50. Jetzt erschien Konrad in Köln und hielt Gericht. Das Urtheil fiel ziemlich milde aus: Die Geschlechter mussten in der Bischofspfalz baarfuss Abbitte leisten und eine Busse von 600 Mark bezahlen. Uebrigens diente der Vorfall nur dazu, den Erzbischof und die Zünfte noch enger zu verbinden. Am 15. April (R 500) einigten sie sich, nur nach gemeinsamem Beschluss dürfe den Geächteten die Rückkehr gestattet werden. Gerathe der Erzbischof in Fehde, so werde die Stadt seinen Gegnern weder Lebensmittel noch Waffen oder sonstige Hülfe zukommen lassen, wohl aber dürfe er gegen Bezahlung seine Bedürfnisse aus der Stadt entnehmen und seine Feinde in Köln, falls sie sich dort aufhielten, verhaften. Ebenso wird er in seinen Burgen, Städten und Orten die offenbaren Feinde der Stadt behandeln.

Nur wenige Wochen wurde die Ruhe aufrecht erhalten. Bitter beschwerten sich, so erzählt Hagen, die Besten von der Stadt beim Bischof über vier der neuen Schöffen und verlangten Gerechtigkeit. Als Konrad am 1. Mai zu Gericht sass, wiederholten sie ihr Begehren. Da wurde Sturm geläutet, der Schöffe Hermann der Weise reizte die Gemeinde auf, und der Bischof

---

[1]) Fragm. der Kölner Reimchronik (Waitz, Chronica regia Colon. 314). Es wird kaum möglich sein, diese Schilderung auf etwas anderes als auf die von Konrad eingesetzten Schöffen zu beziehen. Die sonstigen auf die Stadt bezüglichen Fragmente an bestimmter Stelle unterzubringen, ist mir nicht gelungen.

[2]) Einzige Quelle ist Hagen, Chroniken 1, 59.

wie die Parteien rüsteten sich zum Kampfe. Da vermied Konrad das Blutvergiessen durch eine schnöde List. Als sich die Geschlechter in zwei Haufen, an St. Columba und an der Rheingasse, sammelten, schickte er den Propst von St. Gereon, Heinrich von Vitinghoff und den Zöllner Peter vom Kranich nach der Rheingasse und liess den dort bereit stehenden Geschlechtern sagen, sie möchten, wie ihre Genossen an St. Columba bereits gethan, sich dem Erzbischof ergeben; weder an Leib noch an Gut werde ihnen Schaden geschehen. Mit dem andern Haufen wurde das gleiche Spiel getrieben. Beide liessen sich täuschen und viele von ihnen gingen zu Konrad in die Pfalz. Er aber liess sie gefangen nehmen und schickte sie nach seinen Schlössern Lechenich, Godesberg und Altenahr. Viele andere ergriffen die Flucht. So der patricische Parteibericht, der nicht einmal erkennen lässt, von welcher Seite zuerst zu den Waffen gegriffen wurde. Konrad hat in einer spätern Urkunde (R 514) den Vorgang natürlich in ganz anderm Lichte dargestellt: „Einige sind bewaffnet und mit Bannern aus ihren Häusern gezogen zu unserm und des Gemeinwesens Schaden; mehrere von diesen haben sich bedingungslos unserer Gewalt übergeben und wir haben dieselben in Haft gegeben." So viel lässt sich aus beiden Versionen entnehmen: die Geschlechter haben bei einem Strassenauflauf den Muth verloren und sich — ob durch eine List verleitet oder nicht, muss dahingestellt bleiben — der Gnade des Erzbischofs unterworfen, der die Häupter durch Vertheilung in seine Burgen unschädlich machte.

Es war, so lange Konrad lebte, der letzte Versuch der Geschlechter, durch Gewalt die Entwickelung der Dinge rückgängig zu machen. Am Ende des Jahres (R 514) einigte er sich mit der Stadt über die Theilung der Beute. Er führt eine lange Reihe von Bürgern auf, die ihr Grundeigenthum und ihre Häuser verwirkt hätten. Ausser den meisten der 1259 Geächteten werden genannt Hermann und Simon vom Neumarkt, Dietrich Razen, Bruno vom Ross und Alexander sein Bruder, Alexander und Daniel Jude, Constantin des Waltelm Sohn, Hermann der Greve und sein Schwiegersohn Mathias Overstolz, Gerhard von Gleuel. Von Rechtswegen seien die Häuser aller dieser Uebelthäter zu zerstören, ihre Grundstücke wüst zu legen; aber er scheue sich, eine solche Massregel über seine Stadt zu verhängen, und habe deshalb beschlossen, auf ewige Zeiten die Einkünfte der Häuser und Grundstücke, sowie den Ertrag der (früher im Besitz einiger patricischer Geschlechter befindlichen) Rheinmühlen zu gleichen Hälften mit der Stadt zu theilen.

Im vollen Besitz der Herrschaft über die Stadt ist Konrad gestorben. Noch auf seinem Todesbette soll er die Bitte um Freilassung der Gefangenen schroff zurückgewiesen [1]), nach anderer Angabe seinem Nachfolger an's Herz

---

[1]) Hagen, Chronikon 1, 68.

gelegt haben, er möge sie nicht ihrer Haft entlassen ¹). Der Triumph über das trotzige Bürgerthum ist der vollständigste seines Lebens gewesen, aber er war von kurzer Dauer. Engelbert II. hat seine Erbschaft als wahrer Fürst der Stadt noch angetreten, aber nach weniger als Jahresfrist lag Konrad's Werk in Trümmern. Nie mehr hat ein Kölner Erzbischof so wie er über die Stadt geschaltet, und gerade die Kämpfe, welche sich an den Sturz der Geschlechterherrschaft anschlossen, haben den Grund gelegt, auf welchem sich Köln, die freie Reichsstadt, erhob.

¹) Chronica praesulum Annalen 1857, 210.

Vierter Theil.

Die Kirche, das geistige Leben und die Kunst.

Erstes Capitel.

Klöster und Stifter.

Ein älterer Zeitgenosse Konrad's hat von den kirchlichen Zuständen der Kölner Gegend zu Anfang des 13. Jahrhunderts ein ungemein reiches und anziehendes Bild entworfen. Leibhaftig treten uns in dem Wundergespräch und den Homilien des Cäsarius von Heisterbach entgegen die Prälaten, die Mönche und Nonnen; ganz treu und absichtslos schildert er uns den Klerus aller Stufen wie das religiös-sittliche Leben des Volkes; in einer Fülle von kleinen Zügen kommen die Tugenden und Fehler des geistlichen Standes zur Darstellung, Leichtsinn und weltliches Treiben neben der höchsten Auffassung und glänzendsten Bethätigung der Standespflichten, Wissenschaft und Aberglaube, Abtödtung und sittliche Versunkenheit. Gewisse Analogien mögen sich für die Zeit, zu welcher Konrad die kirchliche Verwaltung der Kölner Diöcese führte, aus dieser Schilderung ziehen lassen, aber übertragen darf man sie auf eine um mehrere Jahrzehnte später liegende Periode gewiss nicht, und einen Nachfolger hat Cäsarius nicht gefunden. So sind wir für das Pontificat Konrad's im Wesentlichen auf Urkunden angewiesen, ein reiches, aber ziemlich trockenes Material, in welchem rechtliche, speciell vermögensrechtliche Verhältnisse in den Vordergrund treten.

In die Zeit Konrad's fällt eine beträchtliche Zahl klösterlicher Gründungen innerhalb des Bereiches der Diöcese [1]). 1256 (R 418) gründete Abt

---

[1]) Ein willkommenes Hülfsmittel war mir hier die Descriptio omnium archidioecesis Col. ecclesiarum etc., herausg. von Dumont. 1879.

Gotfrid von Siegburg eine Benedictiner-Niederlassung bei der St. Cyriacus-Capelle auf dem Klosterhofe zu Overath. Die von Siegburg abhängige Zelle Fürstenberg bei Xanten ging um dieselbe Zeit ein. 1259 übergab Abt Gotfrid dieselbe den Cistercienserinnen von Horst bei Deventer, deren Kloster abgebrannt war, unter der Verpflichtung, den bisherigen Bewohnern, Benedictinerinnen und Conversen beiderlei Geschlechts, die bisher genossenen Pfründen zu verabfolgen. Dieser Vertrag jedoch stiess bei den Nonnen auf hartnäckigen Widerspruch. Ein Schiedsgericht, welches der Dechant von St. Andreas im Auftrage des Erzbischofs vorschlug, wurde abgelehnt, und die Nonnen setzten wenigstens durch, dass sie zwar keine neuen Schwestern aufnehmen, aber doch unter Leitung eines eigenen Vorstehers in Fürstenberg bleiben konnten [1]). Bei Brünen (Kreis Rees) hart an der Diöcesangrenze, aber schon im Bisthum Münster, gründete Sueder von Ringenberg den Augustiner-Convent Marienthal [2]). Schon unter Erzbischof Heinrich hatte Propst Gotfrid von Münstereifel ein Prämonstratenserinnen-Kloster zu Bottenbroich westlich von Köln gegründet; 1254 hat er die Stiftung erweitert [3]). In die fünfziger Jahre fallen die Anfänge der Dominicanerinnen von Paradies bei Soest [4]); auch Albert der Grosse war bei der Gründung betheiligt, über welche uns der anmuthige Bericht des Dominicanerpriors Heinrich von Osthoven erhalten ist [5]).

In Köln selbst hatten Predigerbrüder und Franciscaner schon unter Engelbert dem Heiligen festen Fuss gefasst, angeblich auch, wenn nicht noch früher [6]), die Karmeliter, für welche 1260 in erzbischöflichem Auftrag der Domdechant Goswin eine Reihe von Artikeln aufstellte. Die Brüder dürfen keine Knabenschule eröffnen, nur in seltenen Fällen Beichte hören und Begräbniss halten; predigen und Almosen sammeln dürfen sie in andern Kirchen nur mit Genehmigung der betreffenden Pfarrer. Auch in Bezug auf Abhaltung des Gottesdienstes und Opfer in ihrer eigenen Kirche sowie auf Vermächtnisse werden sie weitgehenden Beschränkungen unterworfen. Die Karmeliterprioren in Stadt und Diöcese erhalten ihre Vollmacht als Obere der Mönche (curam fratrum suorum) vom Erzbischof oder dessen Stellvertreter; ihm und dem Domcapitel haben Prioren und Brüder Treue zu geloben. Die Bestrafung der Brüder erfolgt vor dem Capitel des Ordens, bei Rechtsverletzung geht der Recurs an das Domcapitel. Vorbehalten wurde noch, dass die Brüder binnen stark zwei Jahren die Zustimmung

---

[1]) R 476. 495. 496. Vgl. auch Chronik von Camp, Annalen 20, 281. 290.
[2]) Lac. 2, 254.
[3]) Lac. 2, 213. Vgl. Annalen Doppelheft 26 u. 27, 373.
[4]) R 324. 338. 347. 374. 395. 425.
[5]) Seibertz Quellen 1, 1; Auszug in der Zeitschrift für vaterländ. Gesch. und Alterthumsk. 17 (Neue Folge 7), 267. Die Betheiligung Albert's erwähnt auch Heinrich v. Herford ed. Potthast 201.
[6]) Gelenius, de magnit. Col. 478.

des Ordensgenerals und des Papstes zu diesen Artikeln erwirkten; falls sie dieselben dann, und zwar unter Vorbehalt der Rechte Dritter, nicht beobachteten, so sollten sie ihren Wohnplatz in Köln verlassen und derselbe dem Erzbischof und dem Domcapitel anheimfallen. Der Hauptzweck des umfangreichen Actenstücks [1]) ist offenbar, den weltlichen Clerus in seinen Seelsorgsfunctionen und Bezügen zu schützen und den Orden der regelmässigen Diöcesanverwaltung zu unterstellen.

Sehr bedeutend haben sich unter Konrad die Cistercienserinnen ausgedehnt. Ihre Niederlassung in Fürstenberg wurde bereits erwähnt. 1238 stiftete Ritter Gerhard von Tomberg ein Kloster bei Schweinheim und nahm daselbst mit Gemahlin und Töchtern das Ordenskleid, dem Erzbischof die Vogtei übergebend [2]). Vier Jahre später schenkte Walram's von Montjoie Wittwe Elisabeth dem Kloster, welches den Namen Himmelspforte annahm, ein Grundstück zur Erbauung einer Mühle, zum Seelenheile ihres Gatten [3]). Schon 1234 war das Kloster zu Düsseren bei Duisburg entstanden, welchem Erzbischof Heinrich kurz vor seinem Tode erlaubte, die Zahl der Nonnen von 13 auf 25 zu erhöhen [4]). 1240 gestattete sein Nachfolger der Aebtissin Regenwidis die Errichtung einer weitern Niederlassung zu Sterkrade und nahm dieselbe in seinen Schutz (R 53). 1251 gestattete er dem Grafen von Geldern die Gründung eines Klosters zu Krickenbeck (R 304). Graf Heinrich von Sayn beauftragte sterbend seine Gemahlin Mathilde mit der Stiftung von zwei Klöstern für Cistercienserinnen. In Einfalt des Geistes, schreibt 1247 Papst Innocenz an den Legaten Petrus, habe sie gegen den Willen des Testators ein Augustinerkloster zu errichten begonnen und zwar in einer Burg, an unpassendem Orte, wünsche jetzt aber dies zu ändern; und im päpstlichen Auftrag bevollmächtigte der Legat den Abt von Heisterbach, die Stiftung seinem Orden einzuverleiben [5]). So entstand das Cistercienserinnenkloster Gottesfrieden zu Zissendorf bei Blankenberg an der Sieg. Die dortige St. Catharinenkapelle wurde im nächsten Jahr von Konrad, welcher gleichzeitig dem auf seinen Rath gegründeten Kloster einen Schutzbrief ausstellte (R 216. 217), zur Pfarrei erhoben und der Aebtissin das Patronat übergeben. Einige Jahre später zählte die Gräfin urkundlich die Stiftungsgüter des Klosters auf, als dessen Wohlthäter auch Dietrich von Heinsberg-Blankenberg und Johann von Löwenberg erscheinen [6]). Eine weitere Sayn'sche Gründung ist auch das nach diesem Grafengeschlecht benannte Kloster Sayn oder Sion zu Köln, dessen Anfänge wahrscheinlich noch vor den Tod des Grafen Heinrich fallen [7]). Endlich sind noch drei neue

---

[1]) Anlagen 13. — [2]) Lac. 2, 123. — [3]) Lac. 2, 141. — [4]) Lac. 2, 103.
[5]) Lac. 2, 167. — [6]) Lac. 2, 202.
[7]) Unter den moniales Coloniae commorantes, von welchen der Graf in einer seiner letzten Urkunden spricht, dürften die Nonnen von Sayn zu verstehen sein (Lac. 2, 160. Mittelrhein. Urk. 3, 667). Gemäss Lac. 2, 160 Note „wurde das zu Ober-Wesseling gestiftete Cistercienserkloster (Ophoven) nach Köln verpflanzt. Die Gräfin sorgte so

westfälische Klöster des gleichen Ordens zu nennen. Von Gevelsberg, dem Orte, „wo Erzbischof Engelbert für die Gerechtigkeit unter den Schwertern der Gottlosen starb," ging die Gründung von Benninghausen aus durch Ritter Johann von Erwitte und seine Gemahlin Hildegund [1]). Walter Vogt von Soest und seine Gattin Sophia stifteten das Kloster Welver [2]), und 1246. (R 152) versprach Konrad seinen Schutz dem von der Gräfin Aleidis von Arnsberg zu Ehren der h. Jungfrau gestifteten Kloster Himmelspforten, „erwägend, dass der Herr Jesus Christus zu Ehren des Ruhmes seiner Mutter jenen Ort sich vorauserwählt, auf dass sein Lob und seine Ehre sich vervielfältige und die Andacht der Gläubigen wachse". Hart an der Kölnischen Diöcesangrenze, aber schon im Bisthum Trier, lag das Cistercienserinnen-Kloster Hargarten bei Linz, welches 1257 Gerhard und Benedicta von Rennenberg unter Zustimmung der Gräfin Mathilde von Sayn auf deren Gebiet gründeten [3]).

Unter den frommen Stiftungen, welche Mathilde von Sayn im Auftrage ihres Gemahls zur Ausführung bringen sollte, befand sich auch die Gründung eines Hauses für dreizehn arme Leute zu Blankenberg. Sie verzichtete jedoch auf die Errichtung eines besondern Hospitals und schenkte dem Hospital der Cistercienser-Abtei Heisterbach so viel Einkünfte, als für Aufnahme von dreizehn Armen erforderlich waren [4]). 1242 überwiesen Sibert von Dülken, Bürger zu Neuss, und seine Frau Gisela ihr gesammtes bewegliches und unbewegliches Eigenthum, den Niessbrauch auf Lebenszeit sich vorbehaltend, zur Gründung eines Hospitals in Neuss, mit dessen Verwaltung der deutsche Orden beauftragt wurde. Trotz erzbischöflicher und päpstlicher Bestätigung und einer Erklärung der Neusser Schöffen griffen die Verwandten die Schenkung an, und ein Schiedsspruch des Erzbischofs von 1250 theilte die Hinterlassenschaft zwischen den Verwandten und dem Orden, welcher seinen Antheil zur Vergrösserung seines Katharinen-Hospitals zu Köln verwenden sollte [5]). Weiter ist die Gründung des Griechenconvents in der Stolkgasse zu Köln für arme Beghinen zu erwähnen. 1252 schenkten der Kölner Bürger Heinrich von Soest und seine Frau Margaretha, die Beghine Bela Crigk und ein gewisser Volbero Haus und Grundstück unter Vorbehalt einer mit ihrem Tode erlöschenden Rente [6]). Ein Convent frommer Frauen bildete sich auch auf dem Gladbacher Klosterhof zu Riehl dicht bei

---

reichlich für dasselbe, dass eine Bulle des Papstes Innocenz IV. sie als Stifterin bezeichnet. und zugleich bestimmt, dass die Zahl der Klosterfrauen auf 50 beschränkt bleiben soll". Kaum möglich ist das von Gelenius de adm. magnit. Col. 529 allerdings in hypothetischer Form angegebene Gründungsjahr 1221. Das Testament der Gräfin, in welchem sie „den nunnen van mime cloister ze Colne" zehn Mark verschreibt (Lac. 2, 462), ist von 1283.
[1]) Seibertz, Urkundenb. 1, 271. 278. — [2]) Seibertz 274. 284.
[3]) Mittelrhein. Urk. 3, 1010. Die Dotationsurk. sehr verdächtig. Eine Schenkung des Lambert und der Christina v. Lorscheid ebend. 1064.
[4]) Lac. 2, 212. — [5]) Lac. 2, 141. 189. Annalen Doppelheft 28 u. 29, 218.
[6]) Quellen 2, 325.

Köln, welche 1244 der Abt von Gladbach unter den Gehorsam und in die Confraternität seines Klosters aufnahm [1]). Ueber die Entstehung des Kölner Augustiner-Klosters St. Nicolaus im Burghof, welches 1250 von Konrad geweiht worden sein soll, gehen die Nachrichten auseinander [2]).

Sehr bemerkenswerth ist die starke Bauthätigkeit an ältern Klöstern und Kirchen der Diöcese, worüber wir meistens durch Ablass-Ertheilungen für die Spender und durch Weihe-Urkunden unterrichtet sind. So bauten am Kloster oder an der Kirche die Augustinerinnen zu Sinnich (R 359), die Cistercienserinnen zu Drolshagen, Niederehe, Bürvenich, Gnadenthal und Mariengarten in Köln (R 82. 121. 133. 266. 120. 331). Zu Konrad's Zeit haben auch die Cistercienser von Altenberg den Bau der neuerdings wiederhergestellten gothischen Prachtkirche begonnen. Im Dekanat Essen wurde für den Neubau der baufälligen Stiftskirche eine Collecte abgehalten (R 157). Um dieselbe Zeit soll das abgebrannte Kloster Engelthal zu Bonn wiederhergestellt worden sein [3]).· Der Neubau der Kirche zu Nymwegen war nicht sowohl ein Werk des Frommsinnes, als durch Rücksichten der Zweckmässigkeit veranlasst, da die alte Kirche ausserhalb der Stadt und in bedrohlicher Nähe der Burg lag (R 256). Die Abtei Burtscheid machte den Schaden, den sie 1248 bei der Belagerung Aachen's durch König Wilhelm erlitten hatte, rasch wieder gut; schon 1257 wurden mehrere Altäre der Abteikirche und der anstossenden St. Nicolaus-Capelle eingeweiht [4]) durch den Bischof von Livland und die frühern Bischöfe von Bosnien und Bonifazius von Lausanne [5]). Den Altar der Kirche zu Arnsberg weihte im Juni 1254 Dietrich Bischof von Wirland [6]). In Köln weihte 1257 Arnold Bischof von Semgallen den Hochaltar der St. Lupuskirche [7]). Im gleichen Jahre verlegten die Recluse Heilewigis und deren Mitschwestern ihre Wohnung von St. Catharina nach dem Neumarkt, wo die neue Gertrudis-Capelle entstand (R 444. 445). In den nächsten Jahren haben die Bischöfe Christian von Litthauen, Heinrich von Oesel, Arnold von Semgallen, der Minorit Heinrich von Kurland und Heinrich von Samland Urkunden für die Capelle ausgestellt [8]). Wenige Tage vor seinem Tode (R 523) hat Konrad den Wohlthätern Ablass ertheilt, welche die Stiftsdamen von St. Cäcilien beim kostspieligen Bau der Capelle des h. Paulinus unterstützten. Auf andere

---

[1]) Eckertz und Noever, die Benedictinor-Abtei München-Gladbach 284.
[2]) Gelenius, de magnit. Col. 580.
[3]) Alfter, Annal. Colon. (Hs. in der Bibl. der kath. Gymn. zu Köln) 2152 zu 1246: Restauratum quoque ab officiali Coloniensi et praeposito s. Severini monialium coenobium Vallis angelorum vulgo Engelenthal Bonnae, quod incendio vastatum fuerat.
[4]) R 447. 448. Vgl. auch R 312.
[5]) Eine Vita desselben Acta SS. Febr. 3, 155.
[6]) Seibertz, Urkundenb. 1, 355.
[7]) Gelenius de magnit. Coloniae 411 nach einer Inschrift.
[8]) Gelenius, de magnit. Col. 557. Später nahm der Convent die Dominicanerregel an.

architektonisch merkwürdige Kirchenbauten jener Tage werden wir noch zurückkommen.

Wiederholt wurden schon Titularbischöfe aus den Ostseeländern [1] genannt, welche Weihen von Kirchen oder Altären vornahmen. Weihe- und Ablass-Urkunden derselben für Kirchen des Kölner Bisthums und der Nachbardiöcesen haben sich in Menge erhalten. Kurz vor Konrad's Wahl hatte Balduin von Semgallen die St. Severinskirche und ihre Altäre geweiht [2]. Der Dominicaner Heinrich von Oesel weihte 1241 die St. Annacapelle zu Marienberg bei Boppard und die Klosterkirche auf dem Beatusberg bei Coblenz [3]; 1255 stellte er Ablassbriefe für die Prämonstratenserinnen zu Altenberg bei Wetzlar mit dem Bischof von Samland aus [4]; ein anderer samländischer Bischof verleiht 1252 Ablass den Wohlthätern des Hospitals zu Andernach [5]. Der Bruder Arnold aus dem Cistercienserorden, Vertreter des Erwählten von Lüttich in spiritualibus, welcher 1249 dem Andernacher Hospital ein Sammel- und Ablass-Privilegium ertheilte [6] und 1252 die Hospitalcapelle einweihte [7], ist ohne Zweifel identisch mit Arnold ehemals Bischof von Semgallen, welcher 1254 Mai 10 Kirche und Hochaltar zu Otterberg einweihte [8] und 1247 bei der Weihe von St. Cunibert zu Köln betheiligt war (R 178). Ablass für St. Maximin zu Trier ertheilte 1254 Heinrich Bischof von Kurland [9], der 1260 die Weihe des Chores der Minoritenkirche zu Köln vollzog [10]. Das Hospital von St. Maximin hatte 1248 Dietrich von Wirland geweiht [11], welcher 1255 eine Ablassurkunde für Rupertsberg (Mainz) ausstellte [12]. Dass er während Konrads Legation als dessen Vertreter in Westfalen fungirte, wurde bereits erzählt [13]. Ende 1250 kam er als Procurator des Bisthums Utrecht, wo das durch die Doppelwahl von 1249 herbeigeführte Provisorium noch nicht beseitigt war, nach dem Kloster Egmond, reconciliirte dasselbe, nahm Gebannte wieder in die Gemeinschaft der Kirche auf, weihte Altäre und gewährte Ablässe. „Er war," schrieb später ein Mönch von Egmond, „ein gar kluger Mann von ausgezeichneter Sanftmuth und Güte" [14].

Schenkungen zu frommen und mildthätigen Zwecken haben sich in grosser Anzahl erhalten. So übergab Ritter Bernhard von Rees 1241 den Cistercienserinnen von Gevelsberg ein Gut zu Empel, auf welchem eine

---

[1]) Reiches Material, besonders über Dietrich von Wirland, bei v. Bunge, Livland die Wiege der deutschen Weihbischöfe (Baltische Studien 1. Lieferung. 1875).
[2]) Lac. 2, 113. Quellen 2, 166. — [3]) Mittelrhein. Urk. 3, 539. 540.
[4]) Ebend. 951. — [5]) Mittelrhein. Urk. 3, 862. — [6]) Ebend. 765. — [7]) Ebend. 862.
[8]) Frey und Remling, Urkundenb. des Kl. Otterberg 89. Auch hier heisst er provisor spiritualium H. Leod. electi.
[9]) Mittelrhein. Urk. 3. 919. — [10]) Vgl. unten 4. Cap.
[11]) Mittelrhein. Urk. 3, 710. — [12]) Ebend. 955.
[13]) Vgl. oben 30.
[14]) Annalen von Egmond Mon. Germ. SS. 16, 478. Ende 1248 erhält er von Papst Innocenz eine Ehedispensvollmacht für die Olmützer Diöcese. Potthast 13118.

Kirche gebaut war (R 49). Otto von Wickrath machte 1240 (R 55) den Augustinerinnen zu Schillingscapellen eine Schenkung, der Ministeriale Gotfrid von Meschede 1254 den Cisterciensern zu Bredelar (R 373). Die zu Mirkenich belegenen Güter des Kölner Magdalenenklosters wurden 1241 durch den Grafen von Sayn von allen Lasten befreit ¹). Graf Dietrich von Cleve schenkte 1249 den Augustinern zu Bedburg ein Grundstück ²), Dietrich älterer Sohn von Cleve 1252 den Nonnen zu Wesel die Capelle und den Zehnten zu Hülhausen ³), der Edele Gerlach 1253 dem Kloster Füssenich einen Zehnten zu Bodendorf. Die Zahl der Nonnen war hier so gewachsen, dass Konrad im folgenden Jahre verbot, die Zahl 50 zu überschreiten ⁴). „Zum Heil ihrer Seelen" begabten 1258 Heinrich und Lothar von Wickrath die Prämonstratenser zu Hamborn mit Grundstücken und Renten ⁵). „Gesunden Leibes, fähig zu gehen, zu stehen und zu reiten," übergeben 1252 Ritter Heinrich von Breitbach und seine Gemahlin Lucia den Cistercienserinnen zu Hoven einen Weinberg ⁶). „Von Leibesschwäche niedergedrückt, jedoch nach dem Himmlischen strebend mit des Geistes Kraft, zur Genugthuung seiner Sünden und um zu erlangen den Kampfpreis des ewigen Lebens," überweist der Canonicus Hupert dem St. Gereonsstift 1259 seinen Hof zu Merheim, sich selbst den lebenslänglichen Niessbrauch, nach seinem Tode seinem Bruder die Hälfte der Einkünfte vorbehaltend ⁷). Zu Gunsten der Abtei Brauweiler verzichtet Walram von Jülich auf mehrere Rottzehnten ⁸). Gerhard von Steinhaus macht eine Schenkung an die Cistercienser zu Camp, zu welchen sein Sohn sich begeben hat, „um Frucht des bessern Lebens zu bringen" ⁹). Auch der Bauernstand ist vertreten. Berwin und Winlief von Butzheim übergeben 1253 die Güter, welche sie vom domstiftischen Frohnhof zu Gohr besitzen, unter Vorbehalt der Nutzniessung an die Abtei Altenberg ¹⁰), desgleichen 1258 die Beghine Eufemia von Butzheim ihre Güter zu Butzheim und Nettesheim gegen eine lebenslängliche Rente ¹¹); im folgenden Jahre schenken Udo und Mechtild der Abtei einen Wald ¹²).

Häufig tritt die Schenkung in der Form der Memorienstiftung auf. Graf Adolf von Berg überweist 1249 zum Jahrgedächtniss seiner Eltern an Altenberg neun Mark Rente vom Hofe zu Barmen ¹³); ein clevisches Jahrgedächtniss wird im gleichen Kloster vom Grafen Dietrich 1260 mit 500 Mark gestiftet, bis zu deren Zahlung er 100 (?) Mark Einkünfte anweist ¹⁴). Zum Seelgedächtniss ihres Gatten Heinrich schenkt 1249 die Gräfin Mathilde von Sayn an St. Cunibert einen Weinberg zu Honnef ¹⁵). Walram von

---

¹) Lac. 2, 131, wo im Regest Juli 16 statt Juli 26 steht. Bestätigung Konrad's R 65.
²) Lac. 2, 187. — ³) Ebend. 208. — ⁴) Brewer, Vaterländ. Chronik 1826, 282.
⁵) Lac. 2, 254. — ⁶) Ebend. 206. — ⁷) Ebend. 267.
⁸) Kremer, Beiträge 3, Nr. 91.
⁹) Alfter'sche Urk.-Samml. 15, 133. Datirt 1254 5. fer. post pentec.
¹⁰) Lac. 2, 211. — ¹¹) Ebend. 244. — ¹²) Ebend. 265. — ¹³) Ebend. 186.
¹⁴) Ebend. 276. — ¹⁵) Ebend. 183.

Montjoie nebst Mutter und Gemahlin übergeben 1252 dem Kloster Reichstein den Zehnten des Hofes zu Geleen ¹). Gerhard Vogt von Köln stiftet 1256 sein Jahrgedächtniss im Dom mit einer Mark Rente ²), der Priestercanonich Johann übergibt 1246 dem Dom sein Haus in der Trankgasse und einige Renten ³), Goswin und Rether 1253 dem St. Apostelstift drei Morgen Land unter Vorbehalt des Niessbrauchs ⁴). Bruno Buntebart und seine Frau verschreiben einen Zins von sechs Schillingen: jährlich zwei Mal sollen 18 Capläne von Köln zur Feier der h. Messe in der St. Mathiascapelle zusammenkommen; wer erscheint, erhält zwei Denare, der Rest ist für die Armen ⁵); ähnlich bestimmen die Treuhändler des Pfarrers von St. Johann einen Zins für 12 Kölner Pfarrer ⁶).

Vereinzelt begegnet auch noch Uebergabe von Eigenleuten an Kirchen zum Verhältniss der Wachszinsigkeit.⁷). So übergibt 1255 Graf Wilhelm von Jülich einen Hörigen als Wachszinsigen dem Dom ⁸). Von besonderm Interesse ist eine Urkunde der drei Brüder von Alfter von 1259, welche vor dem Altar der h. Jungfrau zu Eppinghoven drei Brüder und fünf Schwestern zu Neuss der Leibeigenschaft entlassen und dem Kloster zu Cerocensualen-Recht überlassen, „in der Hoffnung des Gotteslohnes und besonders, weil Niemand, mit Ausnahme des Schöpfers aller Dinge, ein ähnliches Geschöpf sich zueignen soll" ⁹]. Vor den Kölner Schöffen werden die Brüder Konrad und Ludolf als Eigenleute vom Herzog Heinrich von Limburg angesprochen, aber der Anspruch zurückgewiesen, weil sie Wachszinsige von S. Maria in capitolio mit einem Jahreszins von zwei Denaren sind, worauf der Herzog sich fügt ¹⁰).

Konrad selbst besass keine freigebige Hand. Den Cisterciensern zu Altenberg schenkte er 1251 (R 311) den Petersberg zu Rhense, den Dominicanerinnen zu Paradies bei Soest überliess er 1256 (R 425) einige Güter, die ihm doch nichts abwarfen. Dazu kommen noch Urkunden über Abgabenbefreiung aller oder einzelner Güter für die Klöster und Stifter Camp (R 227), Brauweiler (R 397), Rommersdorf (R 285. 387), Münstereifel (R 168), Marienforst (R 225) und Marienthal (R 488), die Verleihung der Holzung und Eichelmast für einen Hof der Abtei St. Pantaleon (R 355), einer Schaftrift und eines Zehntens an die Cistercienserinnen von Gnadenthal (R 302. 303), Ueberweisung von Neubruchszehnten an St. Ursula zu Köln (R 20), Schillingscapellen (R 205), Kloosterrade (R 219), Brauweiler (R 69. 185) und Zyfflich (R 378): das ist so ziemlich alles, was wir über

---

¹) Lac. 2, 204. — ²) Ebend. 230.
³) Quellen 2, 250. — ⁴) Ebend. 332. — ⁵) Ebend. 404. — ⁶) Ebend.
⁷) Eine Urk. des Stifts S. Maria in capitolio von 1257 (Quellen 2, 374) zählt sechs Cerocensualen auf. Jede erwachsene Person zahlt jährlich zwei Denare; für die Heirathserlaubniss werden sechs Denare entrichtet; bei Todesfällen gehört dem Stift das Besthaupt oder das beste Kleid.
⁸) Quellen 2, 353. — ⁹) Lac. 2, 270. — ¹⁰) Alfter 26, 154. Am Rande: c. a. 1261.

Aeusserungen seiner Freigebigkeit für kirchliche Institute während mehr als zwei Jahrzehnten wissen. Erwähnung verdienen einzelne Fälle, wo er zu ihren Gunsten gegen seine Amtleute einschritt. So ermächtigte er das Stift Geseke, einige ihm durch seinen westfälischen Marschall entzogene Gefälle wieder zu erheben (R 110), und den Cisterciensern von Camp gab er Güter und Rechte zurück, die seine Amtleute zu Rheinberg ihnen entzogen hatten (R 342).

Weit überwiegend sind Konrad's kirchliche Gunstbriefe derartig, dass ihm selbst daraus kein Opfer erwächst. Mehrere Ablass-Urkunden für Kirchenbauten wurden bereits erwähnt; andere Urkunden enthalten ein Schutzversprechen, Bestätigungen, oder verleihen Ablass für den frommen Besuch einer Kirche oder für Beiträge an kirchliche Stiftungen ohne specielle Angabe der Verwendung, so für St. Peter zu Köln (R 103), für St. Walburg bei Soest (R 455), für die Cistercienser zu Bredelar (R 59), für die Cistercienserinnen zu Drolshagen (R 98), Roermonde (R 112. 459), Ter Hunnepe (R 125) in der Diöcese Utrecht, Rengering (R 408), für die Deutschherren zu Utrecht und Schaluinen (R 199), für die Hospitäler zu Andernach (R 264. 325) und zur h. Maria Magdalena in Köln (R 134), abgesehen von mehrern bereits angeführten Urkunden dieser Gattung, die er als päpstlicher Legat ausstellte [1]). Zu Beiträgen für den Zufluchtsort der Aermsten der Armen, das Leprosenhaus bei Köln, hat er immer und immer wieder gemahnt (R 126. 128. 181. 189) [2]). Nach dem Zahlenverhältniss der Urkunden zu schliessen, scheint er ein besonderer Gönner des Cistercienserordens gewesen zu sein. Diesem gehören auch die Klöster Marienhof (? de curia s. Mariae) zu Bautershoven bei St. Trond [3]), Marienfeld (Münster), Lockum (Meissen), Rengering und Ter Hunnepe (Utrecht) an, deren Schutz ihm von den Päpsten Gregor, Innocenz und Alexander anempfohlen wurde [4]). Innocenz betraute ihn ferner mit dem Schirm des Prämonstratenser-Klosters Koningsveld bei Delft und empfahl ihm wiederholt den Minoritenorden [5]), Alexander sprach ihm für das den Minoriten der Kölner Provinz bewiesene Wohlwollen seinen Dank aus und empfahl ihm 1260 das Kloster zu Vlotho [6]). Beigefügt sei bei dieser Gelegenheit, dass Konrad in den vierziger Jahren den Bau der Beghinenkirche St. Christoph zu Lüttich (R 68), der herrlichen Liebfrauenkirche zu Trier (R 94) und die Restauration des abgebrannten Klosters Corvey (R 83) durch Aufforderung zu Beiträgen unterstützte und 1245 (R 127. 130) die Abteikirche von St. Maximin bei Trier einweihte.

---

[1]) Vgl. oben 29.
[2]) Auch P. Innocenz hat dasselbe durch zahlreiche Gunstbriefe gefördert. Potthast 12662. 12675. 12676. 12681. 12682.
[3]) Schlechter Abdruck bei Wolters, Notice hist. sur la commune de Rummen (Gand 1846) 357.
[4]) Potthast 11735. 13870. * 16083. 16780.
[5]) Ebend. 14736. 11549. 11942. — [6]) Ebend. 16349. * 17959.

In sehr weitgehender Weise wurde unter Konrad das Interesse der grössern kirchlichen Institute gefördert durch Incorporation von Pfarreien. Auf das Domcapitel ging 1243 das Patronat der Pfarreien Odenkirchen, Richrath und Menden über, welches bisher die Erzbischöfe besessen hatten (R 86); 1253 kam noch Loverich hinzu (R 349. 350). Bei eintretender Vacanz hatte der Domdechant eine geeignete Persönlichkeit zur Verwaltung der Pfarrstelle einzusetzen und ihr einen genügenden Theil der Einkünfte zu überweisen, während der Rest an das Capitel floss. Das gleiche Recht verlieh Konrad 1254 dem St. Apostelstift bezüglich der Pfarrkirchen zu Lechenich und Wipperfürth (R 366); 1260 wurde ihm die Präsentation für Lechenich nochmals ausdrücklich zuerkannt (R 503). 1239 beschloss das St. Ursulastift, die Pfarreien von Pier, Kelz und Rhense im Erledigungsfalle zu incorporiren[1]); 1248 wurde demselben die Pfarrkirche zu Kelz, bisher Patronat der Aebtissin, unirt (R 206. 229); der Pfarrer hatte jedoch jährlich nur 60 Malter Weizen und an die Aebtissin ein Malter und 12 Denare (R 207) zu entrichten. Inhaber der Kirche war damals der Dompropst Heinrich von Vianden, der später als Bischof von Utrecht Verzicht leistete[2]). Im Juni 1246 wurden der Abtei St. Pantaleon ihre Patronatspfarreien Süchteln, Niederembt und Elsdorf unter der Verpflichtung der Anstellung von vicarii perpetui mit genügendem Unterhalt incorporirt[3]). 1254 incorporirte der Cardinallegat Petrus der Abtei St. Martin die Kirche zu Soller[4]). Auf seinen Antheil am Patronat der Kirche zu Erp verzichtete der Erzbischof 1260 (R 506) zu Gunsten des Domcapitels. Das St. Cunibertsstift fasste 1255 (R 399) den Beschluss, seine drei Patronatspfarreien Rheinberg, Dinkern und Büderich nicht mehr durch Stiftsherren, sondern durch andere Geistliche versehen zu lassen. Ausserhalb Köln's erhielten: Schillingscapellen die Kirche zu Esch (R 205), Sterkrade das Patronat der Kirche daselbst, welches bisher im Besitz der Edelfrau Mathilde von Holte gewesen war (R 390), Gladbach die dortige Pfarrkirche[5]), deren Verwalter übrigens nach spätern Verträgen die gesammten Einkünfte bezog und der Abtei nur einen mässigen Geldbetrag entrichtete[6]), Bedbur bei Cleve von Echternach die Kirche zu Kellen in der Diöcese Utrecht, wobei die Bedburer Prämonstratenser von Konrad als Legaten die Erlaubniss erhielten, nur einen anstatt der Ordensregel gemäss zwei Mönche als Pfarrverwalter dorthin zu schicken (R 232. 247. 248), das Krankenhaus von Echternach die Pfarrei Rinderen (R 27), die Abtei Cornelimünster die Kirchen von Kumptich (R 81. 238), Bergheim und Cornelimünster (R 438), das Bonner Stift

---

[1]) Crombach, Annal. Col. 3, 930. (Hdschr. im Köln. Stadtarchiv.)
[2]) Alfter'sche Urk.-Samml. 21, 105.
[3]) R 150. Bestätigt von P. Innocenz 1248 Oct. 9. Potthast 26422.
[4]) Lac. 2, 219.
[5]) R 87. 129. Bestätigt von P. Innocenz 1245 Febr. 16. Potthast 26314.
[6]) Lac. 2, 143 und Note.

Dietkirchen die Pfarrei Antweiler (R 344), Siegburg die Pfarreien Wisskirchen und Gimnich (R 391. 392), Burtscheid die dortige St. Michaelskirche (R 328), Gräfrath von der Edelfrau Jutta von Hückeswagen das Patronat der Kirche zu Honrath (R 485), Kappenberg vom Grafen von der Mark das Patronat der Kirchen von Mark und Hamm (R 368), Steinfeld von Konrad das Patronat zu Keldenich (R 528), Reichstein von Walram von Montjoie das Patronat zu Kuchenheim (R 466). Die Pfarrei Obermörmter, früher Patronat des Xantener Stiftes, wurde der dortigen Dechanei incorporirt (R 463). Heinrich von Heinsberg schenkte den Heinsberger Prämonstratenserinnen das Patronat der Kirche zu Brachelen [1]), dem St. Gangolphsstift zu Heinsberg die dortige Pfarrkirche nebst den Kapellen zu Kirchhoven und Kempen [2]). Das Patronat zu Crefeld wurde 1260 durch schiedsrichterlichen Spruch der Abtei Meer zuerkannt (R 501). Endlich sprach Konrad als Legat dem Heiligenstadter Stift die Kirchen der dortigen Alt- und Neustadt (R 258), der Abtei St. Trond die Kirche von Welveren zu (R 252), und bestätigte ihr die Incorporation der Kirche zu Donck (R 253); auch soll er nach zwei allerdings zweifelhaften Urkunden 1242 (R 76) dem Stift zu Zyfflich die Kirche zu Wichem incorporirt haben.

Man könnte geneigt sein, auf das in den Incorporations-Urkunden häufig geltend gemachte Motiv unzureichender Pfründen als stehende Redensart wenig Gewicht zu legen. Aber mehrfach drücken sich die Urkunden doch mit einer solchen Bestimmtheit aus, dass man trotz aller Schenkungen an finanzielle Nothstände der kirchlichen Institute sehr wohl glauben kann. Bitter klagt 1240 Papst Gregor in einem Schreiben an Konrad und seine Suffragane, vieler Orten werde die kirchliche Strafgewalt derartig verachtet, dass kaum Jemand sich finde, der die Ordensleute vor Raub und Unbilden schütze [3]).
„Wir haben," heisst es in einer Urkunde Heinrich's von Heinsberg [4]), „in unserer Kirche St. Gangolph einen grossen und unerträglichen Mangel an Kirchengeräthschaften, Büchern und Gebäulichkeiten bemerkt. Die Kanonichen können kaum für ihren Unterhalt sorgen, und in Folge dessen geht die Kirche der pflichtmässigen Gedächtnisse und Gottesdienste verlustig." Das Kloster St. Pantaleon hatte „in Folge des Krieges (zwischen Köln und Jülich 1242) unersetzlichen Schaden an manchen seiner innerhalb der Diöcese belegenen Güter erlitten, so dass es nicht mehr in der frühern löblichen Weise Gastfreundschaft üben und den Bedürftigen Unterstützung reichen konnte" (R 150). Gemäss spätern Nachrichten sank die Klosterzucht unter Abt Heinrich IV. (1230—42) durch das Ueberwiegen des adeligen Elementes. Die Pfründen hätten nicht mehr ausgereicht und Abt Hermann sich genöthigt gesehen, durch päpstliche Bulle die Zahl der Mönche auf 50 beschränken

---

[1]) Lac. 2, 154. — [2]) Ebend. 2, 214.
[3]) Wolters, Notice hist. sur la commune de Rummen 357.
[4]) Lac. 2, 214.

zu lassen ¹). 1225 wird das andere Benedictinerkloster der Stadt, St. Martin, unter verarmten Abteien dieses Ordens genannt ²). Im December 1239 klagen Aebtissin und Convent von St. Ursula, während des Krieges zwischen dem Erzbischof und dem Herzog von Limburg seien die Höfe des Stifts durch Brand, Raub und Schatzung derartig verwüstet worden, dass wegen Mangels der Einkünfte die gottesdienstlichen Verrichtungen nicht bestehen könnten ³). In Gladbach waren „die Gebäulichkeiten in Folge des Alters so verfallen, dass die Brüder dieselben nicht herstellen konnten, da ihre Mittel zu dieser kostspieligen Arbeit nicht ausreichten" (R 87). Burtscheid hatte, wie schon erwähnt, schwer durch die Belagerung von Aachen gelitten. Steinfeld war verschuldet (R 528), und auch aus dem reichen Trierischen Kloster Laach hören wir Klagen über Schuldenlast und unerträgliche Noth, welche zum Verkauf eines Theiles der Abteigüter zwinge ⁴). Dem grossen Grund- und Renten-Besitz standen eben enorme Leistungen für Bauten, Cultuskosten, Hospitäler und Armenpflege gegenüber, und wenn „der Zustand des Landes schwierig und gefährlich" (R 206) wurde, so war der Vermögensfall rasch vorhanden. Auch wenn die Fehden ruhten, waren die Klöster und Stifter manchfachen Plackereien unterworfen. Die unter Engelbert dem Heiligen so laut erhobene Klage gegen die Kirchenvögte war noch nicht verstummt. 1245 beauftragte Papst Innocenz ⁵) den Erzbischof, mit Bann und Interdict vorzugehen gegen „einige Barone und Edele seines Landes, welche, unter dem Vorwande der Vogtei über die Rottzehnten der Kirchen willkürlich verfügend, dieselben derartig mit ungerechten Schatzungen beschweren, dass ihr Vermögen fast ganz zu Grunde gegangen ist". 1246 wollten sogar die Kirchen der Stadt und Diöcese „wegen Wegnahme von Rottzehnten, ungewohnter Schatzungen, Verhinderung der kirchlichen Gerichtsbarkeit, Raub und anderer offenbarer Ungerechtigkeiten" den Gottesdienst einstellen, wobei als die Schlimmsten der Herzog von Limburg, die Grafen von Cleve und Jülich und des Letztern Bruder Walram genannt werden; jedoch erwirkte Konrad eine Frist, innerhalb deren er gegen die Kirchenbedränger die 1236 von Erzbischof Heinrich aufgestellten Bestimmungen ⁶) anzuwenden versprach (R 139). 1249 schritt Konrad gegen Beschränkungen der Oblationen in der Domkirche zu Osnabrück durch die Stadt ein (R 243). Zu Anfang der fünfziger Jahre wurden einige Ministerialen der Osnabrücker Kirche wegen Gewaltthätigkeiten gegen dieselbe von Konrad gebannt, störten sich aber nicht daran, so dass Konrad den Bischof von Minden zum Einschreiten auffordern musste (R 295). 1253 wird ein Kölner Bürger wegen widerrechtlicher Aneignung von Einkünften des St. Gereonsstifts von Konrad mit Kirchenstrafen bedroht (R 346). 1254 ernannte Papst Innocenz auf Konrad's Klage über die Bedrückung der Kölnischen Kirche durch Walram

---

¹) Thomas, Gesch. der Pfarre St. Mauritius (Köln 1878) 96.
²) Caesar. Heisterb. Homil. 3, S. 97. — ³) Quellen 2, 196.
⁴) Mittelrhein. Urk. 3, 974. — ⁵) Lac. 2, 153. — ⁶) Anlagen 3.

von Limburg und Gerhard von Wassenberg Commissarien, um die Verklagten durch kirchliche Censuren zur Pflichterfüllung zu vermögen [1]). Im folgenden Jahre wurde gegen die Ansprüche des Grafen von Berg und Walram's von Jülich auf den Rottzehnten das Einschreiten des Papstes Alexander angerufen, auch Klage geführt, dieselben weigerten sich, für die während des Krieges mit Konrad vorgefallenen Verwüstungen den Kirchen der Diöcese Genugthuung zu leisten. Alexander ernannte den Scholaster von Strassburg zum Commissar [2]), und schon einen Monat darauf versprach Walram dem St. Ursulastift Ersatz (R 398). „Viele von der Geistlichkeit und aus den Klöstern," klagt die Beschwerdeschrift, „führen aus Mangel an Unterhalt fern von ihren Kirchen ein jämmerliches Leben, Nonnen wenden sich, vom Hunger getrieben, unerlaubten Dingen zu, und die Kirchen gehen der pflichtmässigen Dienste verlustig." Dass Konrad übrigens auch selbst die Kirchen seines eigenen Bisthums, und während seiner Legation auch fremder Diöcesen, nicht ohne Widerspruch, in Anspruch nahm, dass er die kirchlichen Institute als seine besten Steuerzahler auch zu rein weltlichen Zwecken behandelte, wurde schon an anderer Stelle [3]) ausgeführt. Gerade er hatte schwerlich Berechtigung, zu einer Zeit, wo er mit dem päpstlichen Stuhle nicht auf dem besten Fusse stand, auf das römische Besteuerungssystem anzuspielen [4]).

Zweites Capitel.

Disciplin und Cultus.

Für das innere Leben der geistlichen Corporationen sind wieder die Urkunden unsere nahezu einzigen Führer. Dass in ihnen das Unerfreuliche, die Abweichung von der Regel stark hervortritt, liegt in der Natur der Sache; angenehm aber berührt die Wahrnehmung, dass man sich in den vorhandenen Missständen nicht häuslich einrichtete, sondern ihnen unter offenem Eingeständniss des Uebels scharf zu Leibe ging. Klar erkannte man besonders die Gefahr völliger Verweltlichung, welche den grossentheils aus nicht priesterlichen Mitgliedern bestehenden Collegiatstiftern drohte. Mehrere Kölner Stifter trafen mehr oder minder eingehende Bestimmungen

---

[1]) Seibertz, Landes- und Rechtsgesch. des Herzogth. Westfalen 3, 112 Note.
[2]) Potthast 15990. 15991. — [3]) Vgl. oben 15. 21. 30.
[4]) Pretextu subventionum Romano ecclesie quas solvistis. R 344.

über die Verwaltung der Pfründen, so St. Gereon Ende der vierziger Jahre [1]), St. Aposteln 1248 [2]), St. Maria ad gradus 1251 [3]). In einer mit Zustimmung des Capitels getroffenen Verfügung des Erzbischofs [4]) von 1247 wird festgesetzt, dass bei Erledigung von Domprälaturen die Treuhändler des Capitels bis zum nächsten St. Margarethentag die Verwaltung der Temporalien führen, auch auf den zur Prälatur gehörigen Höfen die Gerichtsbarkeit üben und die betreffenden Emolumente einziehen sollen. Der neue Prälat dagegen tritt sofort in die geistlichen Rechte und Pflichten seines Vorgängers ein, geniesst die aus gewissen Functionen fliessenden Emolumente, sowie die Dienste der Vasallen und die auf Vasallenrecht beruhenden Einkünfte, kann sich auch von den Hofleuten den Eid leisten lassen. 1246 beschloss das Capitel von St. Aposteln [5]), dass Präbendare, welche sich ohne Urlaub des Dechanten entfernen oder den gewährten Urlaub unbefugter Weise überschreiten, von der Pfründe suspendirt und erst nach vorgängiger Genugthuung in den Genuss derselben wieder eingesetzt werden sollten. Ein anderer Capitelsbeschluss [6]) von 1248 bestimmte, Präbendaren, welche nicht im vollen Besitz ihrer Pfründe seien, solle nur ein Präsenzgeld von zwei Denaren gereicht werden. Das Damenstift von St. Ursula beschloss 1239, nur Priester zu Canonichen zu wählen [7]). Im Stift St. Maria ad gradus wurde 1251 die Bestimmung getroffen, dass stets mindestens vier (oder fünf) Canonichen dem geistlichen Stande angehören müssten (R 265). Ein arg verweltlichtes Stift war Huckarde bei Dortmund, welches in geistlichen und weltlichen Dingen dem Kölner Domcapitel unterworfen war. Schon 1207 hatte letzteres ein Mandat Innocenz' III. gegen die nicht Residenz haltenden Stiftsherren erwirkt [8]). 1243 klagt es [9]), durch Ungleichheit der Pfründen, sowie durch den Umstand, dass die Canonichen weitab vom Stifte wohnten, sei die Zucht verfallen. Der Propst möge allen abwesenden Pfründnern eine peremtorische Frist von sechs Wochen stellen, innerhalb deren sie erscheinen und ihre Pfründen persönlich verdienen sollten. Auch sollen sie in Zukunft sämmtlich, mit Ausnahme des Propstes, in Huckarde wohnen müssen. „Da ferner," heisst es weiter, „die Canonichen zuweilen mit Jungfrauen und selbst mit Wittwen Ehen zu schliessen pflegen, so verordnen wir, dass Jeder, der eine Ehe schliesst, ohne Weiteres seiner Pfründe verlustig gehe. Falls aber Jemand rechtmässig verheirathet ist und seine Frau will nicht von ihm gehen, dessen Pfründe soll gleichfalls einem Andern übertragen werden." Im Juni 1257 kam es zu einer Auseinandersetzung zwischen Propst und Capitel zu Soest. Die Einkünfte von acht Höfen wurden getheilt und unter Beseitigung des „ungebührlichen und vernunftwidrigen" Umstandes, „dass Jemand Prälat sei in einer Kirche, ohne

---

[1]) Quellen 2, 259. 287. — [2]) Ebend. 276. — [3]) Ebend. 305.
[4]) Anlagen 6.
[5]) Quellen 2, 248. — [6]) Ebend. 2, 276.
[7]) Crombach, Annales 3, 930. — [8]) Anlagen 1.
[9]) Anlagen 5.

eine Pfründe an derselben zu besitzen," bestimmt, der jedesmalige Propst solle zum Canonicus und Bruder des Stifts gewählt werden (R 438. 440). Damals wurden auch die unerträglichen Soester Pfarrverhältnisse reformirt. Bitter klagt Konrad: „Gewachsen ist in Soest die Menge des Volkes; aber obwohl dasselbe nach Pfarreien vertheilt ist, wird es nicht in getrennter Sorge durch Hirten geleitet, nicht einmal durch dauernde Vicare, sondern durch Miethlinge und Jährlinge (conductos et annales), wie es die Hirten der Pfarreien zur Gefahr der Seelen und zum Aergerniss des geistlichen Standes thun" (R 439). In Zukunft solle der Propst für jede der sechs Pfarreien einen bestimmten Canonicus von St. Patroclus präsentiren, der entweder Priester sein oder bei Verlust der Pfründe binnen Jahresfrist sich zum Priester weihen lassen müsse. Auch in Kempen hat Konrad für bessere Regelung der Pfarrverhältnisse Sorge getragen, indem er 1250 (R 281) den Bürgern verbriefte, Niemand solle dort als Pfarrer zugelassen werden, der nicht Residenz halte. Auch wies er das St. Cunibertsstift an, seinen Canonicus Volquin abzuberufen, welcher vom Stift die Pfarrei Rheinberg erhalten hatte, aber sich als gänzlich untauglich erwies und ein ärgerliches Leben führte (R 406). In Attendorn dagegen übertrug er auf päpstliches Mandat die Pfarrei einem Verwandten seines Getreuen Gotfrid von Meschede, welcher noch nicht das erforderliche Alter besass und deshalb einen Vertreter stellen musste (R 254).

Im December 1252, zu einer Zeit, wo päpstliche Privilegien für die Kölner Bürger sich drängten, wahrscheinlich unter Umständen besonderer Art, erliess der Cardinallegat Hugo bemerkenswerthe Verordnungen über das Verhältniss der Kölner Pfarrer zu ihren Pfarrkindern, durchaus zu Gunsten der Letztern[1]). Dieselben können sich nicht nur in ihrer Pfarrkirche, sondern auch in loco magis religioso beerdigen lassen, und in ihren Familiengräbern darf keine fremde Leiche beigesetzt werden. Die Pfarrer sollen keine aussergewöhnlichen Feiertage verkünden, auch nicht Bäcker, Brauer und Müller in Strafe nehmen, welche an Feiertagen — ausgenommen Weihnachten, Ostern, Christi Himmelfahrt, Pfingsten, die Marientage, St. Peter und Paul — unaufschiebbare Berufsarbeiten verrichten; ferner nicht Pfarrgenossen ohne vorherige canonische Mahnung excommuniciren und nicht gegen sie Richter in eigener Sache sein. Ehen dürfen nur nach öffentlichem Aufgebot eingesegnet, Laien nicht innerhalb der Kirchen begraben werden. Will ein Pfarrkind verreisen, so soll ihm auf Ersuchen der Pfarrer wenn möglich eine Frühmesse lesen lassen[2]); für Taufe, Oelung und Aussegnung der Wöchnerinnen soll er nichts nach Uebereinkommen fordern (ne aliquid ex pacto exigant, also vermuthlich nichts mehr als die regelmässigen Gebühren). Einen andern Beschwerdepunkt der Laien bildete der Umstand, dass kirchliche

---

[1]) Quellen 2, 330.
[2]) Statt monemus ne ist doch wohl monemus ut zu setzen.

Institute mit dem Ertrag ihrer Weinberge Kleinschank trieben. Er bildet einen der städtischen Klageartikel von 1258 [1]), und zwar wird dem Erzbischof selbst Schuld gegeben, dass er die Errichtung „öffentlicher Tavernen" zulasse. Konrad erliess ein Verbot bei Strafe des Bannes, welches jedoch wenig beachtet wurde und 1260 auf Wunsch des Erzbischofs von Papst Alexander eingeschärft werden musste [2]).

Die rechtliche Stellung der Geistlichkeit, namentlich dem Erzbischof gegenüber, wurde erheblich verbessert durch Konrad's Privilegienbrief vom 19. Januar 1248 (R 188), offenbar die Gegenleistung für die Summe, welche ihm der Klerus zu dem auf den gleichen Tag fallenden Ankauf von Waldenburg bewilligte. Anscheinend unter Verzicht auf entgegenstehende päpstliche Vollmachten, stellte der Erzbischof die frühern Bestimmungen über die Gnadenjahre und die Verwendung gewisser Pfründen für die Kirchenfabriken wieder her und gewährte den Canonichen das Recht, selbst oder durch ihre Treuhändler frei über ihr Eigenthum zu verfügen. Die Stiftskirchen erhalten freie Besetzung der Prälaturen wie der einfachen Beneficien gewährleistet; bekommt der Erzbischof päpstliche Mandate in Pfründensachen, so wird er die Geltendmachung von Rechtsmitteln gegen dieselben nicht behindern. Dann folgen Einzelbestimmungen über Bann und Interdict gegen solche, die sich an kirchlichen Personen und Gütern vergreifen. Die Pfarrer dürfen durch Dominicaner, Minoriten und sonstige Ordensleute bei Testamenten, Beichthören, Begräbnissen und in ihren sonstigen Rechten nicht beeinträchtigt werden. Die Inhaber weltlicher Gerichtsbarkeit innerhalb der Diöcese sollen die Ausübung der kirchlichen Gerichtsbarkeit und die Vollstreckung geistlicher Urtheile nicht hindern, auch den Missbrauch aufgeben, dass geistliche Personen oder Corporationen, die in ihrem Gebiet begütert sind, bei der Klage eines Laien vor dem weltlichen Gericht Rede zu stehen haben, im Falle des Nichterscheinens aber ihrer Güter verlustig gehen. Schliesslich versprach der Erzbischof, er werde sich in Zukunft keine (päpstliche) Vergünstigung zum Nachtheil der Geistlichkeit ertheilen lassen, weder bezüglich einer Geldunterstützung noch bezüglich der Vergebung von Pfründen. In einer weitern Urkunde von 1250 [3]) hat er dann die Prioren der Stadt und Diöcese förmlich zu selbständiger Ausführung dieser Statuten bevollmächtigt, und zwar sollen in allen Einzelfällen die gerade in Köln anwesenden Prioren die betreffende Bestimmung sofort vollziehen, ohne ihre abwesenden Collegen zu erwarten. Es war das Siegel auf die Magna Charta der Geistlichkeit, die ein leeres Wort bleiben konnte, so lange die Ausführung in der Hand eines durch sie beschränkten Erzbischofs lag.

Einen guten Einblick in das Leben der Collegiatstifter, zunächst allerdings in die Gebrechen derselben, gewähren die am 12. März 1261 von

---

[1]) Punkt 21 der städtischen Beschwerden. Lac. 2, 248. Quellen 2, 388.
[2]) Potthast 17808.
[3]) Anlagen 7.

Konrad in vierzehn Artikeln veröffentlichten Statuten (R 519)[1]). „Als wir," beginnt dieses umfangreiche Actenstück, „dieser Tage durch die Pforte der Visitation den unserer Sorge anvertrauten Acker des Herrn betraten, haben wir über Erwarten viel Unkraut anstössiger Dinge gefunden. Bei manchen, ja bei gar vielen Klerikern begegnete uns offenes Zusammenleben mit Frauen, und unpassende Kleidung; bei einigen auch verwerfliche Handelschaft, und bei vielen, die wir für Geistliche nur dem Namen nach erachten, Mangel der Wissenschaft." An erster Stelle wird dann bestimmt, Verletzer der Keuschheit sollten eingesperrt werden und ausserdem, worüber der Erzbischof sich Weiteres vorbehält, besondere Genugthuung leisten für den Missbrauch mit Kirchengut, „dem Erbtheil Jesu Christi". Bitter wird geklagt, dass Viele bis zum Lebensende in der Sünde verharren, noch auf dem Todesbette kirchliches Eigenthum ihren Kindern aus unerlaubter Verbindung verschreiben „und so noch tiefer in die Schuld vor Gott sich verstricken". Für Handelschaft der Geistlichen, die „fast gleich ist dem Wucher bei Laien", sind die Straf-Bestimmungen die gleichen. Von denjenigen, welche aus Mangel an Kenntnissen den Kirchendienst in Singen und Lesen nicht leisten können, wird nur gefordert, dass sie sich nach Verfügung des Dechanten durch eine taugliche Persönlichkeit vertreten lassen. Dann wird auf Beibehaltung der Tonsur und standesmässige Kleidung gedrungen, namentlich sollen die zu Priestern Geweihten geschlossene Oberkleider tragen. Andere Bestimmungen beziehen sich auf die Kleidung der Priester und Canonici beim Gottesdienst und sonstige Aeusserlichkeiten des letztern. Die Nachlässigkeit im Kirchendienst entstehe, so wird weiter ausgeführt, hauptsächlich dadurch, dass manche Stifter keine Schlafsäle besitzen oder dass die vorhandenen nicht benutzt werden, oder dass man versäume, auf der Capitelstafel die Lectionen und Gesänge zu verzeichnen und im Capitel die Sterbetage der Gläubigen zu verlesen, deren Gedächtniss doch Jeder begehen müsse, der von Almosen lebt. In einigen Stiftskirchen würden die Vigilien für die Verstorbenen nur dann gesungen, wenn Präsenzgelder gezahlt werden. Man solle sich hier an den löblichen Brauch der Kölner Domkirche halten, und regelmässig, mit

---

[1]) Diese Artikel beziehen sich lediglich auf den Stiftsklerus, der bekanntlich nur zum Theil dem Priesterstande angehörte, die sonstige Geistlichkeit wird nur ganz gelegentlich erwähnt. Am Schluss heisst es ausdrücklich, jedes Stift (collegium) solle ein Exemplar erhalten. Die Statuten als Beschlüsse einer Provincialsynode zu bezeichnen, wie in vielen Ausgaben geschieht, ist nicht allein willkürlich, sondern entschieden falsch. Schon die einleitenden Worte schliessen diese Annahme aus: es ist undenkbar, dass Konrad die Beschlüsse einer Provincialsynode lediglich in eigenem Namen und als Ergebniss einer einfachen Visitation verkündigt haben sollte. Bereits Hefele, Conciliengesch. (Ausg. von 1867) 6, 53 hat die Existenz dieser Synode bezweifelt. Mehrere Handschriften (Domarchiv n. 132. 133) haben die Ueberschrift: Incipiunt capitula statutorum ecclesie Coloniensis a b. m. Conrado archiepiscopo edita, von einer Synode kein Wort. Zum Ueberfluss steht auch noch fest, dass wirklich, aber erst am 13. Mai 1261, ein Provincialconcil stattgefunden hat, dessen Beschlüsse leider verloren sind. Vgl. R 521. 523.

Ausnahme der Feste, feierlich die Vigilien mit dem Officium für die Verstorbenen singen. Hierauf haben sich Dechant und Brüder in das Capitelshaus zu begeben; hier wird zunächst die Capitelstafel, dann die Gedächtnisstage und ein Abschnitt über Regel und Leben der Geistlichen gelesen; erst dann dürfen Disciplinarsachen und erst nach diesen sonstige Angelegenheiten zur Verhandlung gelangen. Die Dechanten, welche noch nicht Priester sind, haben sich in den vorschriftsmässigen Zwischenräumen die heiligen Weihen ertheilen zu lassen und gleichwie die Scholaster und Cantoren Residenz zu halten. Der an einer Kirche bestehende Missbrauch, dass der Dechant vom Chordienst frei bleibt, ist zu beseitigen. Niemand darf Scholaster an zwei Kirchen zugleich sein. Die königlichen, bischöflichen und Propstei-Capläne müssen die Weihen besitzen und Residenz halten, falls sie nicht im Dienst ihrer Herren beschäftigt sind oder die Geschäfte der Kirche ihre Abwesenheit fordern; auch sollen sie assistiren, wenn der Erzbischof celebrirt. Dechanten, Scholaster, Chorbischöfe oder Cantoren und Kirchenpriester dürfen nicht königliche oder bischöfliche Capläne sein. Letztere stehen unter der Jurisdiction des erzbischöflichen Kanzlers. In einem besondern Artikel tadelt Konrad den Missbrauch, dass in einigen Stiftern sich keine gemeinsame Bäckerei befinde und man, anstatt das Pfründbrod zu vertheilen, das Mehl verkaufe: „dadurch nämlich geht an solchen Kirchen die Gastfreundschaft zu Grunde, da an ihnen kaum Jemand gefunden wird, der in der Immunitäts-Wohnung sein Brod verzehrt und den Dürftigen davon austheilt." Auch wird gerügt, dass einige Pröpste die Erträgnisse suspendirter Pfründen trotz der Suspension den betreffenden Geistlichen übergeben, anstatt dieselben vorschriftsmässig zur Reparatur des Kirchendaches oder, wo hierfür keine Auslagen zu machen sind, für den Kirchenschmuck zu verwenden.

Am gleichen Tage verkündete Konrad 28 Artikel für die Benedictiner seiner Diöcese. Dieselben bieten ein weit geringeres Interesse als die Statuten für die Stifter, da sie fast nur die Ordensregel umschreiben oder die allgemeinen kirchenrechtlichen Vorschriften über Enthaltsamkeit, Verzicht auf jedes persönliche Eigenthum, Simonie, Kleidung, Tonsur, Lager, Almosengeben, Speisen u. s. w. in Erinnerung bringen. Gelegenheit zu einem Urtheil über die Kölner Benedictinerklöster bieten sie in keiner Weise. Erwähnt sei die Bestimmung, dass die sämmtlichen Benedictiner-Aebte der Diöcese jährlich bei einem der beiden Kölner Klöster (St. Martin und St. Pantaleon) am Feste Kreuzerhöhung ein Ordenscapitel halten sollten, was schon 1236 Papst Gregor IX. angeordnet hatte [1]). Dass Konrad wiederholt Einmischungen der Ordens-Geistlichkeit in pfarramtliche Functionen untersagte, wurde schon erzählt [2]). Uebrigens ist über das Klosterleben zur Zeit seines Pontificates auffallend wenig bekannt. Sehr stark muss in Köln die Zahl der ohne bestimmte Ordensregel lebenden Beghinen gewesen sein. Ein englischer Zeit-

---

[1]) Quellen 2, 162. — [2]) Vgl. oben 113. 127.

genosse schätzt dieselbe, wohl übertrieben, auf mehr als tausend [1]). Der Cardinal-Legat Hugo, dem ihre Frömmigkeit sehr gerühmt wurde, stellte sie, unter Bestätigung ihrer bisherigen Privilegien, unter den Schutz eines Kölner Prälaten, der zugleich Vollmacht erhielt, über sie, im Fall des Ungehorsams gegen ihre Meisterinnen, die Disciplin auszuüben und ihnen nöthigenfalls das Beghinenkleid zu nehmen [2]). Auch Konrad nahm sich ihrer an, indem er bestimmte, dass sie von ihren Häusern den Pfarrern und Glöcknern ihrer Pfarrei nicht mehr zu entrichten brauchten, als die Schöffen oder andere Kölner Bürger zu entrichten pflegten [3]). In einer andern Urkunde fordert er die Meisterinnen auf, sorgfältig auf Erhaltung des guten Rufes und heiligen Wandels der Beghinen zu achten nach Rath und Weisung des Priors und der Brüder vom Predigerorden zu Köln. Speciell möchten sie ihre Untergebenen vor verdächtigem Verkehr mit Männern und müssigem Umherlaufen behüten, Capitel-Versammlungen halten und nach Umständen strafen [4]).

Abgesehen von einzelnen Bestimmungen der Statuten von 1261, welche hauptsächlich den Chordienst betreffen, ist über Aeusserlichkeiten des Kirchendienstes nicht viel zu verzeichnen, und dieses Wenige bezieht sich fast ausschliesslich auf das Reliquienwesen. 1243 verlieh Konrad Ablass für Theilnahme an der Kölner Reliquien-Procession (R 95). Ein Theil vom Arme des h. Andreas wurde seitens des Stiftes zu Rees dem St. Andreas-Stift zu Köln übergeben [5]). Wiederholt werden unter Konrad Reliquien erwähnt, die man damals oder früher auf dem grossen Leichenfeld nördlich von der Römerstadt aufgefunden hatte und gewöhnlich als Reste der ursulanischen Gesellschaft betrachtete. So bezeugt 1256 der Kölner Machabäer-Convent, auf Veranlassung des Erzbischofs habe er dessen Stiefschwester, der Aebtissin Hymana von Georgenthal, den Körper einer der Gefährtinnen der h. Ursula, den man kürzlich gefunden, überlassen, unter der Bedingung, dass man in jedem geistlichen Hause, in welches der heilige Leib übertragen werde, den Namen des Erzbischofs auf ewige Zeiten der dortigen Gebots-Bruderschaft beischreibe (R 410). Im gleichen Jahre [6]) kam ein anderer Körper in das Sions-Kloster zu Prag, was jedenfalls in Zusammenhang mit Konrad's damaligem Besuch in der böhmischen Hauptstadt steht. Im April 1260 verschenkte das Benedictiner-Kloster zu Deutz auf Bitten des Erzbischofs und des Dom-Scholasters einen Theil seiner ursulanischen Reliquien, welche während des Krieges zwischen dem Erzbischof und der Stadt

---

[1]) Matth. Paris ed. Wats 696.
[2]) Quellen 2, 306. — [3]) Ebend. 270. — [4]) Ebend. 445.
[5]) Urk. des Dechanten Johann und des Capitels von Rees 1257 tertia Kal. apr. Abschrift nach dem Orig. in einem Actenheft (Nr. 331) des Pfarrarchivs von St. Andreas. Das Datum ist unmöglich, denn da 1257 Ostern April 8 und 1258 März 24 fiel, so hat das Jahr 1257 nach Kölner Rechnung gar keinen 30. März gehabt. Der Druck bei Gelenius de magn. Col. 292 lässt unklar, ob 1256 oder 1266 zu lesen ist.
[6]) Forts. des Cosmas Prag. Mon. Germ. SS. 9, 176.

im Kloster der Cistercienser zu Altenberg aufbewahrt worden waren, an verschiedene Personen. Altenberg erhielt 14 Leiber; vermuthlich sind sie einbegriffen in den 15 Körpern, von welchen eine Urkunde des Deutzer Abtes Johannes vom December 1260 spricht [1]). Um dieselbe Zeit bescheinigte Konrad (R 507), die Reliquien, welche dem Könige von Frankreich auf dessen Wunsch zugeschickt wurden, gehörten der h. Berga [2]) an, einer Genossin der h. Ursula und Tochter eines edeln britischen Grafen; durch göttliche Offenbarung entdeckt, sei der heilige Leib lange Zeit im Deutzer Kloster bewahrt worden und kürzlich, beim Brande desselben zur Zeit des Krieges, unversehrt geblieben. Wenige Monate später wurde eine Menge von Reliquien der Thebäer und der ursulanischen Martyrer dem Cistercienser-Prior Adam von Montroyal übergeben (R 512); als Schenkgeber werden genannt Propst Werner und das Capitel von St. Gereon, der Abt von Deutz, die Aebtissin von St. Walburg, des Erzbischofs Schwester, die Meisterin des Machabäer-Convents, die Nonne Hedwig daselbst und die Abtei Altenberg. Nach St. Trond führte, ebenfalls 1260, Abt Wilhelm Reliquien der 11000 Jungfrauen, der Thebäer und des h. Gereon [3]). Ausdrücklich werden grosse Ausgrabungen um diese Zeit erwähnt. Konrad's Schwestern, den Aebtissinnen Alcidis und Hymana, soll die h. Juliana († 1258) vorausgesagt haben, durch sie würden die heiligen Jungfrauen geehrt werden; nach dem Tode der Prophetin fanden sie auf dem Kirchhof von St. Ursula 500 Leiber [4]). Ein Theil derselben kam nach Flandern, so an die Gräfin Margaretha, Konrad's Bundesgenossin von 1254 [5]), und nach Flines an das damalige Kloster seiner Halbschwester (R 525).

Schon wegen ihrer schwungvollen Einleitung beachtenswerth ist eine liturgische Urkunde Konrad's [6]) von 1251: „Das Amt der Leitung, welches wir auf uns genommen, verlangt, dass wir die Erhöhung des Gottesdienstes nach Kräften fördern. Nun ist zwar überhaupt wohlgefällig das Lob des Herrn, besonders aber, wenn die Lobpreisungen Gottes erschallen im Munde der Heiligen und wenn im Festesjubel fromm begangen werden der Heiligen Gedächtnisstage. Deshalb müssen wir die höhern Feste, so die der ruhmreichen Jungfrau und Gottesmutter Maria sowie der heiligen Apostel feierlicher begehen. Wenn nun auch zur Zeit der Busse, in der Erinnerung an den Fall der ersten Eltern und die babylonische Gefangenschaft, die Freudengesänge verstummen, so ist es doch angemessen, dieselben nicht verstummen zu lassen an solchen Festen, an welchen Freude erstand der gesammten Welt und das Licht leuchtete in den Finsternissen." Deshalb solle an den

---

[1]) Beide Urk Crombach, Annales 3, 1009.
[2]) Der Name begegnet unter den gefälschten Titeln der Ausgrabungen des 12. Jahrhunderts. Archiv 5, 297.
[3]) Gesta abb. Trudon. Mon. Germ. SS. 10, 401.
[4]) Vita S. Julianae Acta SS. 5. April 1, 470. — [5]) Ebend.
[6]) Anlagen 9.

Tagen Mariä Reinigung und Verkündigung, ferner auf Petri Stuhlfeier und St. Mathias, falls sie in die Zeit zwischen dem Sonntag Septuagesima und Ostern, endlich auf St. Andreastag, falls er in die Adventszeit fällt, bei der Matutin das Tedeum und bei der Messe das Gloria in excelsis gesungen werden [1]).

Drittes Capitel.

Literarische Denkmäler.

Den allgemeinen Bildungsverhältnissen des 13. Jahrhunderts entsprechend, steht das geistige Leben, insoweit es zu schriftlichem Ausdruck gelangt, in engster Beziehung zum geistlichen Stande, der freilich auch hier nicht als gleichbedeutend mit dem priesterlichen Stande gedacht werden darf. Diese Verbindung erscheint um so inniger, als, so weit wenigstens unsere Kenntniss reicht, die Laienliteratur jener Zeit, die ritterliche Kunstpoesie, in der Kölner Gegend keinen Vertreter gefunden hat [2]). Durchaus in geistlichen Händen beruht Konrad's Kanzlei. Als Kanzler oder Kepler finden wir den Domcapitular Konrad von Molenark, später den Propst Werner von St. Gereon [3]). Als erzbischöflicher Notar begegnet lange Zeit hindurch der Magister Gotschalk, Canonicus von St. Maria ad gradus [4]), wohl identisch mit dem 1250 (R 274) genannten Scholaster Gotschalk an der gleichen Stiftskirche. Der in den fünfziger Jahren erwähnte Notar Gotfrid [5]) ist wohl derselbe, welcher Ende 1260 (R 513) als Protonotar und Dechant von St. Cunibert vorkommt. Durchgängig sind die aus Konrad's Kanzlei stammenden Urkunden musterhaft geschrieben, weitaus die meisten nicht bloss nach dem Ausstellungsjahr, sondern nach dem Monat und gewöhnlich

---

[1]) Aehnlich P. Innocenz 1248 für ein belgisches Stift. Potthast 12840.
[2]) Hermes (die Neuerburg an der Wied 19) macht den Versuch, Heinrich von Ofterdingen in rheinischen Urkunden nachzuweisen, behandelt aber selbst die Sache als blosse Hypothese.
[3]) Vgl. oben 81.
[4]) R 60. 69. 84. 85. 100. 107. 139. 156. 208. 236. Zuletzt in einer Urk. Konrad's 1251 (R 304). Noch Anfang 1253 (5. id. febr. 1252) richtet er als notarius domini Col. archiepiscopi ein Schreiben an Abt und Convent zu Hardehausen (Paderborn). Wigand, Archiv 1, 65.
[5]) Er begegnet 1256 als Begleiter Konrad's in Prag (vgl. oben 43), dann 1258 (R 455), 1259 (R 478. 490) und 1260 (R 496).

noch genauer nach der römischen Rechnung oder nach den Fest- und Heiligen-Tagen des Kirchen-Kalenders datirt. Die Sprache ist eben so präcis als gewandt; nicht selten wird die im Stoff liegende Trockenheit durch wohlgelungene rhetorische Wendungen belebt; und namentlich die Einleitungen sind mitunter wirklich schwungvoll und schön [1]. Zuweilen begegnet allerdings die triviale Formel: „Auf dass nicht, was in der Zeit geschieht, mit der Zeit verschwinde, muss es durch schriftliches Zeugniss bekräftigt werden," oder ähnliche Gemeinplätze; in vielen Fällen aber kommen die Gefühle der Dankbarkeit, der fürstlichen Würde, der bischöflichen Pflicht und Verantwortung, des Frommsinnes und des Eifers für die Ehre Gottes in edeler, erhebender Weise zum Ausdruck. Konrad ist auch meines Wissens der erste Erzbischof, zu dessen Zeit die Kölner Kanzlei, allerdings nur in vereinzelten Fällen, dann aber auch mit vollkommener Gewandtheit sich der deutschen Sprache in Urkunden bediente (R 306. 452. 461. 522).

Im Uebrigen ist, abgesehen von einer einzigen sehr bemerkenswerthen Ausnahme, in allen Aufzeichnungen das lateinische Idiom herrschend. Zunächst sind einige klösterliche Schriften zu nennen. Der selige Hermann Joseph, einer der liebenswürdigsten Kölner Heiligen, welcher noch unter Erzbischof Heinrich als Priester des Prämonstratenser-Klosters Steinfeld in der Eifel starb, hat — die Abfassungszeit ist nicht genau bekannt — einen Biographen in einem Ordensgenossen gefunden, welcher mit ihm in persönlichem Verkehr gestanden hatte [2]. Das Büchlein ist reich an anmuthigen kleinen Zügen aus dem Leben des kindlich-frommen Mannes. Mit besonderer Vorliebe wird der gemüthliche Verkehr des Knaben mit der Gottesmutter in der Stiftskirche S. Maria in capitolio zu Köln ausgemalt. Als er im Winter baarfuss zum Beten kommt, sorgt sie mütterlich dafür, dass der arme Schelm Schuhe bekommt. Ein ander Mal hilft sie ihm über den Chorabschluss, damit er mit dem Jesukind spielen könne. Hier findet sich ferner ein Lieblings-Gegenstand der Legenden-Malerei: das Christkind aus der Hand Hermann Joseph's den dargereichten Apfel nehmend. Recht anmuthig ist auch der Bericht, welchen Heinrich von Osthofen, der erste Prior und Beichtvater der Dominicanerinnen von Paradies bei Soest, „über die Gründung von Paradies und den demüthigen Eintritt der Schwestern" (1252) verfasste [3]. Ganz einfach und anspruchslos, aber mit vielen Details und in anziehender Schilderung wird da erzählt, wie die Predigerbrüder Eberhard Clot und Heinrich selbst die der Gründung begegnenden Schwierigkeiten durch Geduld und Gebet besiegen und das anfangs stark angefeindete Kloster Gönner, Besitz und Bewohnerinnen findet. Eingehend gedenkt er des trefflichen Ritters Arnold von Wiedenbrück, der „nicht ohne Mühe" der Welt

---

[1] Beispiele oben 7. 32. 56.
[2] Vita b. Hermanni Jos. Acta Sanct. 7. Apr. 1, 687.
[3] Vgl. oben 113.

entsagt und der Hauptwohlthäter des Klosters wird, und ausführlich verweilt er bei der herzlichen Ansprache, welche Albert, der Provincial des Prediger-Ordens, später der Grosse genannt, den ersten Bewohnern der neuen Stiftung hält. Sorgfältig werden die ersten Nonnen und Conversen, zum Theil adeligen Geschlechtern entstammend, aufgezählt und zum Schluss im Einzelnen die grossen Verdienste hervorgehoben, welche Bruder Arnold sich um die ökonomische Hebung des Klosters erworben.

Ein sehr vielseitiger Schriftsteller war der wackere Cistercienser-Prior Cäsarius von Heisterbach. Seine zahlreichen Bücher theologischen und historischen Inhalts können hier nicht im Einzelnen besprochen werden, da sie ausnahmslos vor Konrad's Pontificat verfasst sind (zum Theil schon unter Erzbischof Engelbert), wenn auch Cäsarius erst unter Konrad gestorben sein mag [1]). Mit seinem frommen Sinn, seinem Freimuth, seiner unverächtlichen Gelehrsamkeit, aber auch mit seinem Aberglauben und sonstigen Wunderlichkeiten ist dieser fleissige Mann einer der bemerkenswerthesten Vertreter rheinischer Klosterbildung. Manche seiner Schriften, in ganz hervorragender Weise das „Wundergespräch", sind culturgeschichtlich von höchstem Werth, und schmerzlich muss man bedauern, dass sich kein Ordensgenosse gefunden hat, welcher als sein Nachfolger ein so reiches, in seiner vollkommenen Absichtslosigkeit so treues, wenn auch lückenhaftes Bild des rheinischen Lebens der Zeit Konrad's von Hostaden entworfen hätte.

Cäsarius ist auch der Letzte, welchem wir die ausführliche Lebensbeschreibung eines Kölner Erzbischofs verdanken [2]). Zufällig ist das nicht, denn auch das Leben des h. Engelbert galt nicht sowohl dem Fürsten als dem Martyrer, und nach Engelbert hat kein Nachfolger des h. Maternus sich noch den Titel oder auch nur den Ruf eines Heiligen erworben. Bei Konrad, allerdings nur für die erste Hälfte seiner Regierung, wird der Mangel einer zeitgenössischen Lebensbeschreibung einigermassen ersetzt durch die letzte Fortsetzung der Annalen von St. Pantaleon [3]). In würdigster Weise hat der Verfasser dieser nach Form und Inhalt vorzüglichen Aufzeichnung die lange Reihe ungenannter Benedictiner beschlossen, welche im Kloster des h. Bruno Menschenalter hindurch die Geschichte des Reiches und der engern Heimath schrieben. In ungleich festern Zügen würde das Bild Konrad's vor uns stehen, hätte nicht dieser treffliche Mann mit der sorgfältigen Prüfung der Thatsachen und dem ruhigen Urtheil schon 1249 die Feder niedergelegt,

---

[1]) Zu der in der Allgemeinen deutschen Biographie s. v. Cäsarius verzeichneten Literatur kommt neuerdings noch ein Aufsatz von Unkel im 34. Heft der Annalen, welcher die bisher vernachlässigten Homilien behandelt.

[2]) Die meist kurzen Abrisse der Bischofs-Kataloge und -Chroniken können nicht hierhin gerechnet werden. Auch im 13. Jahrhundert wurden diese Compendien der Bisthumsgeschichte, welche im 14. Jahrh. in der Chronica praesulum einen gewissen Abschluss erhielten, fortgesetzt. Vgl. die Ausgabe der Kataloge Mon. Germ. SS. 24, 332.

[3]) Vgl. die Einl. zur Ausgabe Mon. Germ. SS. 22 und die Erläuterungsschrift Archiv 7, 197. Abdruck der letzten Ausgabe bei Waitz, Chronica regia Coloniensis.

ohne, so weit bis jetzt bekannt, einen Fortsetzer zu finden. Allerdings ist auch die spätere Zeit Konrad's in einer grössern Aufzeichnung berücksichtigt worden, aber nur Bruchstücke haben sich erhalten, zum Theil verstümmelt und auch aus andern Gründen dem Verständniss die grössten Schwierigkeiten bietend. Es sind dies die wenigen erhaltenen Blätter der sogenannten Kölnischen Reimchronik [1]), eines lateinischen Gedichtes, als dessen Grenzen sich die Kämpfe zwischen Otto IV. und Philipp von Schwaben und Vorgänge der fünfziger Jahre erkennen lassen. Der Inhalt ist dürftig genug und zudem durch die Form sozusagen verbarricadirt. Der Dichter hat nämlich den leoninischen Hexameter gewählt, reimt um jeden Preis Mitte und Ende jedes einzelnen Verses und oft auch noch benachbarte Verse unter einander. Dadurch entsteht nicht nur ein unerträglicher Klingklang, sondern die der Sprache geschehene Gewalt lässt an manchen Stellen nicht einmal errathen, was der Poet eigentlich sagen will.

Im schärfsten Gegensatz zu dieser Geschmacksverirrung steht das „Buch von der Stadt Köln", die prächtige deutsche Reim-Chronik des Stadtschreibers Gotfrid Hagen [2]). Abgefasst ist dieselbe zwar erst zu einer Zeit, wo Konrad bereits im Grabe ruhte, aber ein nicht unerheblicher Theil schildert Vorgänge aus seinem Pontificat, welche der Dichter ohne Zweifel bereits miterlebt hatte. Die Kämpfe der Stadt mit den Erzbischöfen Konrad und Engelbert von 1252—71, die zweimalige Fehde unter Konrad, sein Sieg über die Geschlechter mit Hülfe der Zünfte, der Aufstand gegen Engelbert und seine wiederholten Anschläge gegen die Bürger, die Strassenkämpfe zwischen Zünften und Geschlechtern, zwischen Weisen und Overstolzen, die Gefangennehmung des Herzogs von Limburg bei dem nächtlichen Kampf am Ulrethor, endlich die Sühne von 1271, bei welcher noch einmal die Figur Albert's des Grossen glänzend in den Vordergrund tritt: das sind die Dinge, welche Hagen in einem Epos von über 6000 Versen besingt, nicht ohne poetisches Talent und trotz seiner ausgesprochenen Parteistellung, als geschworener Anhänger der Geschlechter, als erbitterter Gegner der Erzbischöfe und ihrer zünftlerischen Bundesgenossen, mit verhältnissmässiger Treue. Wie viel auch im Einzelnen auszusetzen sein mag, das Ganze ist ein Denkmal, einzig in seiner Art, ein reiches, lebensvolles Bild der merkwürdigsten Periode der innern Geschichte Köln's, wie es ähnlich aus so früher Zeit keine andere Stadt Deutschlands aufzuweisen hat. Ob Hagen zur Zeit der von ihm geschilderten Ereignisse — urkundlich finden wir ihn zuerst 1268 mit der Bezeichnung Clericus Coloniensis — bereits dem geistlichen Stande angehörte, ist nicht sicher; höchstens hatte er einige niedere Weihen erhalten, da er nach 1271 heirathete und erst später, vermuthlich

---

[1]) Die von Deycks und Pertz gesondert herausgegebenen Bruchstücke sind jetzt vereinigt bei Waitz, Chronica regia Colon.
[2]) Vgl. die Einl. zur letzten Ausg. Hagen's Chroniken der Stadt Köln 1, 3.

nach dem Tode seiner Frau, Pfarrer von Klein St. Martin zu Köln wurde [1]). So erscheint denn auch als Verfasser dieses durch und durch bürgerlichen Gedichtes ein Mann, der entweder sein Werk schon als Priester schrieb oder kurz darauf sich dem Priesterstande widmete.

Gewiss haben die Stifter und Klöster Köln's, dessen „Pfaffen" von einem Dichter des 13. Jahrhunders nebst ihren Pariser Collegen als „die besten von allen Reichen" bezeichnet werden [2]), noch manchen geistig bedeutenden und auch literarisch thätigen Mann beherbergt [3]). Die Hauptpflegestätte geistigen Lebens aber war das Dominicaner-Kloster, der Wohnort des grössten deutschen Gelehrten seiner Zeit. Um 1220 hatte der als Prediger hochberühmte Bruder Heinrich von Köln, derselbe, auf dessen Veranlassung Ludwig der Heilige in Paris die Untersuchung wegen der Judenbücher anstellte [4]), den Orden in Köln eingeführt. 1222 besassen die Brüder die Kapelle und das Hospital in der Stolkgasse, welche einst Petrus, Arzt und Canonicus von St. Andreas, zu Ehren der h. Maria Magdalena gegründet hatte [5]). Schon Engelbert der Heilige musste sie und die Minoriten gegen die Angriffe eifersüchtiger Weltgeistlicher in Schutz nehmen [6]). Aehnliche Klagen wurden laut, als der Cardinal-Legat Konrad von Urach nach Engelbert's Ermordung in Köln eine Synode hielt. „Zu unserm Schaden," soll ein Pfarrpriester gesagt haben, „sind die Predigerbrüder nach Köln gekommen, die da ihre Sichel stecken in fremde Ernte. Sie hören die Beichten unserer Pfarrkinder und erwerben sich so die Gunst der Leute." Als aber der Priester habe gestehen müssen, die Zahl seiner Pfarrkinder belaufe sich auf nicht weniger als 9000, habe ihn Absetzung getroffen [7]).

Nach allem, was wir wissen, haben die Dominicaner diesen Schutz verdient. Die bescheidene Gründung Heinrich's von Köln gedieh. 1232 erwarben die Brüder vom St. Andreas-Stift eine Hausstätte an der Stolkgasse [8]). Hier erhob sich das Kloster, dessen Ruf bald in alle christlichen Lande ging und welches der Sammelplatz so vieler edeler Männer wurde. Meister Salomo, ein berühmter Prediger und Lehrer, der im Ruf der Heiligkeit starb, zog sich dorthin in hohem Alter unter Verzicht auf alle Pfründen zurück; „dort

---

[1]) Chroniken, 3, 963.

[2]) Angeführt in Grimm's Mythologie 3. Aufl. 1000.

[3]) Einen „geschichtskundigen Mann, ehemals Scholaster zu Köln," erwähnen die Annalen von St. Pantaleon 542.

[4]) Thomas v. Cantimpré de apibus 1, 3. Seine Charakteristik bei Sighart, Albertus Magnus 27.

[5]) Caesar. Heist. Dial. mir. 9, 56. Am 10. Buch (vgl. c. 48) schrieb Cäsarius noch 1222. Auch die Gesta Trev. (Mon. Germ. SS. 24, 399) erwähnen die Niederlassung beim Hospital in der Stolkgasse als erste Predigerkloster der Gegend.

[6]) Caesar. Vita S. Engelb. 1, c. 7. Böhmer, Fontes 2, 302.

[7]) Ficker, Engelbert d. Heil. 240 citirt die Anekdote nach späten Autoren; sie steht schon bei dem Zeitgenossen Thomas Cantipr. 1, 9.

[8]) Lac. 2, 97. Quellen 2, 132.

lebte er milde und demüthig wie ein Kind und starb nach einigen Jahren einen gar heiligen Tod" [1]).

Seine Berühmtheit aber verdankte das Kloster in erster Linie jenem grossen Manne, welcher zwar nicht durch seine Geburt, aber durch einen beträchtlichen Theil seiner Wirksamkeit der rheinischen Metropole angehört: dem Bruder Albert von Köln. Wir sind noch weit entfernt, mit genügender Klarheit die Stellung dieses Gelehrten in der Entwickelung der mittelalterlichen Wissenschaft zu erkennen, dem [2]) das „unbestrittene Verdienst" gebührt, „den phantastischen Umdeutungen und Verzerrungen, welche die Aristotelische Doctrin bei den Arabern gefunden hatte, an den wichtigsten Punkten ein inneres Verständniss entgegengesetzt zu haben", der nach einem treffenden Ausdruck „den Philosophen von Stagira erst für die christliche Speculation erobert" hat, dessen Speculation allerdings „wesentlich einen illustrirenden, commentirenden, disponirenden Charakter" trug, der aber die neu erschlossenen Schätze der griechischen Weltweisheit nicht bloss mit grossartiger Belesenheit beherrschte, sondern auch geistig durchdrang und verarbeitete, der auch in seinen naturwissenschaftlichen Schriften, auf einem Felde, auf welchem er der dürftigen Kenntniss seiner Zeit neue Bahnen schuf, nichts sagt, „was er nicht geistig reproducirt und sich klar gemacht hat" und „selbst da Original ist, wo er zu copiren scheint" [3]). Es ist eine beschämende Thatsache, dass Deutschland den grössten Geistesmann, den es im Mittelalter erzeugt, noch so wenig kennt. Selbst Fragen, welche der Forschung sich in erster Linie aufdrängen, die Fragen nach Zahl, Echtheit und Entstehungszeit seiner in der französischen Gesammtausgabe von 1651 einundzwanzig Foliobände füllenden, zum Theil in ganz verderbter Form überlieferten Schriften harren noch der Lösung [4]), und selbst über seine äussern Lebensumstände ist seit den verdienstvollen Untersuchungen seiner französischen Ordensgenossen zu Anfang des vorigen Jahrhunderts nur Weniges von Bedeutung geschrieben worden.

Auch bezüglich seines Aufenthaltes in Köln herrschen noch manche Unklarheiten, die sich im günstigsten Falle nur durch sorgfältige Vergleichung sonstiger Lebensnachrichten werden lösen lassen. Wann er zuerst dem Kölner Kloster angehörte, ist noch nicht festgestellt [5]). Ein früherer Aufenthalt ist

---

[1]) Thomas Cantipr. 2 prooem.
[2]) Vgl. v. Hertling im Jahresbericht der Görres-Gesellschaft für 1876, 30 ff.
[3]) Worte Jessen's, angeführt bei v. Hertling 32.
[4]) Vgl. v. Hertling 26.
[5]) Wie unsicher die Nachrichten sind, habe ich in einer frühern Bemerkung („Köln. Volkszeitung', vom 7. März 1874, abgedruckt als Note zu v. Hertling a. a. O. 22) angedeutet. Ich füge bei, dass ein Theil der bei Petrus de Prussia und andern Biographen stehenden Notizen sich bereits in der Chronik des Heinrich von Herford (ed. Potthast 201) findet. Vermuthlich sind diese verschiedenen Berichte auf eine ältere Vita als gemeinsame Vorlage zurückzuführen. Nach Heinrich „trat Albert, ein Schwabe von ritterlicher Abkunft, als liebenswürdiger und reichbegabter Knabe von sechzehn Jahren in den

mit grosser Wahrscheinlichkeit anzunehmen, urkundlich aber finden wir Albert daselbst erst März 1252 als Lesemeister der Dominicaner (R 315), und auch jetzt bleiben die zuverlässigen Nachrichten dürftig im höchsten Grade. Er stand damals wohl auf dem Höhepunkte seines geistigen Schaffens, und doch lässt sich in dieser Beziehung nicht viel mehr mit Sicherheit sagen, als dass er um die Mitte des 13. Jahrhunderts als Schriftsteller und Lehrer die Schule der Kölner Dominicaner zu hohen Ehren brachte und dass die Träger nachmals gefeierter Namen, Ambrosius Sansedonius von Siena, Ulrich Engelbrecht von Strassburg [1]), vielleicht auch Thomas von Cantimpré [2]), namentlich aber sein grosser Schüler Thomas von Aquino zu seinen Füssen sassen. Seine Wirksamkeit blieb aber nicht auf Studirstube und Hörsaal beschränkt. 1256 führte ihn der Kampf Wilhelm's von St. Amour, des Wortführers der Pariser Universität, gegen die Bettelorden, an den päpstlichen Hof zu Anagni. Auch als Provincial des Predigerordens für Deutschland — ein Amt, welches er übrigens nur wenige Jahre bekleidete — muss er zu manchfachen Reisen genöthigt gewesen sein.

In letztern wird man die Erklärung suchen müssen, dass sein Name so selten in Kölnischen Urkunden begegnet. Nach dem Friedenswerke von 1252, wo er den Erzbischof mit der Stadt aussöhnte, dauert es beinahe drei Jahre, bevor er wieder als Zeuge in einer Urkunde Konrad's erscheint (R 382). Erst 1258 wird sein Name häufiger genannt, und wieder bei einem Werke des Friedens: am 20. März erhielt er zum zweiten Mal das ehrenvolle Amt, den Streit zwischen den Bürgern und ihrem Fürsten zu schlichten, und am 28. Juni hat er sich des Auftrags in grossartiger Weise entledigt [3]). An ihm hat es gewiss nicht gelegen, wenn die Sühne schon im nächsten Jahre wieder in Trümmer ging. Nur bei dem ersten jener Gewaltacte, durch welche Konrad die städtische Verfassung über den Haufen warf, hat er sich noch durch seine Anwesenheit betheiligt: er war Zeuge, als die Münzerhausgenossen dem Erzbischof ihre Privilegien übergaben [4]), aber sein Name fehlt bereits unter den Zeugen der Absetzungs-Urkunde vom 24. März, in welcher die Uebergabe der Pri-

---

Predigerorden. Demüthig, keusch, freundlich, eifrig, fromm und in Allem Gott ergeben, machte er in Kurzem solche Fortschritte, dass er zwei Mal zu Köln die Sentenzen las. In Hildesheim war er zuerst Vorleser, dann in Freiburg, zwei Jahre in Regensburg, in Strassburg. Hierauf ging er nach Paris und wurde der allervorzüglichste Magister in der Theologie. Nach dreijähriger Ausübung des Magisteramtes wurde er zum Lesen nach Köln geschickt, und der heilige Thomas von Aquino kam nach demselben Orte, um unter einem solchen Lehrer zu studiren, und ward ihm sehr lieb und befreundet. Danach wurde er Provincial für Deutschland." Ein Kölner Aufenthalt vor Erlangung des Magisteramtes wird unbedenklich angenommen werden dürfen. In Paris war Albert urkundlich 1248 Mai 15 (Sighart 46). Besondere Schwierigkeiten macht der Umstand, dass Thomas v. Cantimpré 1, 20 den Aufenthalt des h. Thomas in Köln vor, Heinrich von Herford nach der Pariser Lehrthätigkeit Albert's verlegt.

[1]) Vgl. Sighart 50. — [2]) Vgl. ebend. 29.
[3]) Vgl. oben 99. — [4]) Lac. 2, 257.

vilegien erwähnt wird. Es wird schwer, an einen blossen Zufall zu glauben, wenn man bedenkt, dass er noch am 22. und 23. März als Zeuge und Vermittler bei den Verträgen zwischen Köln und Utrecht figurirt [1]), und dass von da ab keine einzige uns erhaltene Urkunde Konrad's, auch wenn in denselben Albert's Schiedsspruch erwähnt wird, sich auf ihn als Zeugen berufen kann. Zu Anfang des nächsten Jahres hat ihn der Wille des Papstes auf den bischöflichen Stuhl von Regensburg geführt. Als er zurückkehrte, war Konrad nicht mehr unter den Lebenden, aber unter dessen Nachfolger Engelbert hat er wieder mehrmals das Amt des Friedensstifters übernommen. Sein Ansehen in Köln muss ein geradezu unbegrenztes gewesen sein; schwerer noch, als die wohlverdienten Lobsprüche, welche die Biographen seiner Frömmigkeit, seiner ascetischen Lebensweise und seinen sonstigen Tugenden widmen, fällt für die Beurtheilung seines Charakters die Thatsache in's Gewicht, dass in der ganzen Kette erbitterter Kämpfe von 1252 bis 1271 das Vertrauen beider Parteien immer von neuem demselben Manne sich zuwendet. Dante kennt den Schwaben, welcher in langjähriger Thätigkeit Köln zu einem Centrum geistigen Lebens machte und dort auch seine Ruhestätte fand, unter dem Namen Albert von Köln; nicht nur durch die mehr zufälligen Umstände, dass sein Beruf ihn in ihre Mauern führte und innerhalb derselben sein Grab finden liess, gehört er der rheinischen Metropole an, er ist auch eng in einen der bedeutungsvollsten Abschnitte ihrer Geschichte verflochten, und wenn am 15. November dieses Jahres zum sechsten Male der hundertste Gedächtnisstag seines Todes wiederkehrt, dann darf sie Albert, den „Grossen" der Wissenschaft, den „Seligen" der Kirche, zugleich als einen ihrer besten Bürger im vollen Sinne des Wortes feiern.

Viertes Capitel.

Rheinische Kirchenbauten.

Eine Persönlichkeit, welche das geistige Durchschnitts-Niveau des 13. Jahrhunderts so hoch überragte, wie Albert der Grosse, musste ein willkommener Gegenstand für sagenhafte Ausschmückung werden. Dem Mittelalter imponirten in ganz besonderer Weise seine naturwissenschaftlichen Kenntnisse, und so finden sich schon früh bei seinen Biographen neben innig-schönen poetischen Zügen auch die albernsten Ammenmärchen erwähnt und zurückgewiesen, in welchen dieser fromme Priester als Schwarzkünstler und Held unerbaulicher Zauber-Anekdoten erscheint. Die neuere Zeit hat

---

[1]) Lac. 2, 256. Quellen 2, 405.

dem Bilde des historischen Albertus einen ehrenvollern, aber kaum minder unhistorischen Zug beigefügt, indem sie den Gelehrten, der so mächtig mitschuf an dem Geistesbau der Scholastik, auch zum Baumeister steinerner Dome, ja zum ersten Architekten seiner Zeit machte. So schwach auch die Anhaltspunkte sein mochten, man konnte sich nicht zu der Annahme entschliessen, dass dieser universale Geist jenem Gebiete des Schaffens fern geblieben sein sollte, auf welchem so herrliche, unübertroffen bis in unsere Zeit hineinragende Gebilde entstanden sind. So ist Albert der Künstler eine Form der Huldigung, welche die Neuzeit Albert dem Gelehrten darbrachte.

Befördert wurde diese Sagenbildung durch den Umstand, dass die Stätten, an welchen Albertus auf der Höhe seines Lebens weilte, auch Centralpunkte des Aufschwunges der kirchlichen Architektur sind. So sein Bischofssitz Regensburg [1]), so vornehmlich Köln. Die Geschichte der deutschen Baukunst hat ja kaum ein glänzenderes Blatt aufzuweisen, als jenes, auf welchem sie die rheinischen Kirchenbauten des 13. Jahrhunderts, namentlich der ersten Hälfte desselben, verzeichnet. Es ist die Periode des nicht ausschliesslich, aber doch in hervorragender Weise an den Ufern des Rheines vertretenen Uebergangsstiles, in welchem romanische Construction und gothisches Ornament oder umgekehrt sich vereinigen, nicht in roher, äusserlicher Zusammenstellung, sondern harmonisch verbunden und in reichster, mitunter, aber selten, auch überladener Gestaltung. Und während man noch die letzte Hand legt an die ehrwürdigen Stifts- und Klosterkirchen des 12. Jahrhunderts, legt man auch schon den ersten Stein zu Tempeln neuer Art, in welchen die Principien der Gothik nicht in schüchternem Versuch, sondern fertig, reich und gewaltig zum Ausdruck kommen. So manches schon hat die Zeit oder menschliche Rohheit zertrümmert, und doch ist noch heute die Kölner Gegend sozusagen bedeckt mit Gotteshäusern ersten Ranges, die vor sechs- bis siebenhundert Jahren umgebaut, vollendet oder begründet worden sind [2]).

---

[1]) Schon Sighart 143 ff. hat mit guten Gründen die Betheiligung Albert's am Bau des Domes und der Dominicanerkirche zu Regensburg zurückgewiesen. Er führt 145 Note noch sechs weitere Städte auf, die auf Albert als Baumeister Anspruch erheben. Auch für das Gladbacher Münster werden, allerdings schüchtern, Ansprüche auf ihn gemacht, bloss weil er 1275 den Chor desselben weihte. Treffend bemerkt Sighart 215 Note, es sei „gar keine sichere Nachricht über künstlerische Kenntnisse und Leistungen des Meisters Albert vorhanden, wie auch er selbst nie von solchen Dingen redet"

[2]) Für das Folgende verweise ich auf die trefflichen Zusammenstellungen bei Otto, Geschichte der deutschen Baukunst, u. Otto, Handbuch der kirchlichen Kunstarchäologie, wo vorzügliche Literaturnachweise; Schnaase, Gesch. der bildenden Künste Bd. 5 (2. Auflage 1872); ferner auf Ennen, Gesch. d. St. K. 1, 715 ff. und 3, 994. Die bezüglichen Hefte bei Bock, Rheinlands Baudenkmale des Mittelalters, sind von sehr verschiedenem Werth und behandeln zuweilen die baugeschichtlichen Notizen in Urkunden und Chroniken in flüchtiger Weise. Da bei den meisten Kirchenbauten die Entstehungszeit leidlich genau feststeht und Controversen nicht bestehen, habe ich nur selten Citate beigefügt. An einigen Stellen konnte ich kleine Ergänzungen bieten.

Ein wahrer Kranz von Prachtbauten aus jenen Tagen begleitet rechts und links die Ufer des Stromes. Nahe der Nordgrenze der Diöcese erhob sich die fünfschiffige Collegiatkirche von Xanten, zu Anfang des Jahrhunderts die romanischen Thürme, seit 1263 der Chor. Seit den vierziger Jahren [1]) entstand über der alten Krypta des h. Vitus, auf steil aufspringendem Hügel weit in die Rheinebene hinausschauend, das Münster von Gladbach, dessen Chor 1275 von Albert dem Grossen geweiht wurde. Auch an St. Gangolf zu Heinsberg hat man um die Mitte des Jahrhunderts gebaut. In der ersten Hälfte desselben hat die wunderschöne spätromanische Benedictinerkirche zu Brauweiler wohl im Wesentlichen ihre gegenwärtige Gestalt bekommen [2]), und etwa in die gleiche Zeit fällt der ungleichartige, zum Theil barocke, im Ganzen aber majestätische Neubau von St. Quirin zu Neuss, die wirkungsvollsten Theile des grossartigen Bonner Münsters, und die überaus malerische Pfarrkirche von Sinzig. Von rechtsrheinischen Bauten gehören in unsere Periode der Umbau der neuerdings in altem Glanz wiederhergestellten Benedictinerkirche von Kaiserswerth, der Neubau der prächtigen Abteikirche von Werden an der Ruhr, welche um die Mitte der fünfziger Jahre abgebrannt war, vermuthlich auch die bemerkenswerthe Nonnenstiftskirche von Gerresheim. 1255 erfolgte in Anwesenheit des Erzbischofs Konrad die Grundsteinlegung der Cistercienserkirche von Altenberg, welche, ein verkleinertes und vereinfachtes Abbild des Kölner Domes, in unserm Jahrhundert wieder aus ihren Ruinen erstand. Aelter ist ein anderes Gotteshaus des Cistercienserordens, von welchem heute, ein Denkmal moderner Zerstörungssucht, nur noch die Chorruine in lieblichem Waldthale, die Perle rheinischer Romantik, steht: die Abteikirche von Heisterbach, zu Anfang des Jahrhunderts begründet, 1237 geweiht, um dieselbe Zeit, wo der auf diesen Blättern so manches Mal genannte Prior Cäsarius im anstossenden Kloster sein Leben beschloss. Als kleinere, meistens aber sehr bemerkenswerthe Denkmäler des Uebergangsstils und der Frühgothik, wenigstens in einzelnen Theilen, seien die Kirchen zu Wittlaer, Mündelheim, Himmelgeist, Kempen, Jülich, Bergheimerdorf, Frauwüllesheim, Hochkirchen, Lövenich, Pulheim, Königsdorf (Anfang dieses Jahrhunderts abgebrochen), Mörsbach, Meckenheim, Zülpich, Frauenberg, Lüftelberg, Euskirchen, Monheim, Siegburg (Pfarrkirche), Merten, Bergheim a. d. Sieg, Oberpleis, Herchen, Eitorf, Ruppichterod, Leuscheid, Herkenrath bei Bensberg, Graefrath, Odenthal, Niederdollendorf, Remagen, Oberbreisig, St. Lorenz zu Ahrweiler, Erpel und St. Nicolaus zu Wipperfürth erwähnt. [3])

---

[1]) Die den Bau erwähnende Incorporationsurkunde Konrad's (R 87) wird meistens irrig 1242 statt 1243 gesetzt.

[2]) Der betr. Aufsatz bei Bock, Rheinlands Baudenkmale gibt allerdings kurzweg „die letzte Hälfte des 12. Jahrh." an.

[3]) Die meisten Namen dieses Verzeichnisses verdanke ich der Güte des Herrn Domvicars Dr. Schnütgen, dem ich auch für andere Notizen dieses Capitels dankbar verpflichtet bin.

Den hervorragendsten Antheil an dieser auf engem Raum in wenige Jahrzehnte zusammengedrängten Kunstthätigkeit nahm der kirchliche und politische Mittelpunkt des Landes, das reiche Köln mit seinen grossen geistlichen Corporationen. Für die Chronologie ist die Kunstgeschichte überwiegend auf Schlüsse aus den Formen der Construction und des Ornaments angewiesen; baugeschichtliche Notizen sind ziemlich dürftig, und manche zeitgenössische Angaben, welchen bisher grundlegende Bedeutung beigelegt wurde, erweisen sich bei näherm Zusehen als zweifelhaft oder werthlos. Ziemlich allgemein wird angenommen, dass die hehre Stiftskirche S. Maria in capitolio zu Anfang des Jahrhunderts vollendet wurde. Positive Angaben liegen hier nicht vor, und das Gleiche gilt von der Stiftskirche St. Andreas, welche, abgesehen von der spätgothischen Chorparthie, ebenfalls in der ersten Hälfte des 13. Jahrhunderts im Wesentlichen ihre heutige Gestalt erhielt [1]). Für die imposante Benedictinerkirche Gross St. Martin ist Bauthätigkeit um das Jahr 1210 urkundlich bezeugt [2]), weitere Angaben fehlen [3]). Am 2. November 1237 [4]) weihte, im Auftrage des Erzbischofs Heinrich, Bischof Balderich oder Balduin von Semgallen die Stiftskirche St. Severin, und dazu stimmen einzelne noch vorhandene Theile, während der grösste Theil der jetzigen Kirche seine Entstehung dem 14. Jahrhundert verdankt. Reichlicher fliessen die Mittheilungen über die Stiftskirche St. Cunibert. Den Grundstein legte der Propst Dietrich von Wied, welcher 1212 auf den erzbischöflichen Stuhl von Trier erhoben wurde und 1226 mehrere Altäre weihte. Wiederholt werden auch Schenkungen für den Bau und die Ausstattung erwähnt, u. a. eine solche seitens des Subdiakon Vogelo, nach dessen Plan und Leitung (consilio et magisterio) der Bau begonnen und fortgeführt wurde [5]). Im Herbst 1247 war das grosse Werk vollendet. Gerade war eine grosse Zahl von Kirchenfürsten zur Wahl Wilhelm's von Holland bei Köln versammelt, welche im October an der feierlichen Einweihung Theil nahmen oder doch für andächtigen Besuch des neuen Gotteshauses Ablässe ertheilten: die Erzbischöfe von Mainz, Trier und Bremen, die Bischöfe von Toul, Verdun, Lüttich, Münster, Minden, Osnabrück, Paderborn, Hildesheim, Regensburg und Semgallen (R 176. 178).

---

[1]) Voscu (bei Bock, Baudenkmale zweite Serie) bringt den Umbau in directe Verbindung mit einem Brande von 1223, den Cäsarius von Heisterbach erwähne. Die betr. Stelle steht im Dial. mirac. 10, 27: In vigilia S. Mathiae apostoli erit biennium u. s. w. Nun aber ist das 48. Capitel desselben Buches 1222 geschrieben, mithin der Brand Februar 1221 zu setzen. Uebrigens spricht Cäsarius nur von einem Thurmbrand, der mit grosser Mühe gelöscht worden sei, und nichts beweisst, dass man von diesem Brande ab den Umbau zu datiren habe.

[2]) Quellen, 2, 40.

[3]) Wenn Ennen, Gesch. d. St. K. 3, 996 den Bau der westlichen Vorhalle und den Umbau des Innern „gegen die Mitte des 14. Jahrh." ansetzt, so wird wohl Druckfehler statt 13. Jahrh. anzunehmen sein.

[4]) Quellen 2, 166. Bei Otte wiederholt irrig 1247.

[5]) Quellen 2, 94. 102.

Etwas früher fällt der Umbau der Stiftskirche St. Gereon, speciell des einzig in seiner Art dastehenden zehnseitigen Kuppelbaues, welcher die Stelle des Langschiffes vertritt. 1227 wird die Vollendung des Gewölbes der Kirche erwähnt [1]), und ein Dechant Hermann, welcher auf zwei Jahre seine Pfründe zum Bau der unregelmässig achteckigen schönen St. Johannis-Capelle gab, lässt sich in den Jahren 1224—46 nachweisen [2]). Sehr bedenklich dagegen ist es, einen Beschluss des Capitels von St. Gereon von 1219 [3]) zum festen Ausgangspunkt für den Bau des Dekagons zu nehmen, wie dies gewöhnlich geschieht. Das Capitel verfügt hier auf drei Jahre [4]) über gewisse Pfründen zu Gunsten der Kirchenfabrik, „da die **Gebäulichkeiten unserer Kirche** bereits den Einsturz drohen und ihre Wiederherstellung keinen Verzug duldet". Schon an und für sich dürfte es räthlich sein, diesen Ausdruck auf die **Stiftsgebäude** zu beziehen, womit der Sprachgebrauch (edificia nostre ecclesie) sich sehr wohl verträgt; dass aber der Beschluss sich keinesfalls ausschliesslich auf den Umbau der **Kirche** bezieht, beweist eine Stelle am Schluss der Urkunde, binnen Jahresfrist solle die Badestube des Stifts (stupa balnearum ecclesie) wiederhergestellt werden.

Auch bei der Stiftskirche St. Aposteln bedürfen die bisher geläufigen baugeschichtlichen Angaben mehrfacher Correctur. Wahrscheinlich ist, dass ein Brand gegen Ende des 12. Jahrhunderts [5]) die Veranlassung zu einem umfassenden Neubau gab, in welchem 1220 [6]) die Gewölbe eingezogen wurden. Auf Grund der kleinen Urkunde [7]), in welcher die letztere Notiz enthalten ist, hat man als Werkmeister des Gewölbebaues den Laien Albero bezeichnet. Schwerlich mit Grund. Die fragliche Urkunde, welche in einem Reliquienbehälter von St. Aposteln lag, besagt: „Im Jahre 1219 (alten Stils) im März wurden Reliquien der 11,000 Jungfrauen in diesen Behälter niedergelegt.... als Engelbert Erzbischof von Köln war, zur Zeit wo diese Kirche

---

[1]) Annal. S. Gereonis Mon. Germ. SS. 16, 734.
[2]) Lacomblet, Archiv 3, 117.
[3]) Quellen 2, 77.
[4]) Unzulässig ist es, hieraus zu schliessen, das Capitel habe geglaubt, den ganzen Bau binnen drei Jahren vollenden zu können.
[5]) Die Notizen über das Jahr laufen wild durcheinander. Nach den Notae Colon. (Monum. Germ. SS. 24, 363) brannte die Kirche 1192 die b. Urbani (Mai 25) ab; die ziemlich schlecht überlieferten Annal. Agripp. (SS. 16, 736) haben genau dieselbe Nachricht, aber das Jahr 1092, welches auch in Recension A der Kölner Jahrbücher (Chroniken 2, 18) wiederholt wurde. Rec. B (ebend. 29) ändert das Jahr in 1097, und Rec. D (ebend. 126) hat sogar „1098 up sente Albanus dach". Dass entweder der Brand von 1092 oder der von 1192 wegfallen muss, liegt auf der Hand. Ausserdem aber erzählt Cäsarius v. Heisterbach (Dial. mirac. 8, 62), bei einem grossen Stadtbrande unter Erzb. Adolf (seit 1193) sei ein Theil der Kirche vom Feuer verzehrt worden.
[6]) Wohl nicht 1219, wie gewöhnlich angegeben wird, da zur Zeit Erzb. Engelbert's in Köln zweifelsohne der Jahresanfang im Frühjahr üblich war. Vgl. Ficker, Engelbert der Heilige 210.
[7]) Quellen 2, 78.

gewölbt wurde, indem der Laie Albero, der fromme Mann, dieses veranlasste" (Alberone hoc procurante). Es erscheint zum mindesten zweifelhaft, ob die Schlussworte auf den Bau der Gewölbe und nicht vielmehr auf die Deposition der Reliquien bezogen werden müssen. Ist letzteres richtig, so würde selbstverständlich die Hypothese zusammenfallen, die Albero, den angeblichen Baumeister von St. Aposteln, mit jenem Meister Wolbero identificirt, welcher 1209 den Grundstein zu St. Quirin in Neuss gelegt haben soll, zumal die für diese Identificirung geltend gemachte. Stilverwandtschaft sehr untergeordneter Natur ist.

Einige kleinere Kölner Kirchenbauten, welche in die Zeit Konrad's fallen, sind bereits in anderm Zusammenhange genannt worden [1]). Weiter gehören in die Uebergangsperiode der Thurmbau der Stiftskirche St. Georg, das Langhaus von St. Maria Lyskirchen, und einzelne Theile der Benedictinerkirche St. Pantaleon: die Capelle des rechten Transepts und der von dem Kreuzgange an der Nordseite noch übrig gebliebene Capitelsaal, dessen Untergeschoss eine offene flachgewölbte Halle bildet, während der Obertheil mit einem Kuppelgewölbe versehen ist, welches sich aus neun sphärischen Kappen zusammensetzt. Die kleine aber sehr zierliche frühgothische Capelle, welche nachträglich in ein der Cistercienser-Abtei Camp angehöriges Gebäude aus romanischer Zeit eingebaut wurde, scheint erst am Schlusse des 13. Jahrhunderts entstanden zu sein [2]). Ein ausgezeichnetes Denkmal der Frühgothik ist der einfach schöne Chor der Minoritenkirche; eine Inschrift [3]) setzt den Beginn auffallend früh 1220, die Einweihung durch Heinrich Bischof von Kurland [4]) 1260. Der bedeutendste gothische Bau nächst dem Dom war die grossartige Kirche der Dominicaner. Zu dem Chor derselben hat kein Geringerer als Albert der Grosse die Mittel gegeben, dagegen ist die Meinung, er sei auch selbst der Baumeister gewesen, schwach begründet [5]).

[1]) Vgl. oben 116.
[2]) Eine kleine Monographie von A. Reichensperger bei Bock, Rheinlands Baudenkmale. Erste Serie.
[3]) Aus Gelenius de magn. Col. 471 bei Braun, das Minoritenkloster 30 und Bandri (Baudenkmale. Zweite Serie) wiederholt.
[4]) An den gleichzeitigen Bischof Heinrich von Chur ist kaum zu denken; an Heinrich von Lützelburg, Bischof von Kurland und Semgallen, um so eher, als er 1254 als Weihbischof in der Trierer Diöcese fungirt. Vgl. oben 117. Die Form Curiensis (statt Curoniensis) erklärt sich aus metrischen Rücksichten.
[5]) Recht verständig hat schon Sighart 211 ff. die Frage erörtert, „ob er bloss als Bauherr auftrat oder ob er als leitender Architekt dem ganzen Bau vorstand". Während Albert selbst in seinem Testament vom Januar 1279 (1278 alten Stils) sagt: chorum quem ego de pecunia mea fundavi et a fundo erexi (Sighart 248), macht ihn erst über 200 Jahre später Rudolf von Nymwegen zum peritissimus architecta. Man braucht darauf um so weniger Gewicht zu legen, als Rudolf lediglich eine sonst wörtlich benutzte Notiz eines ältern Biographen erweitert, welche jene Worte nicht enthält. Eine wenig spätere Notiz der Koelhoff'schen Chronik (Chronikon d. St. Köln 2, 531: hei dedo meisterlich buwen den choir) ist gänzlich belanglos, da der ganze über Albert handelnde Abschnitt nur auszügliche Uebersetzung aus Rudolf von Nymwegen ist.

Leider wurde die Kirche 1805 abgebrochen, und nur ein auf der Orgelbühne von St. Andreas bewahrtes Bild — Albert in bischöflicher Kleidung, auf das Dominicanerkloster zu seinen Füssen deutend — gewährt eine schwache Vorstellung der verschwundenen Herrlichkeit.

Nicht einmal der Schatten eines Beweises vollends lässt sich für die Annahme beibringen, welche Albert zum Schöpfer des Domes macht. „Es ist wahrscheinlich," äussert einer der ersten Vertreter derselben [1]), „dass der ehrwürdige, zu eben jener Zeit in Köln lebende Albertus, welcher von dem Erzbischofe Konrad und dessen Nachfolgern sowohl als von den edelsten Bürgerfamilien Köln's hochgeschätzt und in allen wissenschaftlichen Fällen zu Rathe gezogen wurde, auch hier, wie zu Rom den Gelehrten beim Baue der St. Peterskirche (!), in der Angabe sowohl der theologischen und philosophischen Symbolik, als auch der architektonischen Musik dieses Tempels grossen Beistand geleistet habe. Albert war in Köln der Mann, der einst der Abt Suger in Paris war. Wenn es eine Demuth des grossen Baumeisters unseres Domes war, dass er der Nachwelt seinen Namen entzog, wem wäre dies ähnlicher als ihm!" Man sieht, hier — und ähnlich anderswo [2]) — handelt es sich nicht um ein Beweisverfahren von irgend einer, wenn auch schwankenden Grundlage aus, sondern um einen Lieblingsgedanken, bei welchem der Wunsch an die Stelle des Argumentes tritt, und nicht leicht wird man Gewicht auf eine angebliche Versicherung jenes sonst so verdienten Gelehrten legen, „er habe in einer nun verlorenen Urkunde des 13. Jahrhunderts ausdrücklich die Nachricht gelesen, dass Albert beim Dombau betheiligt gewesen" [3]).

Auch als die nüchterne Kritik sich längst der Anfänge des Dombaues bemächtigt hatte, vermochte sich Albert's Biograph noch immer nicht ganz von der ja gewiss ansprechenden Idee einer directen Verbindung zwischen dem grössten Geistesmann und der grössten Kunstschöpfung des 13. Jahrhunderts zu trennen. „Es ist," so lesen wir [4]), „immerhin möglich und wahrscheinlich, dass Albert, dessen Autorität bei allen Parteien in Köln so grosses Gewicht hatte, bei den Berathungen in Bezug auf den Neubau beigezogen wurde. Als es sich darum handelte, in welchem Stil der neue Chor auszuführen sei, da eben die neue Bauweise noch mit der alten romanischen im Kampfe lag, als man einer Aufklärung über die Vorzüge der Gothik, über die Bedeutung der Siebentheilung des Chores und über aufzustellende Bilder bedurfte, da hat wohl Albert für die neue Bauweise, die er in Paris geschaut, in der bald alle Dominicanerkirchen entstanden, das Wort ergriffen, da konnte

---

[1]) Wallraf in seinem Aufsatz „Der Dom zu Köln" (Ausgewählte Schriften 152).
[2]) Ganz besonders bei Kreuser, Kölner Dombriefe 193 ff., wo auch der Versuch gemacht wird, Bischof Simon von Paderborn einen Antheil zu vindiciren.
[3]) Mitgetheilt von Sighart 76.
[4]) Sighart 78.

er am besten den tiefern mystischen Sinn dieser Gestaltungen enträthseln." Nun stand es freilich fest, dass Albert — welcher sich mit Sicherheit in Köln erst Anfang 1252 nachweisen lässt [1]) — wenige Monate vor der Grundsteinlegung noch in Paris weilte; aber dieser Schwierigkeit begegnete man mit der Annahme, die Grundsteinlegung sei eine „anticipirte" gewesen, gestützt auf Lacomblet's Hypothese, dass zur Zeit derselben ein Bauplan noch gar nicht vorgelegen und eine energische Bauthätigkeit erst erheblich später begonnen habe.

Denn während man auf der einen Seite die dürftigen Nachrichten über die Anfänge des Domes durch Vermuthungen zu ergänzen suchte, hatte der oben genannte, um die rheinische Geschichte hochverdiente Forscher auch an den bisher für unumstösslich geltenden Ueberlieferungen eine Kritik geübt [2]), welche fast die gesammte Tradition zu erschüttern drohte: der grosse Brand des alten Domes im Frühjahr 1248, die Existenz eines Bauplanes und der Beginn des Baues im Sommer desselben Jahres, selbst das Bestehen der Absicht, einen vollständigen neuen Dom zu errichten und nicht bloss die alte romanische Kirche durch einen gothischen Chor zu erweitern, alles dies war in Frage gestellt. Die Baugeschichte des Domes hat diesen scharfsinnigen Untersuchungen viele werthvolle Resultate zu verdanken, in der Hauptsache aber schoss diese radicale Kritik über das Ziel hinaus, weil sie die zeitgenössischen Zeugnisse theils nicht kannte, theils nicht richtig zu würdigen verstand. Sie wurde denn auch von den verschiedensten Seiten mit kunstgeschichtlichen [3]) und quellenkritischen [4]) Gründen bekämpft, und dürfte heute ziemlich allgemein als eine verfehlte, wenn auch geistvoll und scharfsinnig durchgeführte Hypothese gelten. Mit einer Wolke von Gründen hat Lacomblet die Thatsache erwiesen, dass der alte Dom Jahrzehnte lang nach dem Brande noch in Gebrauch blieb; aber die oben angedeuteten Schlüsse, welche er daraus zog, halten nicht Stand vor den untereinander im besten Einklang und Zusammenhang stehenden zeitgenössischen Berichten.

---

[1]) Vgl. oben 138.

[2]) Zuerst 1846 in der Vorrede zum 2. Bande des Niederrheinischen Urkundenbuches, dann gegen Boisserée 1857 im 2. Bande des Archivs für die Geschichte des Niederrheins. In derselben Richtung bewegt sich ein Aufsatz von Harless im Archiv 1867.

[3]) Namentlich von Springer, Bonner Jahrbücher 22, 102.

[4]) So von Ennen in der Baugeschichte des Kölner Domes und in der Geschichte der Stadt Köln 3, 962. Im Wesentlichen die gleichen Ausführungen bei Ennen, der Kölner Dom (1872). Nicht berücksichtigt ist hier mein Aufsatz über den Brand des alten Domes im Organ für christliche Kunst 1870, 76, welcher die Lacomblet'sche Hypothese in ihrem Kernpunkte bekämpft. Ich kann meine damaligen (von Hegel in Chroniken der Stadt Köln 1, Einl. 40 einfach acceptirten) Ausführungen nur aufrecht erhalten und verweise darauf für das Folgende. Von dem Standpunkte, die unten angeführte, durchschlagende Nachricht der Annalen von St. Pantaleon „als eine späte, unglaubwürdige Sage zu betrachten," wie dies noch Schnaase 5, 400 thut, wird man jetzt wohl zurückgekommen sein.

Auf dem Hügel, welchen heute der Dom bedeckt, natürlich nicht den ganzen Flächeninhalt des letztern einnehmend, stand im 13. Jahrhundert eine ältere Kirche, von welcher wir uns kein deutliches Bild mehr machen können, die aber nach den vorhandenen Notizen von beträchtlicher Ausdehnung war. Sie hatte zwei Chöre und zwei Krypten, vier Thürme, deren zwei durch Erzbischof Rainald errichtet waren. Die Südseite des Langschiffes zeigte 12 Fenster, die Nordseite, an welcher die Sacristei angebracht war, abgesehen von dieser nur sechs, der Oberbau des Schiffes je 24 an beiden Seiten [1]. Altäre werden sechs genannt, je einer in den Chören und in den Thürmen. Ein Umbau aus der Uebergangszeit wird nicht erwähnt, und neben den im 13. Jahrhundert vollendeten Kölnischen Prachtkirchen mochte die Kathedrale sich sehr bescheiden ausnehmen. Schon Engelbert der Heilige dachte an eine Aenderung. „So sehr," berichtet sein Biograph, „liebte und ersehnte er mit dem heiligen David die Zierde des Hauses Gottes, dass er die Brüder (d. h. die Geistlichkeit oder speciell das Domcapitel) ermahnte, die Kirche des h. Petrus, die Mutter aller Kirchen der Kölner Provinz, zu erneuern; und er versprach, gleich zum Beginne 500 Mark zu geben und jährlich bis zur Vollendung die gleiche Summe" [2]. Dann verschwindet lange Zeit jede Spur des Planes [3], bis zum 13. April 1248 [4]. An diesem Tage wurde im Hause des Domdechanten Goswin vor zahlreichen Zeugen ein Act folgenden Inhalts aufgenommen. Da durch gemeinsamen Beschluss (des Domcapitels) bestimmt worden sei, dass die Domkirche von neuem gebaut werde, so hätten der Dechant und viele andere Domherren den Thesaurarius Philipp gebeten, die auf dem St. Petrus-Altar ausserhalb der Messe dargebrachten zur Domcustodie gehörigen Opfer auf sechs Jahre der Baukasse zu überweisen gegen eine jährliche Entschädigung von 30 Mark wegen der vielen mit dem Amt der Custodie verbundenen Kosten; obwohl es ihm schwer gewesen, habe er sich gefügt, um Gotteswillen und zur Ehre des h. Petrus und der drei Könige.

Wenige Wochen darauf ist der alte Dom abgebrannt, am Quirinustage, welchen die Kölner Diöcese am 30. April beging [5]. Die gleichzeitigen Annalen von St. Pantaleon [6] berichten über dieses Ereigniss und die Grund-

---

[1] In der Beschreibung des alten Domes (Quellen 2, 278) heisst es ausdrücklich: superiores fenestro 24 hinc et hinc, was doch nicht wohl die Gesammtzahl bezeichnen kann.

[2] Caes. Vita s. E. 1, 9. Böhmer, Fontes 2, 304.

[3] Die oft angeführte Memorienstiftung des Domscholasters Franco vom Februar 1248 (Lacomblet, Archiv 2, 124) gehört nicht hierhin. Ad opus ecclesie heisst doch nicht zum Kirchenbau.

[4] Quellen 2, 257. Das irrige Datum 1247 März 25 beruht auf Vernachlässigung der Osterrechnung.

[5] Vgl. Annalen Doppelheft 21 und 22, 277.

[6] Mon. Germ. SS. 22, 543. Die sonstigen Zeugnisse für den Dombrand habe ich im Organ a. a. O. zusammengestellt. Die noch 1872 (der Dom zu Köln 23) aufrecht erhaltene Ansicht, es handele sich nur um eine späte Interpolation der Pantaleons-Annalen,

steinlegung des neuen Domes am 15. August 1248: „In demselben Jahre (1248) war das Kölner (Dom-) Capitel unter Zustimmung des Erzbischofs und der Prioren übereingekommen, die alte Domkirche vollständig abzubrechen und einen bessern Bau zu errichten. Hurtig unterhöhlten die Werkmeister den östlichen Theil der Mauern der Kirche und zündeten unvorsichtig die Balken an, welche die Höhlung stützten, damit die auf ihnen ruhende Masse schnell zusammenstürze. Da aber der Wind auf die Kirche zu stand, nahm das Feuer Ueberhand und verzehrte die edele, wenn auch alte Kirche vollständig bis auf die nackten Mauern, nebst den beiden im Innern hängenden vergoldeten Kronleuchtern. Gar deutlich aber zeigte sich die Kraft Gottes darin, dass der Schrein der drei Könige von seinem Platze in der Mitte der Kirche, bevor man das Feuer anzündete, nach dem Eingange geschafft worden war, nicht aus Furcht vor dem Feuer, sondern weil man fürchtete, die Mauern möchten einstürzen; so wurde der Schrein mit grosser Mühe — denn die ganze Kirche war mit Rauch angefüllt — ohne irgendwelche Verletzung hinausgetragen und unbeschädigt gerettet. Der Erzbischof Konrad aber berief die Prälaten der Kirche, die Edeln des Landes und seine Ministerialen, zog durch das mahnende Wort der Prediger eine unzählbare Menge Volkes herbei und legte nach feierlicher Messe am Tage Mariä Himmelfahrt den ersten Stein[1]). Im Namen des Papstes, des Erzbischofs, des Legaten (Petrus) und aller Suffragane der Kölner Kirche ward bisher unerhörter Ablass den Gläubigen ertheilt, welche zum Bau der Kirche ihre Almosen gäben oder schickten. Von dieser Zeit an also wurde das Fundament der neuen Basilica des h. Petrus, der Domkirche zu Köln, ein Werk von wunderbarer Breite und Tiefe, mit grossen Kosten begonnen."

---

um „einen willkürlichen, dazu noch unwahrscheinlichen Versuch, den Dombrand zu erklären", hat Ennen vermuthlich selbst nicht festgehalten. Für die Gleichzeitigkeit der Stelle liesse sich schon als fast entscheidend anführen, dass sie den Standort des Dreikönigenschreins und die grossen Kronleuchter des alten Domes kennt, ganz übereinstimmend mit der Beschreibung bei Ennen 13.

[1]) Am Tage selbst, also am 15. August. Dank einem im Mittelalter verübten Schreibfehler ist der Dom seit langer Zeit um seinen richtigen Geburtstag gekommen, und bis in die allerneueste Zeit schleppt sich der alte Fehler fort. Von vorn herein ist es wenig wahrscheinlich, dass eine mittelalterliche Grundsteinlegung auf die Vigilie eines Festtages gelegt worden sein sollte. Zum Ueberfluss lässt sich auch die Entstehung des Fehlers genau nachweisen. Den richtigen Tag haben — ausser der allenfalls beide Deutungen zulassenden Wendung der bekannten Dom-Inschrift: dum colit assumptam clerus populusque Mariam — die Annalen von St. Pantaleon, die Notae Colon. (Mon. Germ. SS. 24, 363), die identische Notiz der Annal. Agripp. (ebend. 16, 736) und die auf letztern beruhende Recension A der Kölner Jahrbücher (Chroniken 2, 18): „np unser vrauwen dach dat si zu hemel vur." Erst die Rec. B (ebend. 29) änderte das Datum in „up unser vrauwen avent". Durch Vermittelung der Rec. D (ebend. 126) ging der Fehler in die gedruckte Stadtchronik von 1499 (ebend. 550) über: Damit hatte er auf Jahrhunderte das Bürgerrecht erworben.

Es liegt nicht der mindeste Grund vor, die Glaubwürdigkeit dieser spätestens wenige Jahre nach den Ereignissen niedergeschriebenen Darstellung eines Mannes anzuzweifeln, der sein treffliches Geschichtsbuch mit musterhafter Treue abfasste, um so weniger, als sie mit allen sonstigen zeitgenössischen Zeugnissen in Einklang steht. Als vollkommen verbürgt dürfen wir folgende Thatsachen betrachten: Beschluss des Domcapitels, den alten Dom gänzlich niederzulegen und einen Neubau an seine Stelle zu setzen; Zerstörung des alten Domes durch Feuer am 30. April; feierliche Grundsteinlegung am 15. August und sofortiger Beginn gewaltiger Fundamentirungsarbeiten. In allen Punkten stösst also Lacomblet's Hypothese auf den entschiedenen Widerspruch gleichzeitiger Berichte.

Wer den Riesenplan erdachte, wer die Baurisse zeichnete oder doch an den Entwürfen betheiligt war, bleibt dunkel und wird vielleicht niemals bekannt werden. Gewiss nicht jener Meister Heinrich, der in einer Urkunde von 1248 als petitor structure maioris ecclesie begegnet und deshalb „sich für den Dombau um das Amt des Werkmeisters beworben" haben soll [1]); schwerlich der damalige Pariser Theologe Albert, der vielleicht erst mehrere Jahre später nach Köln kam; möglicherweise Meister Gerhard der Steinmetz, der rector fabrice, dem das Domcapitel 1257 unter dankender Anerkennung seiner Verdienste ein Grundstück in der Nähe des Domes überlässt [2]). In hohem Grade zweifelhaft ist es auch, ob Erzbischof Konrad, der so oft als „der Gründer des Domes" Gepriesene, mehr als ein sehr entferntes und bescheidenes Verdienst in dieser Hinsicht beanspruchen kann. Zwar weiss eine zu Ende des Mittelalters geschriebene Chronik [3]) zu melden: „Bischof Konrad war über die Maassen reich an Gold, Silber und Edelgestein, so dass er seinen Schatz für unerschöpflich hielt. Darum begann er grosse, köstliche Dinge mit Bauten und Käufen. Er liess beginnen den grossen, köstlichen und ewigen Bau, den Dom." Er hat den Grundstein gelegt und zu Beiträgen aufgefordert; das ist alles, was wir über seine Verdienste um die Dombausache wissen, und dass nicht er der Bauherr war, sondern das Capitel, sagen die oben angeführten Berichte mit vollster Bestimmtheit.

Trotzdem ist es erklärlich, dass man die Anfänge des Riesenbaues innig mit der Erinnerung an den gewaltigen Mann verband, der am 15. August 1248 die Worte der Weihe sprach, dass man ihm Verdienste zuschrieb, die

---

[1]) Fahne, diplom. Beiträge zur Gesch. der Baumeister des Kölner Domes 11. Die weitern kühnen Schlüsse des übrigens für die Geschichte des Dombaues durchaus nicht unverdienstlichen Werkchens, in welchem Heinrich Sunero mit voller Bestimmtheit als „Anfertiger des Planes und erster Baumeister des Kölner Domes" hingestellt wird, wird man jetzt wohl auf sich beruhen lassen dürfen.

[2]) Oft gedruckt, zuletzt Quellen 2, 372. Für Gerhard als Bauführer oder Baumeister beweist der Titel rector fabrice gar nichts; in der Capitelsurkunde vom 13. April 1248 wird er als gleichbedeutend mit provisor gebraucht.

[3]) Chroniken d. St. Köln 2, 550.

er nicht besass, und Ehren ertheilte, die er genau genommen nicht verdiente. Als er am 28. September 1261 (R. 525) starb, wurde er zunächst im alten Dome [1]) beerdigt; später hat man die Leiche in der Chorcapelle des h. Johannes beigesetzt, gerade über der Stelle, wo er einst den ersten Stein zum Fundament gelegt hatte [2]). Ueber seiner Asche erhob sich das eherne Grabmal, von welchem die jetzt auf einem modernen Sarkophag ruhende ausgezeichnete Erzstatue sich erhalten hat [3]). Daneben hat man in neuerer Zeit die mittelalterlichen Aufrisse der Domthürme aufgehängt.

Nahezu alles, was er erstrebt, ist diesem Manne, wenn auch unter schweren Mühen, gelungen. Wie kein anderer deutscher Fürst hat er zum Sturz des staufischen Hauses beigetragen, einen König nach dem andern erhoben, straflos dem jungen Wilhelm wie dem Legaten Petrus und dem Papst Alexander Trotz geboten, Gegner wie Wilhelm von Jülich und Simon von Paderborn auf's tiefste gedemüthigt, die bis dahin nahezu unabhängige Hauptstadt vollständig unter sein Joch gebeugt; das beträchtlich erweiterte Erzstift hinterliess er „in tiefem Frieden" [4]). Er ist eine grossartige, wenn auch nicht anziehende Erscheinung. Wohl liess er sich bald nach seiner Wahl zum Priester und Bischof weihen, und wiederholt nimmt er geistliche Functionen vor — erwähnt sei bei dieser Gelegenheit, dass er Arnold von Trier die Bischofsweihe ertheilte [5]) — auch gegen die Gebrechen des kirchlichen Lebens ist er mehrfach eingeschritten [6]), aber ein echter Priester und Bischof war er nicht. Wiederholt begegnen wir ihm gleich in den nächsten Jahren nach seiner Weihe mitten im Kampfgetümmel, und noch zu Ende der fünfziger Jahre erscheint er auf dem Schlachtfeld, an der Hand den blitzenden Stein, der nach der Meinung der Zeit den Sieg verleihen sollte [7]). Durch seine ganze Regierung geht ein kriegerischer, gewaltthätiger Zug. Oft mag er zu seinen Fehden gezwungen worden sein, und bei manchen Vorgängen, die ihm bittern Tadel zugezogen haben, lässt sich kein eigentlicher Beweis seiner persönlichen Schuld erbringen; aber dunkele Vorgänge

---

[1]) Ungenau erzählen die letzte Forts. des Catal. tertius archiep. Col. (Mon. Germ. SS. 24, 357) und die Kölner Forts. des Martin von Troppau (Waitz, Chronica regia Colon. 354), er sei im neuen Dome beerdigt worden. Richtig unterscheidet die doppelte Beisetzung die Chron. praes. (Annalen 1857, 209).

[2]) Letzte Forts. des Catal. tertius a. a. O.

[3]) Sie wird doch wohl zu dem mausoleum fusile decentissime fabricatum gehört haben, welches die Kölner Forts. des Martin v. Troppau 354 als über dem Grabe Konrad's im neuen Dom befindlich erwähnt. Die Forts. ist (vgl. Waitz, Chronica regia Col. Einl. XXIV) 1326 bis 1330 geschrieben. Die Uebertragung der Gebeine und die Errichtung des Denkmals aber wird man um die Zeit der feierlichen Einweihung des Chores (1322) zu setzen haben.

[4]) Coloniensi ecclesia in summa pace derelicta. Trierer Handschr. der Chron. praes. (Trierer Stadtbibl. Nr. 1432).

[5]) Gesta Trev. Mon. Germ. SS. 24, 408.

[6]) Ecclesia reformata. Letzte Forts. des Catal. tert. a. a. O. Vgl. oben 126 ff.

[7]) Chroniken d. St. Köln 1, 207.

wie die Gefangennehmung des kleinen Waldemar von Dänemark [1]) und die Scene von Neuss sind immerhin sehr bedenklich, wenn man bedenkt, wie leicht er bei andern Gelegenheiten, namentlich gegenüber der Stadt Köln, zu Mitteln der Gewalt seine Zuflucht nahm.

Für die Reichspolitik jener Tage ist sein Name von grösserer Bedeutung als die Königsnamen Heinrich, Wilhelm und Richard, aber Niemand wird seine stets persönlich eingreifende Thätigkeit — man denke nur an seine Reisen nach Rom, Lyon, Würzburg, Prag, London und Frankfurt — eine segensreiche nennen. Möglich, dass seine Empörung gegen die Staufer seiner Ueberzeugung entsprach — wenigstens hat er für dieselbe einen sehr ungünstigen Moment gewählt und das Wagniss schwer gebüsst — möglich, dass er anfänglich noch an ein mit dem Papste in Frieden lebendes starkes Kaiserreich dachte: jedenfalls hat er nachmals durch den Aufstand gegen Wilhelm und durch sein Benehmen bei der Wahl von 1257 alles gethan, um diese Hoffnung zu vereiteln. Mehr und mehr tritt in ihm der nüchterne Rechner hervor, welcher das Wohl des Vaterlandes kleinlichen Interessen opfert; Konrad, der letzte Erzbischof von Köln, welcher überhaupt noch Reichspolitik in grossem Stil getrieben hat, ist gleichzeitig der Typus des engherzigen Territorialfürstenthums, welches der Reichsgeschichte nach dem Interregnum ihren trostlosen Charakter verleiht. Am ersten wird man noch seine landesfürstliche Wirksamkeit anerkennen, seine gute Wirthschaft, die Ueberlegung und Consequenz, mit welcher er den Vorrang des Erzstiftes Köln im nordwestlichen Deutschland befestigte.

Zu dem aus den Thatsachen gewonnenen Bilde seiner Persönlichkeit stimmen denn auch mehr oder weniger die Urtheile der Zeitgenossen. „Ein kriegstüchtiger Mann," heisst er in den Annalen von Floreffe [2]); „wüthend und kriegerisch," schreibt ein erbitterter Gegner, „habe er, den Frieden des Erdkreises verletzend, mit Hülfe des Papstes den Kaiser Friedrich gestürzt und dadurch sich und seine Nachfolger in ewige Knechtschaft gebracht, der Welt den Frieden genommen und ewige Kriege allerwärts gesäet, ungerechte Zölle und Wegegelder zu Wasser und zu Lande errichtet" [3]). Auf vereinzelte Epitheta wird man wenig Gewicht zu legen haben [4]). Papst Innocenz be-

---

[1]) Er wurde 1250 auf der Rückreise von Frankreich aus unbekannten Gründen festgehalten und erst gegen schweres Lösegeld freigelassen. Kurze Notizen bei Albert v. Stade sowie in den Annal. Hamburg. und Ryenses (Mon. Germ. SS. 16, 373. 383. 408).
[2]) Mon. Germ. SS. 16, 627.
[3]) Zusatz zum Catal. tertius, Mon. Germ. SS. 24, 353.
[4]) Andere Fortsetzungen des Catal. tert. (ebend. 354. 356) nennen ihn vir probus et honestus, vir magnificus, einer seiner bischöflichen Gegner in Baiern dagegen einen Blutmenschen. Vgl. oben 30. Die Kölnische Reimchronik (Waitz, Chron. regia Col. 312) erwähnt die Sage, Konrad habe als Jüngling im Schlafe ausgerufen, er werde Kölns Verderben sein; das ist doch wohl nur eine Nachbildung der Erzählung des 12. Jahrhunderts, welche den Hildesheimer Stiftsschüler Rainald, den spätern Reichskanzler, im Schlafe rufen lässt: „Ich bin das Verderben der Welt." Vgl. Ficker, Rainald von Dassel 116.

lobt ihn bei seiner Ernennung zum Legaten wegen seiner Wissenschaft, Sittenreinheit und seines weisen Rathes, aber in andern Ernennungs-Urkunden kehren genau dieselben Wendungen wieder. Immerhin mögen sie im vorliegenden Falle — auch seine schlimmsten Gegner haben keinen Makel auf seine Sitten geworfen — zutreffen, nur dürfte die Wissenschaft [1]) bei ihm zurückgetreten sein gegen praktischere Dinge. Die Annalen von St. Pantaleon gedenken seines persönlichen Muthes und seiner Klugheit, und der Anhang derselben rühmt, eifrig habe er die Dinge erwogen und für die Zukunft gesorgt, regsam sei er gewesen und ausgezeichnet durch weisen Rath, aber Milde, Freigebigkeit und Frommsinn werden ihm nicht einmal bei einem spätern Lobredner nachgerühmt. „Erzbischof Konrad von Hostaden," so schildert ihn die Bischofs-Chronik des 14. Jahrhunderts [2]), „war einer solchen Ehre und eines solchen Namens überaus würdig. Er war der eifrige Vorkämpfer der Rechte und Freiheiten der Kirche, Glück und Unglück ertrug er gleichmüthig je nach dem Wechsel der Zeit; unerschrocken war er bei Beginn schwieriger Dinge, in Allem klug und eifrig;" pomphafte Worte, aus denen aber noch immer das echte Bild des unbändige Thatkraft mit kalter Berechnung in seltener Weise vereinigenden Realpolitikers hervorschaut.

Konrad war nicht der „Gründer des Domes", wie man ihn so oft genannt hat und auch heute noch nennt; kein geistiges Band verknüpft ihn mit dieser grössten und edelsten Schöpfung der frommen deutschen Kunst, sondern nur der zufällige Umstand, dass er um die Zeit, in welche ihre ersten Anfänge fallen, der Inhaber des Kölners Stuhles war; lieber möchte man an seiner Stelle Jenen sehen, bei welchem zuerst, so weit unsere Kenntniss reicht, der Dombaugedanke Anklang gefunden hatte: Engelbert den Heiligen, das Ideal des geistlichen Reichsfürsten, die Zierde des Reiches und der Kirche, deren Kampf zu erleben ihm erspart blieb. Seitdem waren die Tage böse geworden, und fast wundert man sich, dass in eiserner Zeit, wo der Kaiser stritt gegen den Papst, wo am Niederrhein wie allerwärts in Deutschland Fehde auf Fehde entbrannte, wo in Köln der innere Hader und die Kämpfe der Stadt mit ihrem Fürsten deutlich genug sich ankündigten, der Muth nicht fehlte, ein Werk zu beginnen, dessen Vollendung selbst im günstigsten Falle erst nach manchem Menschenalter erhofft werden konnte. Freilich, Wenige werden damals geahnt haben, dass der Streit Friedrich's II. mit Gregor und Innocenz mehr war wie eine Wolke, die, wenn auch Ver-

---

[1]) Jäck, Vollständ. Beschreibung der öffentl. Bibl. zu Bamberg 2, 63 verzeichnet unter den dortigen Handschriften eine Uebersetzung der Vita Ottonis Babenberg. von Konrad Bischof von Köln, geschrieben 1473. Die Vermuthung, es liege nur ein Missverständniss vor, wird mir durch gefällige Mittheilung des Hrn. Bibliothekar Dr. Leitschuh zu Bamberg bestätigt. Der Miscellan-Codex E VI 11 schliesst mit den Worten: „Dise vorgeschribne Sannt Otton legend ist . . . vollendet worden von einem andechtige bruder parfusor ordens der observanz genant Conradus Bischoff . . . nach Christi geburt 1473 jar."

[2]) Chron. praes. Annalen 1857, 207 ff.

derben bringend, vorüberzieht, dass dauernd die Grundlage der mittelalterlichen Weltordnung erschüttert war, dass der Dom zu Köln der Markstein sein werde, die Stelle bezeichnend, von welcher die Pfade des Mittelalters sich abwärts senken. Mitten in der Katastrophe des Kaiserthums begonnen, hat der Dombau die „babylonische Gefangenschaft", das furchtbare Aergerniss des Schisma's und selbst das Reichselend des 15. Jahrhunderts überdauert, aber immer langsamer wurde das Werk gefördert, und als endlich auch die materielle Blüthe unserer Nation geknickt, als die letzte und tiefste Grundlage ihrer Zusammengehörigkeit, die Einheit des Glaubens, zertrümmert war, da endlich hat man die Hände hoffnungslos sinken lassen.

Anlagen.

1. Papst Innocenz III. ertheilt Auftrag, die Stiftsherren zu Huckarde zur Erfüllung ihrer Präsenzpflicht anzuhalten. — Rom, 1207 Oct. 5.

Innocentius episcopus servus servorum dei dilectis filiis C. preposito sancti Severini et Christiano sancti Laurencii et A. sancte Brigide plebanis Coloniensibus salutem et apostolicam benedictionem . sicut dilecti filii canonici sancti Petri Coloniensis transmissa nobis insinuatione monstrarunt, quidam canonici Hugardensis ecclesie, licet probendas suas cum omni velint integritate percipere, ibidem tamen residere non curant, propter quod ecclesia dignis et debitis defraudatur obsequiis et in clero ac populo grave scandalum generatur . quia igitur dignum est, ut qui altario negligit deservire, vivere non debeat de altari, discretioni vestre per apostolica scripta mandamus, quatinus canonicos antedictos vel debitam in ecclesia residentiam facere vel saltem vicarios idoneos assignare monitione premissa per censuram ecclesiasticam appellatione remota cogatis . nullis litteris veritati et iusticie preiudicantibus a sede apostolica impetratis . quod si non omnes hiis exequendis potueritis interesse, duo vestrum nichilominus exequantur . datum Romo apud sanctum Petrum 3. non. octobris pontificatus nostri anno octavo.
(Copiar des Domstifts, Stadtarchiv.)

2. Papst Gregor IX. ertheilt dem Kölner Domcapitel einen Schutzbrief gegen willkürliche Suspension und Excommunication seitens des Erzbischofs von Köln. — Rieti, 1232 Febr. 3.

Gregorius episcopus servus servorum dei dilectis filiis . . decano et capitulo Coloniensi salutem et apostolicam benedictionem . ex parte vestra fuit nobis humiliter supplicatum, ut, cum venerabilis frater noster . . archiepiscopus Coloniensis contra antiquam et approbatam ecclesie vestre consuetudinem motu proprie voluntatis in vos aliquando nulla monitione vel citatione premissa suspensionis et excommunicationis sentencias promulgarit, propter quod tam in clero quam in populo grave scandalum est subortum, vobis super hoc providere salubriter dignaremur . de regno igitur ecclesie scandala tollere cupientes auctoritate presentium inhibemus, ne decetero Coloniensis archiepiscopus in vos absque manifesta et rationabili causa et competenti monitione premissa presumat huiusmodi sentencias promulgare . nulli ergo omnino hominum liceat hanc paginam nostre inhibitionis infringere vel ei ausu temerario contraire. siquis autem hoc attemptare presumpserit, indignationem omnipotentis dei et beatorum Petri et Pauli apostolorum eius se noverit incursurum . datum Reate. 3. non. febr. pontificatus nostri anno quinto.
(Copiar des Domstifts.)

3. Erzb. Heinrich trifft Bestimmungen über Verletzung kirchlicher Institute und Personen. — 1236.

Henricus dei gracia sancte Coloniensis ecclesie archiepiscopus universis presens scriptum inspecturis salutem in domino . ecclesiarum libertati propensius intendere cupientes, qualiter maliciis hominum occurratur, qui contra sanctuarium dei nituntur ascendere ex adverso, de communi consilio et assensu priorum Coloniensium statuimus et perpetua stabilitate firmamus a nobis et a nostris successoribus irrefragabiliter observandum, quod si ecclesie, monasterio vel alicui loco religioso seu ecclesiastice persone civitatis vel diocesis Coloniensis in corpore vel in rebus violencia sit illata vel deinceps inferatur, iurisdictione vel ecclesiastica sive seculari sive quocumquo iure sibi competente uti prohibeatur, ecclesia, monasterium vel locus religiosus seu persona violenciam passa vel per se vel per alium priores, qui tunc in civitate Coloniensi presentes erunt et haberi poterunt, adeant et iniuriam sibi irrogatam conquerendo eis exponat . et tunc priores illatam iniuriam nobis, si in civitate vel infra diocesim nostram nos esse contigerit, significabunt, et nos iniuriatorem vel iniuriatores sine mora monebimus et sub pena excommunicacionis eis precipiemus, ut infra quindecim dies, si reus fuerit nobilis, si vero alius, infra octo dies post monicionem nostram leso satisfaciat. si autem officiati aliquorum nobilium supradicta commiserint, ipsum officiatum, quod infra octo dies, dominum vero, quod infra 15 dies leso satisfaciat, simul et semel monebimus . et hoc eisdem sub pena excommunicationis precipiemus et supradictis iniuriatoribus significabimus, quod dominus vel alius nobilis die quintodecimo, officiatus vel alius octavo coram prefatis prioribus compareant si velint . coram quibus eodem die actor, si factum manifestum non fuerit, per duas personas ydoneas vel se altero seu per seipsum, si manus violente in ipsum fuerint iniecte, per iuramentum summarie intencionem suam probabit . quod cum per litteras capituli vel relacionem decani et priorum Coloniensium nobis extiterit intimatum, incontinenti iniuriatores seu malefactores excommunicabimus . si vero talis fuerit violentia facta, quod ipso facto quis sentenciam excommunicacionis incurrat, ad denunciacionem procedemus . si autem atrocitas facti exegerit vel mora periculosa fuerit, ad peticionem priorum abbreviabimus terminos antedictos . quod si officiati, dominus vel alius nobilis in excommunicacione permanens infra 15 dies non satisfecerit, extunc terram eius ecclesiastico suppositam esse decernimus interdicto . omnem etiam locum, in quo persona ecclesiastica vel homines ad ecclesiam, monasterium aliumve locum religiosum pertinentes seu res ablate detinebuntur, quam diu detinebuntur ibidem, vel in quo malefactor mansionem habuerit vel ad quem venerit, quam diu ibi presens fuerit, ecclesiastico subicimus interdicto . et insuper a prioribus commoniti per indicium seculare iniuriatores, sive sint nobiles sive alii, ad satisfaciendum prout possumus sine more dispendio compellemus . si vero extra diocesim nostram fuerimus, priores, qui tunc Colonie presentes erunt et haberi poterunt, predicta auctoritate nostra exequantur, nisi presentiam nostram duxerint expectandam . quodsi infra diocesim Coloniensem vel in ipsa civitate constituti aliquo casu predicta in toto vel in parte non fuerimus excenti, decamus et priores similiter potestatem habeant exequendi predicta . nec predictarum sentenciarum aliqua relaxetur, donec ad arbitrium decani et priorum leso et ecclesie satisfiat . et nos nunciis nostris infeodatis districte et sub optentu feodi precipimus, ut, cum fuerint a prioribus requisiti et legatio super hiis eis ab eisdem fuerit iniuncta, ipsam sine more dispendio fideliter exequantur . item statuimus, quod si aliqui de diocesibus suffraganeorum nostrorum in nostra diocesi circa predicta deliquerint, diocesani eorum secundum formam prescriptam, postquam eis denunciatum fuerit, nostras sentencias exequantur et faciant observari . si vero extra nostram diocesim idem commiserint, suffraganei, tam hii in quorum iurisdictione manserint, quam illi in quorum iurisdictione delictum fuerit perpetratum, premisso modo procedant contra eos . quodsi aliqui de alienis provinciis in nostra diocesi vel extra in nostros vel in nostra diocesi, archiepiscopos sive episcopos rogabimus studiose, ut modo predicto procedant contra malefactores et sentencias nostras observent et faciant observari . et nos versa vice idem pro ipsis per omnia faciemus . inhibemus etiam, ne aliquis clericus vel laicus litteratus predictis malefactoribus consilio vel patrocinio contra predictas constituciones assistat . si vero invitetur ad consilium vel patrocinium, non prius consulat vel patrocinium det, donec ante omnia tactis sacrosanctis ewangeliis iuramentum prestet, quod nichil clientelo suo consulat, nisi quod existimaverit iustum et verum, et quod ipsum credit habere iustam causam . et ei bona consciencia patrocinetur, et si in progressu causam iniustam esse cognoverit, penitus ab ea recedet . et illo advocato recedente nullus alius loco illius subrogetur . si quis vero contra venerit tam clericus quam laicus, a decano et prioribus puniatur secundum quod viderint expedire . ut autem hec constitucio robur habeat firmitatis et tam a nobis quam a nostris successoribus inviolabiliter observetur, presens scriptum nostro, ecclesiarum et priorum Colonicnsium sigillis fecimus communiri . acta sunt hec anno domini 1236.

(Copiar des Domstifts.)

4. Konrad IV., erwählter römischer König, genehmigt den Verkauf eines Reichslehens zu Kerpen seitens des Ritters Gerhard an das dortige Stift, wofür Gerhard ein Allod dem Reiche zu Lehen aufträgt. — Frankfurt, 1242 April.

Conradus divi augusti imperatoris F. filius dei gratia Romanorum in regem electus semper augustus et heres regni Jerusalem tenore presentium ad modernorum et futurorum notitiam pervenire cupimus et pertendi, quod nos excambium factum de areis apud Carpenam inter Carpensem ecclesiam ab una parte et Gerhardum militem ipsius loci ex altera, quarum una sita est apud monasterium, quam idem miles ab imperio possidebat, altera vero area apud ripam, que eidem proprietatis titulo pertinebat, ratum et gratum habentes auctoritate presentium concedimus ecclesie memorate, ut predictam aream sitam apud se, quam suis denariis comparavit, proprietatis iure possideat pacifice et quiete, illam ¹) vero apud ripam predictus miles a nobis et imperio iure teneat feudali . ad cuius rei robur presentes literas sigillo ²) nostro celsitudinis fecimus roborari . datum apud Franckenfort anno domini millesimo ducentesimo 42 mense aprili quinta decima indictione.

(Alfter'sche Urkunden-Abschriften 20, 308.)

5. Das Kölner Domcapitel erlässt Disciplinarbestimmungen für das Stift Huckarde. — Köln, 1243 April 3.

C(onradus) dei gratia maior prepositus, G(ozwinus) decanus et capitulum Coloniense dilectis in Christo capitulo Hugardensi salutem in domino . cum in ecclesia vestra nobis in spiritualibus et temporalibus subiecta propter prebendarum inequalitatem et canonicorum eiusdem absentiam ac nimiam distantiam ab ecclesia mansionum illorum qui residentes esse deberent, rigor ibidem ecclesiastice viluerit discipline, nos, ut cius status in hiis et in aliis que requiruntur ad decorem domus domini reformetur, statuimus, quod prebende nunc vacantes in ecclesia vestra fiant equales et deinceps vacature ibidem istis cooquentur . statuimus etiam, quod quelibet prebenda nunc vacans valeat quindecim libras Lovaniensium donariorum eam deservienti personaliter, dummodo tantum ex bonis ad eas deputatis possit haberi . quarum 15 librarum sex volumus vocari et esse corpus prebende, quod tam presenti quam absenti de licencia prepositi assignetur . et residuum ad horas canonicas secundum quod ordinabimus distribuatur . profecturi vero versus terram sanctam, peregre vel de licencia ad studium petites habeant pro corpore probende decem libras Lovanienses, et residuum cedat vicario eorum vices supplenti . statuimus etiam quod propositus ecclesie vestre plenam habeat amministracionem determinatorum bonorum probendis nunc vacantibus et deinceps vacaturis, postquam eas vacare contigerit . volumus etiam quod habentibus nunc probendas et absentibus profigatur a proposito terminus sex septimanarum peremptorius, infra quem veniant ad ecclesiam vestram et probendas suas extunc personaliter deserviant . alioquin a percepcione suarum prebendarum suspendantur. item omnes canonici excepto preposito infra villam Hugardensem et prope ecclesiam resideant . item cum canonici Hugardenses passim matrimonium non solum cum virginibus verum etiam cum viduis contrahere consueverunt, statuimus, ut quicunque eorum de cetero matrimonium contraxerit, facto ipso sua probenda sit privatus et ipsa prebenda alii conferatur . si qui vero eorum nunc habent uxores legitimas, si ipso uxores continentiam servare et ab ipsis recedere noluerint, eorum prebende similiter aliis conferantur, et contradictores seu rebelles per censuram ecclesiasticam compescantur . statuimus etiam ut defunctus habeat percepcionem fructuum prebende a die obitus sui pro rata temporis usque ad anni circumvolucionem . insuper statuimus, ut canonicus novus in anno percepcionis sue personaliter resideat et non petat licenciam . et si pecierit, non obtineat . propositus etiam vice sua ponat canonicum et discretum (sic!), qui canonicos

---

¹) illa. — ²) sigilli.

et chorales moneat, hortetur et compellat ad chorum et ad disciplinam observandam. item quilibet recipiens prebendam iuret residenciam personalem et nostra statuta ac ordinacionem premissam observare secundum quod ea statuimus et ordinavimus. salva nobis addicione, diminucione, immutacione, interpretacione et moderamine circa predicta secundum quod de statu vestre ecclesie instruemur et videbimus expedire. actum Colonie anno domini 1242. 3. non apr.

(Copiar des Domstifts.)

6. Erzb. Konrad erlässt Verordnungen über die Verwaltung erledigter Dompfründen. — 1247 Mai 8.

Conradus dei gracia sancte Coloniensis ecclesie archiopiscopus sacri imperii per Italiam archicancellarius universis tam presentibus quam futuris in perpetuum. sciri volumus nos pro vitanda discordia provida ordinatione de consensu capituli nostri statuisse, quod cum aliquem de prelatis maioris ecclesie Coloniensis mori, cedere vel ad episcopalem assumi contigerit dignitatem, manufideles ipsius nostre ecclesie canonicam amministrationem ipsius prelature quoad temporalia usque ad festum beate Margarete proximo nunc futurum obtineant et amministrent de eadem. successor vero ipsius incontinenti se intromittet de prelatura eadem quoad spiritualia secundum debitum sue prelature in choro capitulo et dormitorio, videlicet visitando · corrigendo reformando et investiendo ad ecclesias presentatos, cedetque ei omne emolumentum, quod ex tutelis, sequestris, correctionibus ac hiis similibus poterit obvenire. gaudebit etiam vasallorum ministerio et emolumento ex vasallorum iure proveniente et in curtibus ipsi prelature pertinentibus recipiet iuramenta sibi ut novo prelato ab hominibus curtium prestanda. manebit tamen apud manufideles iurisdictio in dictis curtibus cum omni emolumento videlicet curmedis ac aliis omnibus obvencionibus quoad temporalia usque ad festum beate Margarete. ceterum si aliqui ab antecessore suo fuerint pro aliquo sibi debito aut alias ex quacunque causa excommunicati aut eidem obligati racione prelature predicte, successor dictas sentencias usque ad satisfactionem condignam suo predecessori seu ipsius manufidelibus faciendam faciet inviolabiliter observari et de debitis bona fide satisfieri procurabit. si quis vero contra ordinacionem predictam venire presumpserit, latam a nobis excommunicacionis sentenciam ipso facto se noverit incurrisse. in cuius rei testimonium et firmitatem perpetuam presentes litteras nostro et capituli nostri sigillis fecimus communiri. actum anno domini 1247. 8. idus mai.

(Copiar des Domstifts.)

7. Erzb. Konrad ertheilt den Kölner Prioren Vollmacht betreffs Ausführung der zu Erhaltung kirchlicher Freiheit und zum allgemeinen Nutzen der Geistlichkeit erlassenen Statuten. — Köln, 1250.

Conradus dei gracia sancte Coloniensis ecclesie archiepiscopus Italie archicancellarius dilectis in Christo prioribus civitatis et diocesis Coloniensis salutem in domino. cum nos vestro ad nos devocionis et fidei puritatem ac obsequiorum vestrorum nobis voluntarie impensorum frequenciam attendentes quedam statuta salubria et necessaria ad conservacionem ecclesiastice libertatis ac eciam respicientia generalem totius cleri nostro civitatis et diocesis profectum pariter et honorem duxerimus statuenda, et ea promiserimus observare, quasdamque tulerimus sentencias cohercionis in illos, qui contra statuta huiusmodi quicquid presumpserint attemptare, prout in litteris nostris super hoc confectis plenius continetur, nos pensato, quod parum prosit quid statui, nisi debite execucionis effectus accedat, vobis damus presentibus nostris litteris potestatem et nichilominus precipiendo mandamus, quatenus quocienscunque super aliquo seu aliquibus articulis in ipsis statutis contentis fueritis requisiti, vos, qui in civitate Coloniensi presentes fueritis, quorum habetur copia, ea sine difficultate aliqua aliis non expectatis execuc oni mandetis. volentes nichilominus et mandantes, ut omnes manuum in clericos iniectores, qui ipso facto in canonem late sentencie incidunt, cuius articuli in litteris confectis non fit mentio, ubicunque et quandocunque necesse fuerit excommunicatos denunciari precipiatis, contra

cos, prout in articulo do captivatoribus, qui in statutis nostris habetur, plenius videbitis
continori, cum necesse fuerit ulterius procedentes, facientes quod decreveritis per censuram ecclesiasticam firmiter observari. datum Colonie anno domini 1250.
(Copiar des Domstifts.)

8. Erzb. Konrad schliesst, nebst mehrern Grafen und Herren, als Schiedsrichter
eine Einigung zwischen seinem Schwager Heinrich von Isenburg und dem Grafen Gerhard
von Diez wegen der von Ersterm errichteten Befestigung zu Vilmar. — 1251 Januar 25.

Universis Christi fidelibus presentes litteras inspecturis Cunradus dei gracia
sancte Coloniensis ecclesie archiepiscopus, sacri imperii per Ytaliam archicancellarius
notum esse volumus, quod super questionibus et discordiis subortis inter viros nobiles
Gerardum comitem de Dyze ex parte una et Henricum de Ysenburg sororium nostrum
ex altera super munitione in villa que dicitur Vilmere ab ipso Henrico de Ysenburg
firmata, in qua idem comes de Dyzo comes existit et alter videlicet Henricus de Ysenburg advocatus, et etiam super aliis questionibus motis inter eosdem mediantibus nobis,
Emkone de Liningen, Waleramo et Ottone de Nassowen, Henrico de Solmize, Henrico de
Vernenburg comitibus, Philippo de Wildenberg et Friderico de Sleida viris nobilibus
amicabilis compositio et concors ordinatio intervenit. talis videlicet, quod omnes proventus iudiciorum, qui infra sepes munitiones in Vilmere, qui vulgariter valstock
appellantur, proveniunt, ipse comes et sui heredes ratione comicie, et prefatus Henricus
de Ysenburg ratione advocatie et eius heredes equaliter recipient et partientur. insuper
predictus Henricus de Ysenburg et sui heredes in predicta sua munitione nullum de
hominibus ipsius comitis de Dyzo, comitum de Nassouwe, Henrici comitis de Wilnouwe
et Sifridi de Runckel viri nobilis seu castrensium et ministerialium corumdem recipient
ad manendum sine ipsorum voluntate et consensu. si qui autem predictorum comitum ac
nobilium homines in ipsa munitione Vilmere nunc morantur, prefati comites ac
nobiles cum eodem emolumento seu utilitate, qua ante munitam villam Vilmere cos
habuerunt, obtinebunt. ad hec homines in ipsa munitione Vilmere manentes ad iudicia
comitis de Dyzo debita venient et eadem sequentur, sicut, antequam muniretur villa,
facere tenebantur. nec idem comes contra eosdem homines sua sequentes iudicia occa-
siones queret et captiosus non existet. omnes etiam alie questiones super hereditatibus
seu etiam super aliis que fuerunt inter prefatos comitem de Dieze et Henricum de Ysenburg mediantibus nobis comitibus ac nobilibus antedictis amicabiliter sunt sopite. quas
utorque pro se et suis heredibus unanimum ordinatione de Vilmere facta fide data promisit
fraude et dolo exclusis penitus observare. ita etiam quod si quis eorumdem predicta
non servaverit et monitus ab altero infra spatium sex septimanarum non emendaverit,
ipse alteri tenetur ad penam trecentarum marcarum. pro quibus ille, cui debentur trecente
marce predicto, bona alterius sibi viciniora obtinebit, quousque trecentas marcas recipiat
in eisdem. elegerunt etiam idem comes de Dyzo et Henricus de Ysenburg, quod nos de
Nassouwe, de Liningen, de Solmize, de Vernenburg, de Caccenellenbogen comites, do Sleida,
de Wildenberg et de Coverna viri nobiles servanti predicta assistent contra eadem non servan-
tem. in quorum omnium protestationem pariter et testimonium presentes litteras conscribi et
nostro ac prefatorum comitis de Dyzo et Henrici de Ysenburg, Walerami et Ottonis de
Nassouwe et Emkonis de Liningen comitum sigillis fecimus communiri rogati ab ipsis
comite de Dyzo et Henrico de Yysenburg antedictis. actum et datum anno domini 1250
in conversione beati Pauli apostoli.

(Alfter 10, 332.)

9. Erzb. Konrad erlässt Verordnungen über die Liturgie an gewissen Kirchenfesten.
— Köln, 1251 März 25.

Conradus dei gracia sancte Coloniensis ecclesie archiepiscopus sacri imperii per
Italiam archicancellarius omnibus Christi fidelibus presentes litteras inspecturis eternam
in domino salutem. cum suscepti regiminis in nobis cura requirat, ut cultum dei

ampliandum pro viribus nostris benigno favore prosequamur, hoc siquidem attendentes, quod, cum per omnia iocundum sit eloquium domini, iocundius tamen censemus, cum exultaciones dei in gutture sanctorum proclamantur et sanctorum sollempnia exultacionis iubilo devoto recoluntur, quapropter excellentiora festa, utpoto glorioso virginis Marie matris domini et sanctorum Apostolorum excellentuis docet venerari, hoc siquidem advertentes, licet in tempore penitentie, in quibus cantica leticie subticentur propter casum primorum parentum et captivitatem Babylonicam quorum miseria recolitur, tamen racioni consonum est, ut in festis, in quibus universo mundo gaudium exortum est et lumen in tenebris lucet, leticie cantica nullatenus taceantur . statuimus ergo de priorum nostrorum consilio et assensu et districte precipimus observari in civitate et diocesi Coloniensi, ut in festo annunciacionis beate et gloriose semper virginis Marie, similiter in festo purificationis eiusdem quando intra septuagesimam concluditur, ad laudem et gloriam dei et prefate virginis tedeum dicatur in matutinis et laus angelica in missa videlicet gloria in excelsis devotius sollempnizando . similiter fiat in cathedra beati Petri et in festo Mathie apostoli ac etiam in sancti Andree cum intra adventum concluditur necnon et sancti Thome apostolorum festis . et ut premissa a clero civitatis et dyocesis Coloniensis inviolabiliter observentur, has literas conscribi et nostro ac ecclesie Coloniensis sigillis fecimus communiri . datum et actum Colonie 8. kal. apr. anno domini 1250.

(Nach dem Copiar des Domstifts. Orig. im Düsseld. Staats-Archiv.)

10. Erzb. Konrad verspricht den Grafen Walram und Otto von Nassau 500 Mark zu Besserung ihrer Lehen und verpfändet ihnen bis zur Zahlung gewisse Einkünfte zu Siegen. — Bei Köln, 1253 März 22.

Universis Christi fidelibus presentes literas visuris Cunradus dei gracia sancte Coloniensis ecclesie archiepiscopus salutem in salutis auctore . presentis scripti testimonio protestamur, quod nos attendentes devota obsequia, que dilecti consanguinei et fideles nostri Wallramus et Otto comites de Nassowe nobis et ecclesie nostro hactenus impenderunt et exhibere poterunt in futurum, de fidelium nostrorum consilio ipsis dare promittimus 500 marcas denariorum Coloniensis monete, 12 solidis· pro marca computatis, ad emendationem suorum que ab ecclesia [nostra] optinent pheodorum . pro quibus 500 marcis dilectis comitibus de Nassowo proventus nostros apud Sygin, videlicet theloniorum, peticionum, monete et iudeorum deputamus et assignamus recipiendos tamdiu, quousque 500 marce per nos ac per nostros successores fuerint persolute . ita tamen quod si proventus iudeorum et monete contigerint auementari, nos partem, que processu temporis auementata fuerit, cum ipsis comitibus equaliter percipiemur . et si, quod absit, aliquem dictorum comitum decedere contigerit, superstes proventus ipsos modo percipiet memorato. prefatis etiam 500 marcis persolutis ipsi comites non tenentur aliqua allodia inde conpararo aut etiam assignare . iudicia etiam nostra, pariter et proventus reliqui, quos ibidem optinemus, nobis salvi, sicut fuerunt hactenus, permanobunt . et quotiescumque profati comites peticionem facient, mediante nostro iudice ipsam peticionem ordinabunt rationabiliter et decenter, prout est peticio hactenus ordinata . si vero noster officialis non potuerit vel noluerit interesse peticioni faciende vel ordinande, nichilominus ipsi comites peticionem competentem facient prout est consuetum, ita quod burgenses nullam exinde recipiant exhereditationem vel gravamen . acta sunt hec presentibus fratro nostro Friderico preposito Xantensi, Godefrido preposito Monasteriensi, Philippo thesaurario Coloniensi, Friderico domino de Sleyda, Gerardo comite de Nuinare, domino Gerardo de Wildinberg, Ottone de Wickerode nobilibus viris et aliis nostris fidelibus . datum apud Coloniam anno domini 1252. sabbato ante annunciationem beate virginis.

(Alfter 11, 57.)

11. Die Stadt Duisburg verspricht der Stadt Köln Beobachtung des Landfriedens auf neun Jahre vom St. Margarethentage an. — 1255 März 5.

Nos index scabini ceterique burgenses in Dusburg notum facimus universis presentes litteras inspecturis et presentium testimonio manifesto confitemur, quod nos federe pacis coniunximus nos civitati Coloniensi et iuravimus ipsis civibus Coloniensibus pacem

terre communem fideliter [servare a festo] ¹) bento Margarete nunc proxime futuro ultra novem annos, eo modo et confederatione quo [modo] ²) civitates superiores et alii, qui dictam pacem communem servare iuraverunt . in cuius testimonium presens pagina conscripta et sigillo universorum burgensium in Dusburg est communita . datum et actum anno domini 1254 . G. fer. ante Letare Jerusalem.
(Alfter 26, 48.)

12. Erzb. Konrad vermittelt einen Vergleich über Anlage von Befestigungen zwischen Mathilde ehemals Gräfin von Sayn auf der einen, Heinrich Herrn von Isenburg und dessen Sohn Gerlach sowie Gotfrid Graf von Sayn auf der andern Seite. — Bonn, 1258 Sept. 13.

Ich Conrait buschof van Kollene dun kund allen den di disen brif selen sien dat umbe dat Methilt, die wilen grevinne zu Seine was, den bu den si zu Alsnak uppe deme berge hatte begunnen, ave deide, hant gesiechert min her Heinrich van Isenburg inde min her Godevert der greve van Seine inde her Gerlach mines herren Heinriches son van Isenburg mit gegevenre truwen mir inde der selver Methilde de wilen was grevinne zo Seine inde heren Roriche van Rennenberg inde heren Lodewiche deme walpoden van der Nuwerburg inde heren Conrade van Brisecche inde heren Lodewiche van Widhe, dat si si nit insolen narre verbuwen wan si nu gebuwet haint, mit engeinre vestene noch engein ir vroint bit gein irro wizzende noch mit gein irme rade noch mit gein irre helpen noch niman, di wile dat di selve Methilt levet ove di wile dat si dat guit under ire hait . inde ove si iman zu verbuwene begunde, dat selen si helpen weren mit al irre mahit ane argelist, inde ich buschof Conrait oug mit guden truwen . ane willet min her Gerlach eine wanige macchen zu Hoingen imme dorp, dameide inhait si nit verbrochen. dis satthe min her Heinrich zu burgen de heren van Milendune inde heren Vrideriche den burgreven van Hamerstein inde heren Werneren den suzen . min her Godevert de greve van Seyne satte zu burgen den proist Werneren van sente Gereone inde den greven Gerardo van Nuwenare inde Halberen heren Diderichesson van Dreisbach . heren Geirlaches burge bin ich buschof Conrait inde her Heinrich sin vader inde der here van Milendune . inde ove ir einich dit verbreiche, dat got inwille, so selen sine burgen alse man si gemanet varen zu Linse inde ensolen nimer danne komen, id insi wider dain. were aver dat der burgen einich vor lives neit zu Linse nid inmothe geleisten, de hait urlof dat he zu Andernache leiste . horwider hait de selve Methild inde ich buschof Conrait mit ire gelovit, dat si di, ... re heren van Ysenburg inde van Seine nit narre ensal verbuwen wan si nu gebuwet hait mit ingeiner vestene noch niman mit irme rade noch mit irme geheize ane alle allerslatho argelist di wile si levet inde si des landes gewoldich is . were aver dat si iman verbuwen wolde, dat sal ich buschoif Conrait helpen weren. over dise vorworde haint gelovet her Rorich van Rennenberg inde her Lodewich der walpode van der Nuwerburg inde her Conrait van Brisiche, dat si si nit verbuwen ensolen mit geinnor vestene oppe dat si si nit inengen ane ingeineme irme rethe noch an luden noch an gude zu unrethe . inde ove si en dat deiden, so selen si es vor mich comen inde zeunen mir ir unreth, inde enwird it en dan nit widerdain na rethen reiden, so selen dise dri man van iren vorworden ledich sin . dat dise dinc steide sin, dairumb hain ich min ingesegele inde dis capitthelis van deme dume in den wordin, dat id den prioren cundich si, inde heren Heinriches ingesigele van Ysenburg inde des greven Godoverdes van Seine inde heren Gerlacches minis heren Heinriches sones van Ysenburg an disen broif dun hain . dit geschach vor ons zu Bunne zu sente Gerdrude, inde waren druver inde sint is gezuch der corbuschof van Bolant inde der proist van Kerpene inde Volkolt van Bure inde Herman van Rennenberch inde Herman van Pleyse inde Lodewich van Widdhe inde Godevert van Erperode inde Heinrich van Lare inde Herman van Dornowe inde Diderich van Lomunzheim inde her Johan van Birkinstorp inde manich

---

¹) Kleine Lücke. — ²) Kleine Lücke.

ander man . in deme jare du van Kirstes geburde waren liden drucindehalffhundert jair inde eghte jair in deme evenmainde an des heiligen cruces avende.
(Copiar des Domstifts.)

13. Der Kölner Domdechant Goswin stellt Artikel für die Karmeliter auf. — Köln, 1260 März 29.

Omnibus presentem paginam inspecturis G(ozwinus) dei gratia maior in Colonia decanus et archidiaconus agnoscere veritatem . noverint universi, quod cum venerabilis pater ac dominus noster C(onradus) dei gracia sancte Coloniensis ecclesie archiepiscopus nobis commiserit, ut negocio fratrum de monte Carmeli intenderemus, ita quod articulos conciperemus quibus debent esse contenti, nos ad mandatum venerabilis patris ac domini nostri predicti articulos concepimus infrascriptos . prior et fratres de monte Carmeli qui iam sunt et qui pro tempore fuerint confessiones audire vel penitentias iniungere non debent, cum ligandi vel solvendi nullam habeant potestatem . item diebus dominicis et festivis, quando populus ad parrochialem ecclesiam convenire consuevit ut tenetur, et in aliis diebus, dum in parrochialibus ecclesiis missarum sollempnia celebrantur, fratres predicti non predicabunt in suis oratoriis, ne populus a parrochiis abstractus divina officia obmittat et sacerdos in domo domini quasi passer unicus in edificio remanens derelictus parrochianorum suorum solacio et consuetis oblacionibus aliisque obvencionibus defraudetur . item nullam habeant sepulturam nisi fratrum sui ordinis et suorum familiarium eis servientium et patronorum . et de hiis cum decesserint omnes oblacionum recipient obvenciones . item si aliquis apud dictos fratres sepulturam elegerit, illud admittet plebanus, de cuius parrochia existit, ita tamen, quod primo defunctus ille ad suam parrochialem ecclesiam prout moris est deferatur et agenda ipsius tam in missa quam aliis illo die fiant ibidem, et plebanus loci omne emolumentum tam in oblacionibus quam candelis integraliter recipiet et sine qualibet contradictione . hoc facto defunctus ad domum fratrum deferatur predictorum et defuncto ibi existente medietas oblacionum, que ad missam fratrum, quam pro defunctis celebrant, offertur, et medietas candelarum circa funus existentium plebano predicto assignentur omni fraude et dolo exclusis . item de cotidianis oblacionibus oblatis ad altare fratrum predictorum tempore misse ita observetur . plebanus, in cuius parrochia morantur, mittet nuncium suum discretum, qui nuncius medietatem oblacionum in altari et terciam partem oblatorum tam super asserem quam super truncum coopertum reportabit domino suo . qui si non venerit missus ex parte plebani, dicta particio, oblatorum predictorum bone fidei fratrum relinquetur exhibende (sic!) plebano . si vero fuerint dedicaciones altarium vel ecclesie ipsorum fratrum aut si aliquis ex ipsis sacerdos de novo effectus celebravorit primam missam, in hiis casibus maneant oblaciones totaliter penes fratres ad usus eorundem . item confectioni testamentorum non intererunt nisi de licencia plebani, cuius est parrochianus ille qui vult condere testamentum, et de sibi legatis solvent terciam partem plebano loci, nisi fuerint specialiter legata ad calicem, casulam, ornamenta ecclesie vel sacerdotale vestimentum . si vero ex procuracione alicuius plebani quicquid ipsis fratribus legatum fuerit, idem plebanus hoc procurans medietatem habebit . item ad ecclesias parrochiales vel capellas non accedent ad predicandum vel ad elemosinas petendas nisi invitati vel humiliter pecierint a plebano loci et obtinuerint ad ea se admitti, ne parrochialibus ecclesiis devotio debita subtrahatur et ne missarum sollempnia obmittantur, ut que audienda parrochiani in prima diei parte in suis consueverunt et debent ecclesiis convenire . item fratres ad plebem nequaquam in suis ecclesiis predicabunt nec solempnes de mane facient sermones, antequam percantatum sit in parrochialibus ecclesiis, ne pro hiis audiendis populus ad eos confluens parrochiales ecclesias derelinquat . item ea hora diei vel ante quam dioecesanus episcopus vel alius loco eius sollempniter predicat, nullus fratrum in eadem civitate vel loco predicabit . item fratres sacerdotes, qui exituri sunt pro elemosinis querendis, si volunt dicant missas sine nota ante pulsacionem prime sue et apercionem sui oratorii · si vero fratres aliqui non sacerdotes exituri sunt, illis dicatur similiter missa sine nota et absque pulsacione ante primam suam et ante apercionem sui oratorii . et post lectum evangelium misso parrochie in qua manent, si volunt, licebit eis dicere missas duas cum nota et plures, si voluerint, sine nota . item scolas puerorum non habebunt . item si domos vel areas aliquas in parrochia alicuius plebani emerint vel eis date fuerint, de illis solvent plebano annuam pensionem secundum quantitatem utilitatis, quam plebanus habere posset, si laicus inhabitaret, sive illas destruant vel ad suos usus reservent . quam pensionem estimabit et taxabit decanus Coloniensis qui pro tempore fuerit cum consilio duorum plebanorum quos ad hoc viderit expedire . item ab omnibus, que ad ius prelatorum vel conventualium ecclesiarum et parrochialium pertinent, prorsus abstinere debent . item priores eorum qui pro tempore fuerint in civitate vel dyocesi Coloniensi curam suorum fratrum recipient a domino Coloniensi archiepiscopo vel eius vicem gerente, et fratres nunc recepti vel deinceps recipiendi in manus sni prioris obedienciam promittent predicto domino archiepiscopo et capitulo maioris ecclesie, et tam prior quam fratres eam observabunt quemadmodum canonici ecclesiarum Coloniensium observare consueverunt et tenentur salvo ordine suo . item nichil facient vel dicent fratres in fraudem propter quod parrochiales ecclesie suis iuribus spolientur, sed bono modo in confessionibus, si eas audire contigerit, et predicacionibus populum ammonebunt, ut ecclesiis parrochialibus iura debita persolvant . item si fratres predicti super aliqua actione reali vel personali vel criminali, quod deus avertat, conveniendi fuerint vel et puniendi, in suo capitulo corrigendi sunt, sicut canonici seculares in suis capitulis corrigi debent . si vero ibi defectus iusticie fuerit, tunc ad capitulum maioris ecclesie recurretur, ut ibi super hiis canonice procedatur, nisi aliqua occurrerint, super quibus coram venerabili patre nostro ac domino Coloniensi archiepiscopo qui nunc est vel qui pro tempore fuerit debeant conveniri . si autem in premissis articulis dubia aliqua emerserint quo decisione egeant, illa nobis et nostro successori qui pro tempore fuerit decidenda reservamus . prior etiam et fratres supradicti super hac ordinacione consensum sui prioris generalis infra annum et extunc confirmacionem domini pape infra annum subsequentem impetrabunt, nec aliqua privilegia nec rescripta a sede apostolica impetrabunt, que premissis contraria sint vel esse videantur, et si quoquo modo impetrata fuerint, eisdem non utentur . impetracioni autem faciendo super confirmacione domini pape et consensu prioris generalis ponimus terminum et inicium videlicet festum beati Johannis baptiste nunc instans, ut extunc ad duos annos prout premissum est impetrent que fuerint impetranda . volumus insuper ut prescripta omnia a fratribus predictis observentur et compleantur sine aliquo alio preiudicio iuris alieni . alioquin supradicta omnia irrita erunt et loco cedant quem ad Colonie iuhabitant, et idem locus erit in potestate ac dispositione domini nostri Coloniensis archiepiscopi qui nunc est vel pro tempore fuerit ; capituli maioris Coloniensis . et hoc dicti fratres cum eorum priore spontanee elegerunt . et ut hec firma et illibata permaneant, presens litera est exinde conscripta et ad peticionem predictorum prioris et fratrum venerabilis patris ac domini nostri Conradi Coloniensis archiepiscopi, capituli Coloniensis, nostro et predictorum fratrum sigillis communita . actum Colonie anno domini 1259 . quarto kalendas aprilis.

(Copiar des Domstifts.)

Nachträge und Berichtigungen.

S. 2 Note 1 ist die Klammer zwischen Caesarius und Monum. Germ. zu setzen.
S. 8. Ein Zeugniss für die fortdauernde Verbindung Konrad's mit Gregor IX. ist der Umstand, dass der Papst 1240 die Erzbischöfe von Köln und Magdeburg beauftragt, die Wahl des Domcantors von Magdeburg zum Bischof von Meissen zu untersuchen und eventuell zu bestätigen. Potthast 10942.
S. 23 Z. 15 lies „neunmonatlicher" st. „siebenmonatlicher".
S. 38. In der deutschen Chronik bei Matthaeus, Veteris aevi analecta 3, 171 findet sich die lebhafte Schilderung eines von Konrad und Bischof Heinrich von Utrecht über Wilhelm von Jülich erfochtenen Sieges. Miraeus, Wilhelm IV. von Jülich 72 erzählt diese Vorgänge nach einer Lütticher Fehde des Grafen von 1255, jedoch fehlen die Anhaltspunkte für eine chronologische Bestimmung.
S. 40. Bald nach seiner Wahl (1255 Januar 28) ertheilt Alexander IV. Konrad und dem Prior der Dominicaner zu Köln den Auftrag, die Wahl des Mönches Hermann zum Abt von Helmarshausen zu untersuchen, eventuell zu bestätigen. Potthast 15654.
S. 43 Note 3 ist zwischen Busson und vgl. Klammer zu setzen.
S. 60 Z. 3 ist vor „heirathete" das Komma zu tilgen.
S. 69 Note 2 lies „Armin" statt „Arnim".
S. 75. Der Graf von Arnsberg ist allerdings auch noch 1244 Konrad's Gegner gewesen. Vgl. 17.
S. 84 war unter den ausserordentlichen Einnahmen noch die Lösesumme von 6000 Mark zu erwähnen, welche für die Freilassung des jungen Waldemar von Dänemark bezahlt wurde. Vgl. 151.
S. 102 Z. 19. Die Bibelstelle steht Isaias 5.
S. 107 Note lies „mir" … „mir".
S. 138. Alexander IV. ertheilt 1258 Juli 27 Albert, dem „Lesemeister der Predigerbrüder zu Köln", einen Auftrag betr. Verleihung einer Pfründe. Potthast 17323.

Zu den Regesten.

Nr. 42. Der * vor der Datirung ist zu tilgen.
Nr. 60 lies Seibertz 1 (nicht 2), 615 Note.
Nr. 94. Erwähnt bei Brower, Antiquit. Trevor. 2, 138.
Nr. 120 ist erwähnt bei Gelenius, de magnit. Col. 542.
Nr. 176 ist bei Worringen ausgestellt und steht bei Kreuser 378 (nicht 376).
Hinter Nr. 196 ist einzuschieben (1248 April): als zustimmend erwähnt in der Urkunde, durch welche Arnold Erzbischof von Trier Ablass für Besuch der St. Cunibertskirche am Kirchweihtage verleiht. — Kreuser, Dombriefe 377.
Nr. 278. Unter dem comes de Detenburg ist der Graf von Tecklenburg zu verstehen.
Nr. 292. Cyrne ist ohne Zweifel Zier, wahrscheinl. Niederzier. Vgl. Annalen 24, 270.
Nr. 382. Anstele = Anstel bei Nettesheim (Kreis Neuss).
Nr. 386 lies Ingenfeld (Pfarrei Neurath).
Nr. 421. Vlizsteiden = Fliesteden.
Nr. 444 ist ausgestellt 1257 ipsa nativitatis b. Mariae virg. (Sept. 8). Vgl. Gelenius, de magnit. Col. 557.

Nr. 460. Baggerhoven in parrochia de Mairke nicht Becherhof, sondern ein verschwundener Ort bei Morken. Curmene (nicht = Commern), später auch Curmod genannt, war ein erst im 19. Jahrh. abgebrochener Hof bei Glosch (Pfarrei Bergheim).
Nr. 469. Lureke = Lürken bei Eschweiler.
Nr. 528 liess Steinfeld.
Nrn. 167. 291. 293. 297. 334. 461 sind jetzt vorstehend unter den Anlagen gedruckt.
1250, April 24. Köln. verstattet dem Propste, der Aebtissin und dem Convente des Klosters Neuwerk ausserhalb von Nordhausen, dass, wenn alle Orte und Kirchen seines Archidiakonats dem Interdicte unterliegen, aber das Kloster Neuwerk dazu nicht Veranlassung gegeben hat, sie ohne Glockengeläute bei geschlossenen Thüren und mit Ausschliessung der Excommunicirten und dem Interdict Unterliegenden, stillen Gottesdienst feiern dürfen. Auch sollen sie edle Matronen und Ordensfrauen, wenn dieselben es verlangen, in ihr Kloster eintreten lassen, doch mit guten Zeugnissen und zu passender Zeit. Ferner dürfen sie weltliche Mägdlein in ihrem Kloster unterrichten, aber dieselben müssen gleiche äussere Tracht haben. — Perschmann, Regesten des Cistercienser-Klosters zu Nordhausen in: Neue Mittheilungen des Thür.-Sächs. Vereins 13, 547. Statt Erzbischof v. Köln ist im Regest fälschlich Mainz genannt. Gefällige Mittheilung des Hrn. Archivrath Dr. Will in Regensburg. Mit Legatentitel?

www.ingramcontent.com/pod-product-compliance
Lightning Source LLC
Chambersburg PA
CBHW031449160426
43195CB00010BB/911